Jürgen H. Lietz

Praxiserprobte Wege
zur Fehlzeitenreduzierung

Ratgeber für Personalleiter und Führungskräfte
aus Produktion und Verwaltung

Bibliografische Information der Deutschen Nationalbibliothek

Die Deutsche Nationalbibliothek verzeichnet diese Publikation in der deutschen Nationalbibliografie; detaillierte bibliografische Daten sind im Internet über http://dnb.d-nb.de abrufbar.

Copyright © 2019 Jürgen H. Lietz, Autor

Herstellung und Verlag:

BoD – Books on Demand, Norderstedt

ISBN: 9783749428281

Haftungsausschluss

Dieses Buch wurde vom Autor nach bestem Wissen erstellt. Der Autor übernimmt jedoch keine Haftung für irgendwelche Ungenauigkeiten oder Fehler in diesem Buch.

Vorwort

Hohe Fehlzeiten in Wirtschaftsunternehmen und öffentlichen Verwaltungen sind vergleichbar mit der Spitze eines sichtbaren Eisbergs, bei dem der größte Teil unsichtbar unter der Wasseroberfläche liegt. Der Eisberg steht hier sinnbildlich dafür, daß im betreffenden Unternehmen einiges nicht in Ordnung ist.

Hohe Fehlzeiten sind in erster Linie ein Symptom, das zum Ausdruck bringt, daß ein großer Teil des Unternehmens oder das ganze Unternehmen krank ist, wie es einmal der Personalvorstand eines großen Automobilunternehmens formulierte. Jahrelang hohe Krankenstände zeigen an, daß ein bedeutender Teil der Belegschaft demotiviert und frustriert ist. Diese Demotivation und Frustration zeigen ihre Wirkung nicht nur in hohen Fehlzeiten, sondern in der Regel auch in hohen Qualitätskosten, hohen Maschinenstillständen und hohen Reibungsverlusten bei innerbetrieblichen Abläufen. In welcher Höhe sich die Kosten für hohe Fehlzeiten in der Gewinn- und Verlustrechnung ertragsmindernd auswirken, läßt sich annäherungsweise berechnen. Gleiches gilt für die Qualitätskosten. Die Reibungsverluste erfaßt dagegen keine Kostenrechnung, wie auch der entgangene Nutzen durch unnötig häufige Maschinenstillstände oder zu hohe Rüst- und Umstellungszeiten in sehr vielen Unternehmen nicht erfaßt wird.

Die Ursachen, die zu der Wirkungskette von Demotivation und Frustration bis zur Erhöhung des Krankenstandes, dem bewußten Fernbleiben von der Arbeit (Blaumachen) und Nachlässigkeiten bei der Arbeit in Gestalt von höher als nötigem Ausschuß und Nacharbeit und mangelnder Sorgfalt bei der Behandlung von Maschinen und der Vermeidung von Störungen führen, liegen zu etwa 80 bis 90 Prozent in der Unternehmens- und Führungskultur und dem Betriebsklima begründet.

Welch hohe Bedeutung die Unternehmenskultur - im negativen Sinne als Mißtrauenskultur und im positiven Sinne als Vertrauenskultur - für den Erfolg eines Unternehmens hat, wird von den wenigsten Topmanagern erkannt. Und da wo die Erkenntnis zwar vorhanden ist, wird dennoch vielfach nicht gehandelt, um eine Vertrauenskultur zu begründen, obwohl Unternehmen mit einer Vertrauenskultur nachweislich mehrfach höhere Renditen haben als andere Unternehmen. Die Investition in die Entwicklung eines Unternehmens zur Vertrauenskultur amortisiert sich besser als viele Investitionen in Maschinen und Märkte. Spitzenunternehmen haben diese Erkenntnis umgesetzt und sind deshalb Spitze.

In Spitzenunternehmen identifizieren sich die Mitarbeiter mit den Unternehmenszielen und ihren Teilzielen. Sie kennen ihren Beitrag zum Unternehmenserfolg. Ihre Gedanken sind während ihrer Arbeit auf das Erreichen ihrer Ziele gerichtet. Wo die Gedanken hingehen, dorthin gehen große Teile der Energien der Menschen. Dort ist ihre Konzentration. Die Mitarbeiter in Spitzenunternehmen sind von dem Feuer entflammt, ihre Unternehmensziele zu erreichen.

In Mißtrauenskulturen sind große Teile der Belegschaft in die innere Kündigung gegangen und identifizieren sich nicht mit den Unternehmenszielen und ihren Teilzielen. Sie kennen auch meistens nicht ihren Beitrag zum Unternehmenserfolg. Die Gedanken der frustrierten und demotivierten Mitarbeiter befassen sich weitgehend damit, wie sie mit dem verdienten Geld ihre Freizeit gestalten können, wie sie in ihrer Freizeit Sinn erleben können. Die Gedanken sind entsprechend oft nicht bei der zu erledigenden Arbeit. Die Mitarbeiter konzentrieren sich nicht weitestgehend auf ihre Arbeit sondern zu häufig auf die Lustgefühle, die sie außerhalb der Arbeit erleben wollen. Große Teile ihrer Energien fließen nicht in ihre Arbeit. Deshalb ist die Produktivität in Mißtrauenskulturen auch niedriger als in Spitzenunternehmen mit Vertrauenskulturen. Für Unternehmer, die erfolgreicher managen wollen, ist es von größter Wichtigkeit, sinngebende Arbeitsbedingungen zu schaffen, damit sich ihre Mitarbeiter mit ihrer Arbeit und den Unternehmenszielen und -Teilzielen identifizieren.

Dieses Buch befaßt sich im wesentlichen nur mit dem Teilaspekt der Fehlzeitenentstehung und Fehlzeitenreduzierung. Die nachstehend beschriebenen praxiserprobten Wege zur Fehlzeitenreduzierung zeigen auf, daß es quasi jedem Betrieb und jeder öffentlichen Verwaltung möglich ist, hohe Fehlzeiten ihrer Mitarbeiter und Mitarbeiterinnen wirksam zu senken. Eine Vielzahl von Anleitungen und Checklisten erleichtert die Umsetzung der Ratschläge zur Fehlzeitenreduzierung. Wir wünschen den Lesern einen größtmöglichen Erfolg bei der Umsetzung und stehen ihnen gern mit unserem Rat zur Seite, wenn sie die Fehlzeitenreduzierung nicht ohne fremde Hilfe in Angriff nehmen wollen.
Aus Gründen der Vereinfachung wird in diesem Buch nur der Begriff „Mitarbeiter" verwendet. Leserinnen werden hierfür um ihr Verständnis gebeten.

Jürgen H. Lietz - Würzburg, im Juli 1997

Inhaltsverzeichnis

1. Krankheitsstände im Ländervergleich

1.1 Entwicklung der Krankheitsstände in Deutschland

Bei der Angabe von Krankheitsständen kann man in der Regel nur auf zwei Quellen zurückgreifen. Die eine Quelle ist die von den gesetzlichen Krankenversicherungen (GKV) geführte amtliche Monatsstatistik, die aber nur auf Stichtagsmeldungen zum jeweiligen Monatsersten beruht. Sie ermittelt den Krankenstandswert aus der Division der durch Krankheit ausgefallenen Arbeitstage je Pflichtmitglied bezogen auf jährlich 365 Kalendertage. Auf dieser Basis errechnet sich für 1995 ein Krankenstandswert von 5,78 Prozent.

Die zweite Quelle ist die Krankheitsartenstatistik des Bundesverbands der Betriebskrankenkassen (BKK), in die ca. 97% aller BKK-Pflichtmitglieder miteinbezogen sind. Die BKK-Statistik erfaßt rund drei Millionen Mitglieder, das sind gut 10 Prozent aller Versicherten der gesetzlichen Krankenkassen.

Nach der Krankheitsartenstatistik der BKK haben sich 1995 in den westlichen Bundesländern bei den Betriebskrankenkassen versicherte Arbeitnehmer durchschnittlich an 21 Tagen arbeitsunfähig gemeldet. Das entsprach dem gleichen Stand wie 1993 sowie 1994 und erreichte zugleich das Rekordtief des Jahres 1983. In den neuen Bundesländern sank die durchschnittliche Arbeitunfähigkeitsdauer in 1994 gegenüber 1993 von 18 auf 17 Tage und erhöhte sich in 1995 auf 19 Tage. Statistisch gesehen hat sich 1995 bundesweit jeder pflichtversicherte Arbeitnehmer 20,9 (1994: 20,4) Tage krank gemeldet.

Für die einzelnen Jahre von 1991 bis 1995 zeigt die Statistik der Betriebskrankenkassen die in Abbildung 1 dargestellte Entwicklung in Krankheitstagen (Kalendertage) und in Prozent (auf der Basis von 360 Kalendertagen).

Der einzelne Krankheitsfall dauerte 1995 im Durchschnitt im Westen 16 Tage, in den östlichen Bundesländern 17 Tage.
Nach der branchenbezogenen Auswertung der Betriebskrankenkassen für Gesamtdeutschland war 1995 jeder Beschäftigte in den öffentlichen Verwaltungen von Städten, Kreisen und Landschaftsverbänden statistisch gesehen 29 Tage arbeitsunfähig gemeldet. Die Beschäftigten der Verkehrsbetriebe kamen auf 27 Arbeitsunfähigkeitstage.

Jahr	Westliche Bundesländer Krankheits- tage	Westliche Bundesländer Fehlzeiten in %	Östliche Bundesländer Krankheits- tage	Östliche Bundesländer Fehlzeiten in %
1991	25	6,84	10	2,74
1992	22	6,03	15	4,11
1993	21	5,75	18	4,93
1994	21	5,75	17	4,66
1995	21	5,75	19	5,21

Abb. 1: Entwicklung der Fehlzeiten 1991 - 1995

Die Dienstbetriebe des Bundes (West und Ost zusammen) - das sind vor allem Bahn und Post/Telekom - lagen 1995 mit 23 Arbeitsunfähigkeitstagen je Pflichtmitglied unverändert an vierter Stelle. Hierbei ist zu berücksichtigen, daß die bei den BKK versicherten Arbeitnehmer der Dienstbetriebe des Bundes und der Verwaltungsbetriebe unter besonders belastenden Bedingungen arbeiten, beispielsweise bei der Müllabfuhr, der Straßenreinigung, im Verlade- bereich und bei Gleisarbeiten.

Im gewerblichen Bereich haben folgende Branchen sehr hohe Krankenstände:
• Baugewerbe 26 Arbeitstage (Vorjahr: 24)
• Gummiindustrie 24 Tage (Vorjahr: 22)
• Keramik- und Glasindustrie 22 (Vorjahr: 20) Tage.

Es überrascht, daß die Zahl der Krankenstandstage 1995 in manchen Bran- chen sehr deutlich und insgesamt in Ost und West leicht angestiegen ist.

Die geringsten Krankenstände haben folgende Branchen:
• Banken und Versicherungen mit 11 Tagen
• die Mineralölindustrie mit 13 Tagen
• die Betriebe der Energie- und Wasserversorgungsunternehmen mit 14 Ta- gen.

In den östlichen Bundesländern standen in 1995 die Verwaltungen mit 23 und die Verkehrsbetriebe mit 22 Arbeitsunfähigkeitstagen je Pflichtmitglied an der Spitze. Die Druck- und Papierindustrie verzeichnete dagegen weniger als 13 (Vorjahr: 10) und die Betriebe für Energie und Wasser nur gut 13 Krankheitstage.

Fazit: Im gesamten Bundesgebiet fielen in 1995 die meisten Arbeitsunfähigkeitstage in den Verwaltungen und im Baugewerbe an.

Erstaunlich ist, daß in 1993 die freiwillig versicherten BKK-Mitglieder bundesweit im Durchschnitt nur 8,9 Tage wegen Krankheit fehlten. Dieser Unterschied ließ manche Kommentatoren auf Arbeitgeberseite vermuten, daß die Motivation zur Arbeit bei den freiwillig versicherten BKK-Mitgliedern höher sei als bei den Pflichtmitgliedern. Beweisbar ist dieser Schluß nicht. Zumindest sagt er nichts über die Gründe einer eventuell fehlenden Motivation aus und wer die Verantwortung dafür trägt, daß Beschäftigte demotiviert sind.

Nicht nur bei freiwillig Versicherten liegt die Zahl der Krankheitstage niedrig. Arbeitnehmer in Kleinbetrieben fehlten 1993 mit durchschnittlich 11,2 Tagen im Jahr ebenfalls seltener als Arbeitnehmer in Großbetrieben.

Beim Vergleich der Zahlen für die Krankheitstage im Westen und Osten fällt auf, daß sich die Arbeitnehmer in den östlichen Bundesländern - mit Ausnahme der Mineralölindustrie - weniger oft krank melden als im Westen. Als Gründe für die geringere Krankheitsquote im Osten werden gern die wirtschaftliche Situation und die Neustrukturierung der Arbeitsverhältnisse genannt, bei der eher die kränklichen Mitarbeiter entlassen wurden als die gesunden. Das mag zum Teil richtig sein, dürfte aber nicht vollständig den über mehrere Jahre hinweg deutlichen Unterschied zwischen West und Ost erklären. Auch im Westen wurden in den Jahren 1992 bis 1995 hunderttausende von Arbeitnehmern entlassen, ohne daß es zu derart niedrigen Krankheitstagen gekommen ist wie im Osten.

Das seit Oktober 1996 geltende neue Entgeltfortzahlungsgesetz, das bei Krankheit in den ersten sechs Wochen eine Kürzung der Lohnfortzahlung auf 80 Prozent zur Folge hat, bewirkte offenbar in der Bauindustrie, daß zumindest im vierten Quartal die Krankheitsquote im Vergleich zu 1995 zu 1996 von 6,9 Prozent auf 5,7 Prozent gefallen ist. Nach einer Mitteilung des Nürnberger Instituts für Arbeitsmarkt- und Berufsforschung hat der Krankenstand in den deutschen Betrieben im ersten Quartal 1997 im Vergleich zum Vorjahr um etwa ein Fünftel abgenommen. Der Krankenstand in 1996 betrug nur noch 4,69 Prozent anstelle von 5,08 Prozent in 1995. Die Berechnung der Krankenstands-Prozentsätze auf der Basis von Kalendertagen ist für die Unternehmen wenig hilfreich, denn ihre Lohnfortzahlung bemißt sich nicht nach Kalendertagen sondern nach Arbeitstagen. Insofern errechnen die Unternehmen meist höhere Fehlzeitenquoten als die BKK oder andere Institutionen.

Wenn die Erklärung für das Absinken der Krankenstände gegenüber den Vorjahren damit zu erklären ist, daß viele Arbeitnehmer, obwohl sie krank waren, dennoch zur Arbeit gegangen sind, um keine Lohneinbußen oder Verluste an Urlaubstagen zu erleiden oder aus Angst vor Entlassungen, dann besteht die Gefahr, daß die heute schon sehr hohe Zahl an Frühinvalidierungen noch weiter ansteigen wird. Den Rückgang des Krankenstandes allein mit der Zahl der Blaumacher erklären zu wollen, würde andererseits ein sehr schlechtes Bild vom deutschen Arbeitnehmer zeichnen, das in dieser Form sicher auch nicht zutrifft. Zumindest sollte man sich vor dem Glauben hüten, daß eine Kürzung der Entgeltfortzahlung oder Verrechnung von Urlaubstagen mit Krankheitstagen die beste Therapie ist, um das Erkranken von Mitarbeitern zu verhindern.

Krankheitsgruppen	1993 %	1994 %	1995 %
Muskel- und Skeletterkrankungen	29,7	31,2	31,2
Atemwegserkrankungen	19,0	16,7	17,2
Verletzungen und Vergiftungen	11,7	11,9	12,7
Verdauungserkrankungen	8,9	8,9	8,9
Herz- und Kreislauferkrankungen	7,8	8,0	7,7

Abb. 2: Häufigste Krankheitsarten

1995 verteilten sich gemäß Abbildung 2 bundesweit 76,9 Prozent aller Arbeitsunfähigkeitstage auf lediglich fünf Krankheitsarten.
Gemäß einer vom Bundesgesundheitsamt veranlaßten Studie von 1993 betrugen die Kosten für die Behandlung und die Rehabilitation bei diesen fünf Krankheitsarten im Jahr 1990 rund 87 Milliarden Mark. Während 1980 nur ein Viertel aller Krankheitstage auf Muskel- und Skeletterkrankungen entfielen, stieg dieser Prozentsatz seit 1993 auf rund ein Drittel an. Dies wird wird mit zunehmendem Bewegungsmangel und einseitiger Körperbelastung am

Arbeitsplatz und in der Freizeit erklärt. Gegen diese Hypothese spricht, daß die Anstrengungen in den Unternehmen, die Arbeitsplätze ergonomischer zu gestalten, seit Jahren ganz erhebliche Fortschritte gemacht haben und daß seit 1980 in Gestalt der Arbeitsstättenverordnung strengere Maßstäbe an die Gestaltung der Arbeitsplätze gelegt wurden.

Mit zunehmender Freizeit aufgrund der Verkürzung der Wochenarbeitszeit haben überwiegend auch die Freizeitaktivitäten zugenommen, von denen in der Regel nicht anzunehmen ist, daß sie einseitige Körperbelastungen beinhalten. Nach neuesten Erkenntnissen nehmen die Muskel- und Skeletterkrankungen insbesondere bei Arbeitnehmern unter 35 Jahren zu und sind somit wohl kaum auf Verschleißerscheinungen zurückzuführen, wie sie bei älteren Arbeitnehmern erwartet werden könnten. Von Medizinern, die sich der Behandlung psychosomatischer Erkrankungen widmen, wird die These vertreten, daß auch die Muskel- und Skeletterkrankungen weit überwiegend auf psychische Einflüsse zurückzuführen sind.

Nach einer Umfrage des Instituts der deutschen Wirtschaft (IW) für das Jahr 1990 endet die Hälfte aller Krankmeldungen an einem Freitag und beginnt meist an einem Montag. Nach den jahrelangen Erfahrungen von Opel stiegen die Krankmeldungen ab Wochenmitte an und erreichten am Freitag Spitzenwerte. Opel erklärte dieses Phänomen damit, daß das veränderte Freizeitverhalten Arbeitnehmer veranlasse, sich mit dem Freitag einen zusätzlichen freien Tag zu nehmen. Ein Gesundheitsberater will dagegen die Erfahrung gemacht haben, daß in den meisten von ihm betreuten Fällen die Mitarbeiterinnen und Mitarbeiter von den Anstrengungen ihrer Arbeit und dem Leistungsstress so stark belastet seien, daß sie praktisch am Freitag am Ende ihrer physischen und psychischen Kräfte waren. Das heißt, die physisch und psychisch weniger belastbaren Mitarbeiter/innen wurden zum Wochenende hin krank, während den höher belastbaren Mitarbeiter/innen das Wochenende ausreichte, um wieder neue Kraftreserven für die neue Woche zu sammeln.

Ein in der Wirtschaft allgemein zu beobachtendes Phänomen ist der Anstieg der Krankheitstage in den Monaten Februar/März und Oktober/November eines jeden Jahres. Die Erklärung hierfür lieferte schon vor tausenden von Jahren der griechische Arzt Hippokrates. Er wies zu seiner Zeit darauf hin, daß die klimatische Umstellung im Frühjahr und Herbst für die Menschen eine starke physische Belastung darstelle. Diese Belastung wirkt sich umso stärker aus, je geringer die immunologischen Abwehrkräfte der Arbeitnehmer aufgrund von Leistungsdruck und Leistungsverdichtung sind.

Neben den hier genannten Zahlen der Betriebskrankenkassen zu Fehlzeiten veröffentlichte auch das Institut der deutschen Wirtschaft (IW) in Köln für 1990 eine Statistik der Fehlzeiten, die sich auf Umfragen bei etwa 380 Unternehmen mit cirka 3,6 Millionen Beschäftigten stützte. Das IW bezog allerdings auch die Fehltage wegen Sonderurlaub und Mutterschutz in die Fehlzeiten mit ein, was inkorrekt ist, denn Abwesenheit wegen Mutterschutz ist gesetzlich zulässig. Insofern zählen die auf den Mutterschutz entfallenden Abwesenheitstage nicht zur Sollarbeitszeit. Als Fehlzeiten können streng genommen nur die Abweichungen von der Sollarbeitszeit gerechnet werden, zu der nicht die Tage und Stunden zählen, an denen ein Arbeitnehmer aufgrund von tariflichen, gesetzlichen oder ähnlichen Regelungen nicht zur Arbeit erscheinen muß. Siehe hierzu auch die Definition in Kap. 3.1.

Was Fehlzeiten sind, wird vielfach unterschiedlich definiert, zumindest auch von Unternehmen zu Unternehmen. Deshalb halten alle Fehlzeiten-Statistiken, mit denen Arbeitgeber alljährlich gegen hohe Fehlzeiten zu Felde ziehen, einer kritischen Überprüfung nicht stand. Inländische Vergleiche sind damit erschwert und internationale Vergleiche sind nur unter Vorbehalten möglich. Dazu sagt das manager magazin (mm Oktober 1995) in einem Bericht zu Fehlzeiten: „Operiert wird deshalb mit Zahlen, die aus einigen Körnchen Wahrheit und viel Spekulation zusammengesetzt sind. Nur selten läßt sich eine Angabe bis zur Quelle verfolgen, in der Regel schreibt einer vom anderen ab, legt je nach Konjunktur und politischem Standpunkt ein paar Prozente zu und macht die Mixtur zur Grundlage seiner Argumentation."

Wenn sich Arbeitgeber und Politiker Gedanken über die Höhe der Fehlzeitenkosten machen, ist es wenig hilfreich, daß die Krankenkassen den Prozentsatz der Krankenstände in Bezug auf 365 Kalendertage errechnen. Denn aufgrund dieser Rechnung ergeben sich niedrigere Krankenstände, als wenn man die durchschnittlichen Krankheitstage auf die echte Sollarbeitszeit inkl. Urlaub bezieht.

Auffallend bei den jeweils veröffentlichten Statistiken ist, daß bei der Höhe der Fehlzeiten nicht nach Angestellten und gewerblichen Arbeitnehmern getrennt wird. Die meisten Unternehmen dürften jedoch bestätigen können, daß sich die Fehlzeiten ihrer Angestellten nur zwischen 2 und 3 Prozent der Sollarbeitszeit bewegen. Die hohen Fehlzeiten, von denen so oft die Rede ist, sind demnach fast nur bei gewerblichen Arbeitnehmern zu finden. Innerhalb der Gruppe der gewerblichen Arbeitnehmer haben wiederum die Mitarbeiter von

Wartungs-, Reparatur- und Instandsetzungsabteilungen und generell Mitarbeiter mit einer eher selbständig durchzuführenden Tätigkeit, die eine qualifizierte Ausbildung verlangt, auch nur Krankheitsstände von 2 bis 3 Prozent.

1.2 Fehlzeiten im internationalen Vergleich

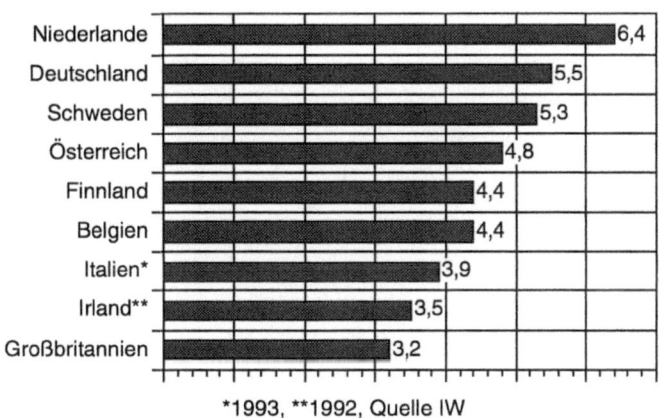

*1993, **1992, Quelle IW

Abb. 3: Fehlzeiten im internationalen Vergleich (in % der Belegschaft)

International gesehen, lagen vor Jahren stets die Schweden mit großem Vorsprung vor anderen Ländern an der Spitze, was die Höhe der Fehlzeiten betrifft. Seit 1991 hat die schwedische Regierung die Entgeltfortzahlung im Krankheitsfalle mehrfach reformiert. Schwedische Unternehmen zahlen nun erst nach einem Karenztag, am zweiten und dritten Tag nur 75 Prozent und danach bis zum 15. Tag nur 90 Prozent des Bruttolohns. Anschließend wird ein Jahr lang 80 Prozent des Bruttolohns als Krankengeld gezahlt. Dadurch wurde eine deutliche Reduzierung der Krankheitsquote erreicht. Gegenüber 1990 hat sie sich nahezu halbiert.

Welche gesetzliche Absicherung im Krankheitsfalle besteht, zeigt Abbildung 4 für einige ausgewählte Länder.

Nachdem die Niederlande nach Schweden und Norwegen jahrelang die höchsten Fehlzeiten zu verzeichnen hatten, änderte die Regierung - vermutlich inspiriert durch das Beispiel Schweden - in 1993 die Gesetzgebung. Es wurden 2 Karenztage eingeführt, anschließend erhalten Arbeiter und Angestellte je nach Betriebsgröße zwischen zwei bis sechs Wochen lang 100 Prozent des Bruttolohns. Auch hier verringerten sich im Verlauf der folgenden Jahre die

	Deutschland	Niederlande	Schweden	Belgien
Attestpflicht	ja, ab 1. Tag möglich	nein	ja, ab 8. Tag	ja, ab 1. Tag
Karenztage	nein	2	1	1
Entgeltfort-zahlung durch den Arbeitgeber	Arbeiter und Angestellte: 6 Wochen 80%	Arbeiter und Angestellte: je nach Betriebs-größe 2-6 Wochen 100%	Arbeiter und Angestellte: 2. und 3. Tag 75%, bis 15. Tag 90%	Arbeiter: 1. Woche 100% 2. Woche 60%. Angestellte: 1 Monat 100%

Quelle: manager Magazin Oktober 1995, S. 190-191

Abb. 4: Gesetzliche Regelungen im Krankheitsfall

Fehlzeiten, laut Aussage des holländischen Arbeitgeberpräsidenten Rinnooy Kan im Durchschnitt um neun, in einigen Branchen sogar um über zwanzig Prozent. Inzwischen hat die niederländische Metall- und Elektroindustrie einen neuen Tarifvertrag - mit Wirkung bis Dezember 1997 - abgeschlossen, der die Weiterzahlung des vollen Lohns im Krankheitsfall vorsieht (FAZ vom 12.9.1996).

Die durch das Sparpaket der Bundesregierung in 1996 beschlossene gesetzliche Änderung, derzufolge der Arbeitgeber nur noch 80% des Bruttolohns als Lohnfortzahlung im Krankheitsfalle zu leisten hat, bezieht sich nur auf die Branchen, in denen die Lohnfortzahlung nicht unabhängig von gesetzlichen Regelungen durch Tarifvertrag geregelt ist. Viele Tarifverträge, beispielsweise überwiegend in der Metallindustrie, sehen im Krankheitsfall eine Lohnfort-zahlung für sechs Wochen zu 100 Prozent vor. Die gesetzlich verfügte Kür-zung der Lohnfortzahlung auf 80 Prozent des Bruttolohns ist deshalb nur von den Unternehmen anwendbar, in deren Tarifverträgen auf die gesetzliche Re-gelung Bezug genommen wird.

Beim Vergleich der gesetzlichen Regelungen verschiedener Länder zur Ent-geltfortzahlung der Arbeitgeber im Krankheitsfalle fällt auf, daß Deutschland und Österreich bisher die großzügigste Regelung hatten, indem sie keine Ka-renztage kannten und in Deutschland 6 Wochen lang und in Österreich je nach Betriebszugehörigkeit für Arbeiter 4-10 Wochen sowie für Angestellte 6-12 Wochen lang 100 Prozent des vollen Lohns im Krankheitsfalle gezahlt wurden. Während Belgien nur einen Karenztag hat, erhalten die Arbeitnehmer in Frankreich, Großbritannien, Spanien und Italien an den ersten drei Krankheitstagen keinen Lohn.

Trotz unsicherer Daten zur internationalen Statistik der Fehlzeiten ist festzustellen, daß die Länder, die im Krankheitsfalle Karenztage ohne Lohnzahlung vorschreiben und auch in den ersten nachfolgenden Tagen und Wochen weniger als den vollen Bruttolohn zahlen, mit Ausnahme der Niederlande geringere Fehlzeiten aufweisen als Deutschland. Dies würde für die Vermutung sprechen, daß im Falle einer Nichtbezahlung von Krankheitstagen die Arbeitnehmer seltener krank sind oder blaumachen. Grundsätzlich dürfte sich die Zahl der Arbeitnehmer verringern, die sich krankmelden aber nicht krank sind, wenn sie für die ersten Tage ihrer Abwesenheit keinen Lohn erhalten.

Gegen diese Schlußfolgerung spricht jedoch das Beispiel der Niederlande und das von Schweden, denn Schweden liegt mit seiner Fehlzeitenquote so nahe an der deutschen, daß bei der Ungenauigkeit der internationalen Statistik eher angenommen werden kann, daß Deutschland und Schweden Fehlzeiten in gleicher Höhe haben.

2. Krankenstand - Multikausale Ursachen

2.1 Macht Arbeit krank?

Heute entfallen fast 50 Prozent aller Fehlzeiten der Pflichtversicherten auf Muskel- und Skeletterkrankungen und Erkrankungen der Atemwege. Insbesondere die Rückenleiden nehmen weiterhin zu, und zwar auch bei jüngeren Arbeitnehmern mit Bürotätigkeit. Die körperlichen Belastungen haben in den letzten Jahren ganz sicher nicht zugenommen. Der Einfluß der Umwelt auf den Körper ist in Deutschland, wo wir weltweit die strengsten Gesetze zum Schutze der Umwelt haben, sicher auch kein Grund für die Zunahme der Atemwegserkrankungen. Was könnte Arbeitnehmer krank machen?

Mit dieser Frage befaßte sich vor einigen Jahren Peter Atteslander, Direktor am Institut für Sozialökonomie der Universität Augsburg. Er fand viel Widersprüchliches. Viele früher gesundheitsschädigende von Menschen vorgenommene Verrichtungen werden heute von Maschinen erledigt. Die Arbeitsplätze werden immer menschengerechter gestaltet. Die Arbeitnehmer müssen immer weniger schwere Lasten heben oder tragen oder sind immer weniger schädigendem Lärm und zu hohen oder zu niedrigen Temperaturen oder sonstigen Belastungen ausgesetzt. Die Unfallzahlen in den Betrieben gehen allgemein zurück. „Trotzdem werden die Menschen nicht gesünder, ist ein unterschiedlicher, insgesamt jedoch zu hoher Krankenstand gerade in hochindustrialisierten wohlhabenden Ländern zu verzeichnen." (Atteslander 1991, S. 86 ff.) Die Kosten für die Behandlung von Krankheiten, steigen von Jahr zu Jahr. Deshalb glaubt Atteslander, daß nicht die Arbeit für viele Menschen zum gesundheitlichen Problem wird, sondern das Verhältnis zwischen sozialer Situation insgesamt und der Erwerbsarbeit. So klagen Erwerbstätige in zunehmendem Maße über seelische Vereinsamung und Sinnentleerung in ihrer Arbeit.

Die sich abzeichnenden Veränderungen kennzeichnet Atteslander durch die drei Schlagworte Flexibilisierung, Intensivierung und Polarisierung. Aufgrund der Flexibilisierung der Arbeitszeiten ist die sogenannte Normalarbeitszeit mit für alle gleichermaßen geltenden Zeiten für Anfang und Ende der täglichen Arbeit zum Abnormalen geworden. Die Ablösung der überwiegenden Fremdbestimmung in der Arbeit durch mehr Eigenverantwortung und Selbstbestimmung ist mit einer höheren Intensivierung verbunden. Mit der Verkürzung der Wochenarbeitszeit ist oft die bisherige Leistung in kürzerer Zeit verbunden. Dadurch steigt die Belastung des einzelnen, der davon betroffen ist.

Als Polarisierung bezeichnet Atteslander die Tatsache, daß die gesellschaftliche Situation und die Bedingungen, unter denen Erwerbsarbeit erfolgt, immer komplexer, die Strukturen unübersichtlicher werden. Damit steigen die Anforderungen an die Arbeitnehmer, wenn auch unterschiedlich. Deshalb folgert Atteslander: „Nicht die Arbeit hat den Menschen je krank gemacht, sondern die *soziale Lage*, in der er sich befand. Sie bestimmte, ob ein Übermaß an Arbeit oder deren risikobehaftete Ausübung überhaupt Krankheitsursache oder Gefährdung war." (Atteslander 1991, S. 87).

Weiter betont Atteslander, daß mit der raschen Veränderung der Arbeitswelt auch die Entwicklung von Krankheiten diffuser zu werden scheint. Viele der Zivilisationskrankheiten und Befindlichkeitsstörungen, wie zum Beispiel Bluthochdruck, Rheuma und die vegetativen Dystonien entstehen durch Mehrfachverursachungen. Ein Problem der Behandlung dieser Krankheiten stellt dabei der gängige Krankheitsbegriff dar, der auch heute noch immer nur ein Produkt der medizinisch-wissenschaftlichen Forschung ist. Dieser geltende Krankheitsbegriff berücksichtigt keine sozialen Bezüge. Atteslander fordert deshalb - in Übereinstimmung mit anderen Wissenschaftlern - eine Ergänzung des Krankheitsbegriffs durch eine *soziale* Dimension. Bei der Suche nach Hinweisen für Risikofaktoren zur Krankheitsentstehung bleibt heute weit überwiegend die konflikthafte Beteiligung des Kranken am Zustandekommen seiner Symptome unberücksichtigt.

Die Arbeitssituation und Befindlichkeit des Arbeitnehmers stehen in einem direktem Zusammenhang, können aber nur indirekt gemessen werden. Die Versuche, für Äußerungen über Unzufriedenheit am Arbeitsplatz objektiv meßbare Größen zu finden, seien gescheitert. Atteslander erinnert an die berühmten Hawthorne-Studien von Roethlisberger/Dickson, die als Resultat ergaben, daß geäußerte Klagen das Ziel haben, eine Veränderung der Situation herbeizuführen. Die angegebenen Erschwernisse sind oft «psychologische Umleitungen». Man schimpfte über schlechte Beleuchtung, weil man über die Konflikte zwischen Untergebenen und Vorgesetzten nicht reden wollte.

Die Auswertung einer Studie des Arbeitsärztlichen Dienst des Bundesamtes für Industrie, Gewerbe und Arbeit (Biga) über «Arbeitsbedingungen und gesundheitliches Befinden - Beurteilung durch Erwerbstätige in der Schweiz», kam eher zu dem Ergebnis, daß nicht behauptet werden kann, daß schlechte Arbeitsbedingungen die Erwerbstätigen erkranken ließen. Und es kann nicht behauptet werden, daß psychisch und körperlich gefährdete Personen sich in bestimmten Berufsbereichen konzentrieren.

Die Studie beweist, was unter Experten seit langem bekannt ist, nämlich, daß für die Gesundheit der Arbeitnehmer die *immateriellen Werte, die Sinnhaftigkeit der Aufgabe* und die *positive Einstellung zur Arbeit* von großer Bedeutung sind. Im psychosozialen Bereich erwarten die meisten Arbeitnehmer mehr Anerkennung und Information. Sie vermissen auch, daß viele physikalisch-chemische Störfaktoren nicht beseitigt werden, obwohl dies mit geringen Kosten geschehen könnte.

Wie wenig Chefs oft auf die leicht zu beseitigenden physikalisch-chemischen Störfaktoren eingegangen sind, auf die Mitarbeiter mit ihren Klagen hingewiesen hatten, wurde für Opel an folgenden Beispielen aufgezeigt. Da „wäre es einfach gewesen, eine Maschine aus der prallen Sonne drei Meter tiefer in die Produktionshalle hineinzuschieben und den Mitarbeiter vor ständigen Kreislaufproblemen zu bewahren. Ein simples Podest unter manchem Arbeitsplatz hätte genügt, ständiges Bücken überflüssig zu machen und Rückenbeschwerden samt entsprechenden Attesten nicht chronisch werden zu lassen. Wenn sich einer beklagt hat darüber, daß es an seinem Arbeitsplatz zieht, ja dann zog's halt. Das war Pech." (Fischer/Risch/Selzer 1995, S. 201)

2.2 Macht der Arbeitsplatz krank?

In vielenUnternehmen sind eine Reihe von Arbeitsplätzen nicht menschengerecht. Sie führen zu einseitigen und übermäßigen Belastungen. Zu den Auslösern von Krankheiten gehören Tätigkeiten, bei denen ständig schwere Lasten zu heben und zu tragen sind, schlechte Beleuchtung als Belastung für die Augen, Lärm, Hitze, Kälte, Zugluft, Gerüche, Allergien auslösende chemische Substanzen oder die Atmungsorgane oder die Haut belastende Substanzen, Staub von Schwermetallen, der sich in den Nieren ablagert und diese schädigen kann, Vibrationen, Arbeit in gebückter Haltung oder Arbeit, die über dem Kopf verrichtet werden muß. Auch eine wöchentlich wechselnde Schichteinteilung beim Dreischichtbetrieb wird als belastend empfunden. Ein 14tägiger Schichtwechsel würde die biologische Anpassung an andere Schlaf- und Wachzeiten erleichtern.

Im Bürobereich nehmen die Erkrankungen zu, die durch stundenlange Bildschirmarbeit entstehen. Da sind einmal die Erkrankungen aufgrund von Verspannungen im Bereich der Halswirbelsäule, die bei Frauen häufig zu der gefürchteten Wochenend-Migräne führen und bei Männern auch die Häufigkeit von Kopfschmerzen ansteigen lassen.

Fürsorglich denkende Vorgesetzte sorgen dafür, daß ihre Mitarbeiter keine unnötigen Arbeitsbelastungen erdulden müssen. Dieser Typus Vorgesetzter ist leider noch selten anzutreffen. Immer wieder weisen Berater die Führungskräfte in Seminaren oder Workshops darauf hin, daß sie sich die Arbeitsplätze ihrer Mitarbeiter, insbesondere die Arbeitsplätze der Mitarbeiter mit hohen Fehlzeiten, ansehen sollten, ob dort Verbesserungen angezeigt sind.

In einem Fall hatten wir sogar die Vorgesetzten in einem Workshop anhand eines speziellen Formulars zur individuellen Mitarbeiterführung trainiert, für jeden Mitarbeiter Überlegungen anzustellen, wie sein Arbeitsplatz verbessert werden könne. Wenn die Workshopteilnehmer wieder in ihren Alltag zurückkehren, werden sie von ihren Aufgaben oft so sehr in Anspruch genommen, daß die guten Vorsätze schnell vergessen sind. Hier zeigte sich etwa ein Jahr später bei einem Meister, als dieser wieder über die hohen Fehlzeiten einer schwerbeschädigten Mitarbeiterin lamentierte, die überaus arbeitswillig ist, daß er die einfachste Möglichkeit, ihr die Arbeit mit einer Stehhilfe zu erleichtern, immer noch nicht genutzt hatte.

Wenn wir in den meisten Unternehmen Arbeitsplätze vorfinden, die nicht individuell menschengerecht sind, liegt das am Desinteresse der direkten Vorgesetzten, so wie auch die Höhe der Fehlzeiten ein Indikator für das Führungsverhalten des direkten Vorgesetzten ist.

Als Beleg dafür, daß schwere Arbeit nicht unbedingt krankmachen muß, sei hier auf die Erfahrung der Firmen ITT Automotive GmbH verwiesen, die in ähnlicher Weise auch in anderen Unternehmen zu finden ist. ITT Automotive betreibt in Rheinböllen ein Werk, das früher auch eine Gießerei hatte. Die Arbeit in Gießereien gilt allgemein als schwer, weshalb viele Gießereien auch hohe Fehlzeiten haben. In dieser Gießerei von ITT, so berichteten Führungskräfte des Werks, lagen die Fehlzeiten im jährlichen Durchschnitt unterhalb von 3 Prozent. Als Grund hierfür nannten sie, daß sich der Abteilungsleiter, die Meister und Mitarbeiter sehr gut miteinander verstanden hätten. Sie wären ein echtes Team gewesen, in dem ein Mit- und Füreinander gelebt wurde.

Sind Arbeitsplätze im Krankenhaus gesünder?
Im Krankenhaus werden oft auch noch jene Menschen krank, die dort arbeiten. Man rechnet überschlägig, daß mehr als eine Million Menschen in Krankenhäusern ihren Arbeitsplatz haben, wobei in einem Krankenhaus mehr als 200 verschiedene Berufe vertreten sein können. Da das Wohlbefinden der

Krankenhaus-Mitarbeiter oder ein Fehlen desselben Auswirkung auf die Patienten hat, befragten Mitarbeiter am Institut für Gesundheitswissenschaften der Technischen Universität Berlin im Auftrag der Ärztekammer im Rahmen eines Forschungsvorhabens „Public Health" im Berliner Forschungsverbund die Assistenzärzte der Stadt nach beruflichen Belastungen und ihren Folgen. Das Ergebnis der Erhebung wurde von Klaus Stern in der Zeitschrift der Kammer „Berliner Ärzte" beschrieben und in einem Bericht der FAZ auszugsweise wiedergegeben.

Der Beruf des Arztes im Krankenhaus ist durch ein hohes Maß an Verantwortung (jeder Fehler kann tödliche Folgen haben), ungeregelte Arbeitszeit mit vielen Nacht- und Wochenend-Diensten, Fünfundvierzig-Stunden-Woche und zusätzlich nicht immer bezahlten Überstunden gekennzeichnet. Als belastend werden jedoch nicht die langen Arbeitszeiten empfunden, sondern ständiger Zeitdruck, viel Schreibtischarbeit und das negative Betriebsklima aufgrund einer autoritären Hierarchie, unter der neben anderen Beschäftigten vor allem die Krankenschwestern leiden. So verweist der Bericht darauf, daß es von den Rahmenbedingungen der Arbeit abhänge, ob die Arbeit als Dauerstreß empfunden werde oder nicht. „In Kliniken, in denen die alte Hierarchie noch ungebrochen sei, wo Disziplin und Unterordnung die größte Rolle spielten, wo Konkurrenzdruck die Kollegialität zerstöre, dort fühle sich das Personal eher überfordert und ausgebrannt. Dort werde es auch häufiger krank." (Rosemarie Stein, FAZ v. 3.5.1996). Aus Befragungen von Pflegekräften weiß man, daß Rückenschmerzen - körperlich und seelisch verursacht - an der Spitze der Beschwerden stehen und z.T. sogar zu Bandscheibenperationen führen. Bei der Berliner Ärztebefragung nahmen Rückenbeschwerden den dritten Platz ein, hinter Müdigkeit und Reizbarkeit. Die Skala der psychosomatischen Symptome wegen chronischer Überanstrengung reichte bis zu Gleichgewichtsstörungen und Herzschmerzen. Gesundheitlich stark belastet fühlten sich 42 Prozent der Befragten.
Im Gegensatz dazu ergab die Auswertung, daß in Kliniken, wo das Arbeitsklima gut ist, wo jeder sich der Klinik oder Abteilung innerlich verbunden fühlt, wo Kollegen und Vorgesetzte dem einzelnen Rückhalt geben und wo alle zum Wohl der Patienten an einem Strang ziehen, über Überforderung und zu hohe Belastungen nicht geklagt wird. Hier ist der Gesundheitszustand der Arbeitskräfte am besten.

Ein konkretes Beispiel belegt obige Befragungsergebnisse. Eine Krankenschwester mußte in dem Krankenhaus, in dem sie arbeitete, im Rahmen ihrer Tätigkeit schwer heben, z.B. Patienten umbetten. Im Verlaufe von zwei Jahren hatte sie sich ein schweres Bandscheibenleiden zugezogen und sollte an der Bandscheibe operiert werden. Da sie erst Anfang dreißig war, entschied sie sich gegen eine Operation. Sie wechselte das Krankenhaus. Etwa drei Monate später hatte sie nicht mehr unter Rückenschmerzen zu leiden, obwohl sie die gleiche schwere Tätigkeit auszuüben hatte wie im vorhergehenden Krankenhaus. Der Unterschied war nur, daß sie sich am neuen Arbeitsplatz wohlfühlte, während sie am alten Arbeitsplatz höchst unzufrieden war.

2.3 Verantwortung für die eigene Gesundheit

Heute verlangen Politiker, Unternehmer, Ärzte und Berater, daß die Arbeitnehmer auch die Verantwortung für die Erhaltung der eigenen Gesundheit und damit der eigenen Arbeitsfähigkeit übernehmen sollen. Die Forderung besteht zu Recht.

Unser vom Staat organisiertes umfangreiches Gesundheitswesen, repräsentiert durch die vom Staat geschützte Schulmedizin, hat in den meisten Bürgern den Eindruck erweckt, daß der einzelne für seine Krankheit nicht verantwortlich ist. Es ist deshalb nicht verwunderlich, wenn Arbeitnehmer wenig für die Erhaltung ihrer eigenen Gesundheit tun, weil sie mangels ausreichendem Wissen die Zusammenhänge nicht verstehen können und weil ihnen die Verantwortung für die Bezahlung der Kosten für die Behandlung ihrer Krankheiten vom Staat abgenommen wurde.

Stellvertretend für seine Kollegen in vielen anderen Unternehmen beklagte sich Helmut Hellwege, Werksarzt bei Opel Rüsselsheim, darüber, daß er in seiner Klientel, der eigenen Belegschaft, kein besonderes Interesse an der Erhaltung der eigenen Gesundheit erkennen könne. „Durch die Aufhebung der Monotonie und den ständigen Wechsel der Arbeitsplätze, erklärt Hellwege, könne die Belastung des einzelnen enorm reduziert werden. In der Theorie. Die Praxis lehrt, daß die Routine den Leuten wichtiger ist als ihr Wohlbefinden. Bis heute, sagt Hellwege, stoße der Aufruf zum häufigen Arbeitsplatztausch auf Widerstand. Das Festhalten an eingefahrenen Abläufen, so hat der Arzt gelernt, bedeutet für die Arbeiter ein Stück Heimat - die sie zur Not auch mit Erkrankungen bezahlen." (Fischer/Risch/Selzer/ 1995, S. 208)

Die Erfahrungen bei Opel sind aus Sicht eines Beraters für Fehlzeitenreduzierung nicht absolut zu nehmen. Sie zeigen nur deutliche Defizite beim Führungsverhalten der Vorgesetzten auf, die bei ihrer Tätigkeit die psychosoziale Dimension ihrer Tätigkeit vernachlässigen. Arbeitnehmer können in ihrer

Arbeit nur Erfolgserlebnisse haben, wenn sie ihre Arbeit von ihren Fähigkeiten und Erfahrungen her, also aufgrund ihrer Qualifikation, vollständig beherrschen und die Arbeit auch gern machen. Nur dann fühlen sie sich sicher und können die Arbeit mit geringstmöglicher physischer und psychischer Anstrengung durchführen. Um diese Sicherheit zu erlangen, brauchen sie ein hohes Maß an Routine.

In Unternehmen mit hohen Fehlzeiten kann man immer wieder die Erfahrung machen, daß die meisten Mitarbeiter ungenügend angelernt werden, weil die Vorgesetzten den Mitarbeitern nicht genug Zeit dafür einräumen. Die Mitarbeiter fühlen sich dadurch unsicher, weil sie noch zu oft Fehler machen. Sie fühlen sich bei Akkordarbeit physisch und psychisch übermäßig belastet, weil ihnen die Routine fehlt. Sie wehren sich deshalb auch gegen die Umsetzung auf andere Arbeitsplätze, weil ihre Vorgesetzten ihnen nicht die notwendige Zeit zum gewissenhaften Anlernen bis zur Routine geben. Es hat sich andererseits gezeigt, daß Mitarbeiter, die man einfühlsam darauf vorbereitet, daß sie vorübergehend an einem anderen Arbeitsplatz arbeiten sollen, der ihnen nicht vertraut ist, und denen man die notwendige Einarbeitungszeit oder Einarbeitungshilfe gibt, durchaus bereit sind, ihren Arbeitsplatz zu wechseln.

Es liegt in der Natur des Menschen, daß er als soziales Wesen eine Heimat sucht, die er als Arbeitnehmer in der Regel in der vertrauten Gruppe findet. Zwingt man Arbeitnehmer, die vertraute Gruppe zu verlassen, um vorübergehend oder zur Abwechslung in einer anderen Gruppe mitzuarbeiten, so muß man diese Arbeitnehmer entsprechend einfühlsam vorbereiten. Und man muß wissen, mit welchen Mitarbeitern dieser Wechsel gut gelingen kann und mit welchen nicht so gut. Der Wechsel an einen nicht vertrauten Arbeitsplatz wird für Mitarbeiter mit Anpassungsschwierigkeiten erleichtert, wenn man ihnen hilft, schnell soziale Kontakte mit den Kollegen am neuen Arbeitsplatz zu schließen. Es ist deshalb Teil der von den Vorgesetzten geforderten Führungsfähigkeiten - deshalb werden sie ja „Führungskräfte" genannt und nicht „Leitungskräfte" -, daß sie Arbeitnehmer mit eingeschränkten sozialen Fähigkeiten optimal einsetzen und betreuen, sodaß sie Erfolgserlebnisse bei ihrer Arbeit haben, ihre Arbeit gern machen und gern zur Arbeit kommen.

2.4   Vertrauenskultur oder Mißtrauenskultur?

Als Unternehmenskultur wird ein System von Wertvorstellungen, Verhaltensnormen, Denk- und Handlungsweisen in einem Unternehmen bezeichnet. Die

Unternehmenskultur eines Unternehmens kann weit überwiegend auf gegenseitigem Vertrauen oder Mißtrauen basieren.

Firmen, die eine andere Unternehmenskultur als eine Mißtrauensorganisation haben wollen, schreiben ihre Werte und Verhaltensnormen in einem Leitbild oder Leitmotiv fest. Hewlett Packard in Deutschland hat als Leitbild folgende Werte gewählt, nach denen sich alle Führungskräfte und Mitarbeiter richten sollen:
Partnerschaft, Offenheit, Toleranz, Vertrauen (als zentraler Wert), Würde, Sicherheit und Ehrlichkeit. Weiter gehören dazu das Feedback zum Partner, die Mitbestimmung am Arbeitsplatz, das Fehler-machen-dürfen, Gleichbehandlung und Anerkennung und laufende Information.
Ein mittelständisches Unternehmen der Elektromedizin hat sich folgende Leitlinie gegeben:
Unser Anspruch an uns selbst: Was immer wir tun, tun wir mit dem Ziel, ausschließlich beste Qualität zu leisten.
Unser Kunde: Die Zufriedenheit unseres Kunden ist unsere Zukunft. Durch die Identifikation mit seinen Bedürfnissen und ein starkes Engagement schaffen wir die Basis für ein gutes partnerschaftliches Verhältnis.
Unser gemeinsames Unternehmen: Jeder Mitarbeiter ist am Unternehmen beteiligt, an allen ihn und seinen Arbeitsplatz betreffenden Entscheidungen und am gemeinschaftlichen Erfolg.
Unser Miteinander: Es ist geprägt durch gegenseitige innere Achtung, Hilfsbereitschaft, Toleranz und Teamgeist.

Ein mittelständischer Hersteller von Komponenten für elektrohydraulische Anwendungen wählte als zentrale Werte: Offenheit, Ehrlichkeit, Berechenbarkeit. Dienstleister sein für externe und interne Kunden. Entwicklung des Unternehmens zur Sinngemeinschaft.

Die Vorteile einer Vertrauenskultur lassen sich in Mark und Pfennig rechnen. Eine Studie der Kienbaum-Unternehmensberatung hat vor Jahren herausgefunden, daß Unternehmen mit einer Vertrauenskultur eine 4-fach höhere Rendite erzielen als Unternehmen, die solch eine Vertrauenskultur nicht haben.

Die Erwartungen der Arbeitnehmer, auch in ihrem Unternehmen als mündige Bürger behandelt zu werden, als gleichwertige Menschen im Verhältnis zu ihren Vorgesetzten und Kollegen, werden in den wenigsten Unternehmen erfüllt. Die meisten Unternehmen sind vom Topmanagement - zum Teil bewußt, aber wohl meistens unbewußt - weit überwiegend als Mißtrauenskulturen organisiert. Vorgesetzte sehen sich z.B. als Person im Vergleich zu ihren Mitarbeitern als höherwertig. Sie behandeln sie damit auf der Ebene der Person nicht als gleichwertig. Die Mitarbeiter fühlen sich dadurch nicht geachtet und achten ihrerseits auch ihre Vorgesetzten nicht. Dies führt zu Spannungen bis hin zu Konflikten, verdeckten Protesthaltungen, Resignation und über Stress und Frust zu psychosomatischen Erkrankungen.

Ein weiterer Baustein zur Entwicklung einer Mißtrauenskultur ist das Fehlen eines ethischen Wertesystems im Unternehmen als Richtschnur für das Denken und Handeln der Mitarbeiter, wie es die Abbildung 5 zeigt. Hier treten an die Stelle von Werten letztlich nur Zwecke.

Die Mißtrauenskultur entsteht in der Regel durch das grundsätzliche Mißverständnis des Topmanagements, daß ihr Unternehmen zuerst Geld verdienen müsse, bevor es sich eine humanere Unternehmenskultur mit der Verwirklichung von Werten leisten könne. Und so ist denn das ganze Werte-System ihres Unternehmens allein auf der niedrigsten Werte-Kategorie „Geld" aufgebaut. Die wichtigsten Unternehmensziele sind Geld-Werte, wie z.B. Umsatz, Kosten, Ertrag, auf die das ökonomische Prinzip angewandt wird. Die Mitarbeiter sind nur Mittel zum Zweck der Erzielung von Umsatz und Gewinn und sind aus Sicht des Managements ein teurer Kostenfaktor. Mit gegebenen oder geringsten Mitteln ist der höchstmögliche Ertrag zu erzielen. Andere Werte, wie zum Beispiel ethische Werte - Vertrauen, uneigennütziges Handeln, Mit- und Füreinander, Treue - kennen die Beschäftigten nicht. Es verwundert deshalb nicht, wenn auch die Arbeitnehmer - nun selbst ökonomisch denkend - das Geld für ihre Arbeit als höchsten Wert in ihrer Tätigkeit ansehen und für den vorgegebenen Lohn nur den geringstmöglichen Aufwand einsetzen, also kein eigenes Interesse an einer Steigerung der Produktivität und Qualität haben. Eine höhere Produktivität könnte ja auch wieder Arbeitsplätze kosten, also dem Kollegen von nebenan seinen Arbeitsplatz wegnehmen.

Das mit der erzeugten Qualität und der Produktivität der Mitarbeiter unzufriedene Topmanagement erhöht daraufhin den Leistungsdruck, was wiederum bei den Mitarbeitern die innere Kündigung verstärkt. Obwohl Legionen von Trainern und Unternehmensberatern die Topmanager seit vielen Jahren darauf hingewiesen haben, daß eine auf die Sinnbedürfnisse der Mitarbeiter ausgerichtete Unternehmenskultur als Vertrauenskultur zu einer hohen Motivation der Mitarbeiter führt, mit denen ein Unternehmen viel produktiver arbeiten und mehr Gewinn erzielen kann, hat sich bis heute an der Mißtrauenskultur wenig bis nichts geändert. Die meisten Topmanager verstärken eher noch den Leistungsdruck und schaffen sich auf allen Ebenen mehr Reibungsverluste.

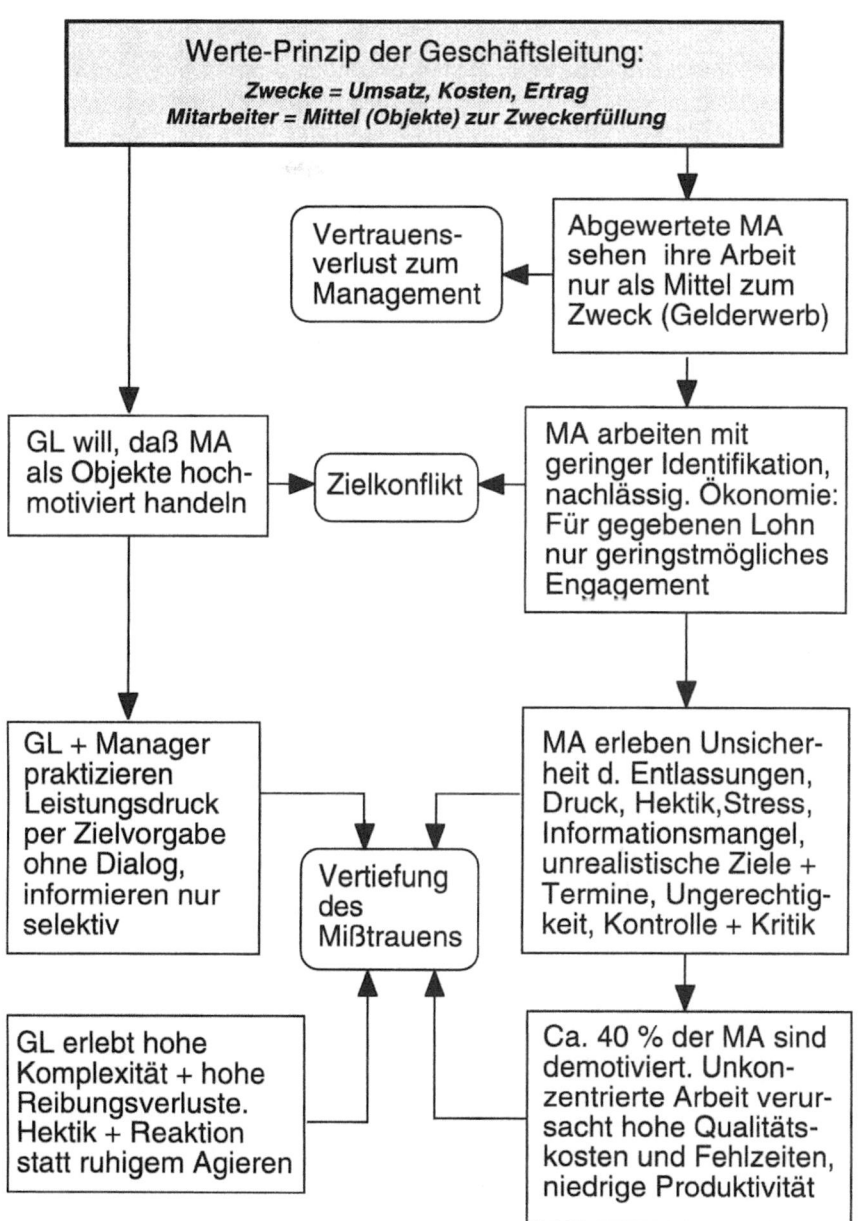

Abbildung 5: Entstehungs-Schema einer Mißtrauensorganisation

Die Protesthaltung der Mitarbeiter paßt sich in intelligenter Weise dem Verhalten des Managements an. Jeder trachtet danach, vom anderen soviel wie möglich für sich herauszuholen. Die intelligenten und robusten Arbeitnehmer mit innerer Kündigung simulieren von Zeit zu Zeit ein paar Krankheitstage. Die sensiblen Arbeitnehmer leiden unter der unpersönlichen Betriebsatmosphäre. Sie leiden darunter, als Mensch nicht geachtet zu werden, für die Unternehmensleitung nur Mittel zum Zweck zu sein. Es demotiviert sie, daß je nach Auftragslage sie oder ihre Kollegen als nicht mehr notwendige Arbeits- und Kostenfaktoren entlassen oder bei Bedarf wieder eingestellt werden. Wie können Arbeitnehmer Sinn in ihrer Arbeit erleben, wie können sie sich mit ihrem Unternehmen identifizieren, wenn sie wissen und erleben, daß sie für die Unternehmensleitung nur disponible lebende Betriebsmittel sind? Sie fühlen sich ausgenutzt und sehen keinen Grund, warum auch sie ihr Unternehmen nicht für ihre Zwecke ausnutzen sollten.

Die Qualitäts-Defizite in der Unternehmenskultur aufgrund fehlender Werte stellen eine von vielen Ursachen für die Höhe des Krankenstands in den Unternehmen dar. Grundsätzlich läßt sich feststellen, daß in Unternehmen mit hohen Fehlzeiten die Arbeitnehmer Erwartungen an ihre Unternehmenskultur, ihre Arbeit, ihren Arbeitsplatz und ihr Arbeitsumfeld, an ihre Zusammenarbeit mit ihrem Vorgesetzten, die Zusammenarbeit mit ihren Kollegen und an ihr Unternehmen haben, die in für sie wichtigen Teilen zu wenig bis gar nicht erfüllt werden.

Nicht erfüllte Erwartungen, fehlender Sinn in der Arbeit, die Ablehnung der Identifikation mit dem Unternehmen und seinen Repräsentanten wegen fehlender Achtung und Wertschätzung führt bei vielen Arbeitnehmern zur inneren Kündigung. Die Arbeit wird für sie zum Mittel zum Zweck, zur freudlos ausgeübten Tätigkeit oder gar zur Fron. Bundesarbeitsminister Blüm sprach kürzlich von den Arbeitnehmern als den „Malochern". Robuste Mitarbeiter opponieren, sind diejenigen, die über alles meckern und/oder auch mal blaumachen. Das sind alles Protesthaltungen. Die sensiblen Arbeitnehmer werden mit dieser Situation nicht fertig, können sie psychisch nicht richtig verarbeiten und leiden zuerst an Befindlichkeitsstörungen, aus denen später psychosomatische Erkrankungen werden.

Die Vertrauenskultur als wichtiger Erfolgsfaktor

Eine Vertrauenskultur ist einer Mißtrauenskultur deutlich überlegen. Praktische Beispiele, z.B. Großunternehmen wie Hewlett Packard und General

Electric sowie Mittelständler wie Mettler-Toledo und viele andere der deutschen hidden champions, beweisen, daß eine bewußt werteorientiert gestaltete Unternehmenskultur ein wichtiger Erfolgsfaktor ist.

Wenn Unternehmen keine die Unternehmenskultur prägende Unternehmensphilosophie haben, gibt es widerstrebende und auseinanderstrebende Kräfte im Unternehmen. Siehe Abbildung 5a. Die Mitarbeiter - Führungskräfte und Sachbearbeiter/Arbeiter - verfolgen nicht nur zu Hause, sondern auch im Unternehmen, an ihrem Arbeitsplatz, individuelle, persönliche Ziele. Sie bringen ihre eigenen Wertvorstellungen ins Unternehmen ein, aus denen ihre Gefühle, ihr Denken (Ziele), Sprechen und Handeln vervorsprießen. Ihre Ziele und damit ihr Handeln geht oft nicht konform mit den Zielen der Unternehmensleitung, deren Erreichen das Unternehmen überlebensfähig und gewinnstark machen soll. Wider- und auseinanderstrebende Kräfte im Unternehmen bringen große Reibungsverluste und behindern den Erfolg, machen ihn in manchen Fällen sogar unmöglich (Vergleich, Konkurs).

Ähnliche Beispiele finden wir in der Politik. Schwache Regierungen gegen starke Oppositionsparteien, eine zersplitterte Parteienlandschaft mit divergierenden Zielen machen ein Land oft unregierbar. Sie führen zu schwacher Währung, hoher Arbeitslosigkeit und geringem Wohlstand bis hin zum Bürgerkrieg. Positive Beispiele sind straff organisierte religiöse Glaubensgemeinschaften. Sie haben ein für alle ihre Mitglieder gemeinsames und sie einigendes Wertekonzept (vergleichbar einer Unternehmensphilosophie), das - abgesehen von kleineren Freiräumen - die Mitglieder verpflichtet, die Ziele der Gemeinschaft nach besten Kräften zu unterstützen. Wer nicht bereit ist, die gemeinsamen Ziele zu unterstützen und zum angestrebten Erfolg mit Herz und Hand beizutragen, ist bald als Außenseiter isoliert und wird freiwillig oder unfreiwillig die Gemeinschaft verlassen. Eine Gemeinschaft mit vielen Oppositionellen, die ihre eigenen, leicht veränderten oder grundlegend anderen Ziele verfolgen oder sich noch als Nassauer betätigen, indem sie die Leistungen der Gemeinschaft für ihre persönlichen Zwecke ausbeuten, kann nicht sonderlich erfolgreich sein.

Unternehmen, die wirklich überdurchschnittliche Erfolge anstreben, brauchen eine Unternehmensphilosophie, mit der die Werte festgeschrieben werden, die die Führungskräfte und Mitarbeiter des Unternehmens im Umgang miteinander und im Umgang mit Kunden und Lieferanten praktizieren wollen. Das Wertekonzept eines Unternehmens als Gemeinschaft hat die Funktion eines verpflichtenden Bands für alle Mitglieder der Betriebsgemeinschaft. Die von Natur aus ungerichteten, auseinanderstrebenden Kräfte der einzelnen Mitar-

Fehlende Unternehmensphilosophie
Fehlendes Werte-Konzept

Die Ziele des Managements
und die individuellen Wertvorstellungen und
Ziele der Mitarbeiter streben auseinander

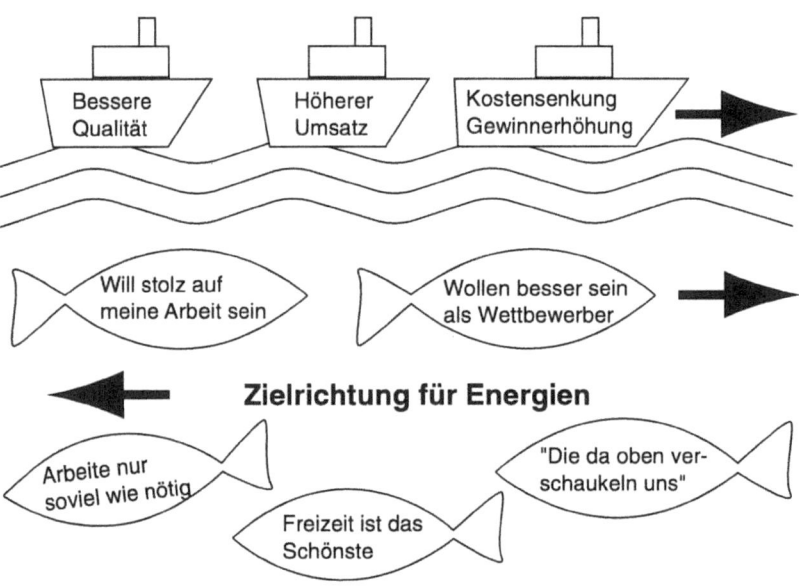

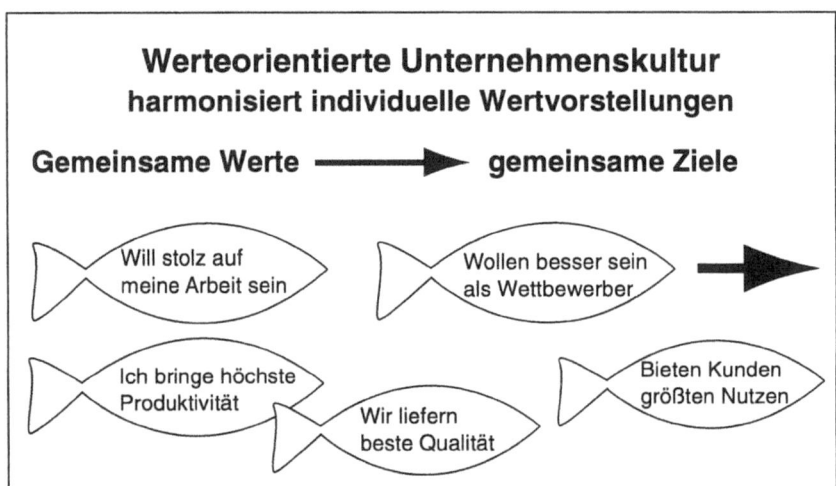

Abbildung 5a: Gemeinsame Werte einigen die Kräfte im Unternehmen

beiter werden durch das gemeinsame Wertekonzept gebündelt und somit voll konzentriert auf das Erreichen der Unternehmensziele ausgerichtet. Es findet eine Harmonisierung der Kräfte auf gemeinsame Ziele statt. Werteorientierte Unternehmenskulturen, die ihre Mitglieder nicht auf die Verwirklichung der gültigen Werte verpflichten, entfalten keine positive Wirkung. Sie haben den Charakter von „Scheinkulturen" als maskierte Mißtrauenskulturen. Die Unternehmensphilosophie auf gedrucktem Hochglanzpapier verstaubt in Aktenordnern, um die sich keiner mehr kümmert. Oft verstärkt der Hinweis vom Management auf die Unternehmensphilosophie nur noch die Oppositionshaltung der Mitarbeiter, wenn sie erleben, daß ihre Vorgesetzten diese Werte überhaupt nicht vorleben.

Ein professionell geleitetes und geführtes Unternehmen ist überdurchschnittlich erfolgreich, weil es eine „Glaubensgemeinschaft mit wirtschaftlicher Zielsetzung auf werteorienterter Basis" ist. Unternehmensleitungen, die den Erfolgsfaktor einer werteorientierten Unternehmenskultur (Vertrauensorganisation) vernachlässigen, verschenken wichtige Produktivitäts- und Gewinnpotentiale und bieten damit ihren Aktionären bzw. Gesellschaftern und finanzierenden Banken nicht die Leistungen, die von ihnen erwartet werden. Eine Mißtrauenskultur im Unternehmen zu haben, ist damit zu vergleichen, als hätte jemand sein Haus auf Sand gebaut (einsturzgefährdet), anstelle es auf einem soliden Fundament oder gar auf einem Felsen zu errichten.

Gegen eine Unternehmenskultur, die die Mitarbeiter auf bestimmte Werte verpflichtet, wird häufig eingewandt, daß damit der einzelne Mitarbeiter seine Freiheit verliere, so zu sein und so zu handeln, wie er es wolle oder „wie er halt sei". Kein Gemeinwesen kann jedoch überleben, wenn es seinen Mitgliedern eine unbegrenzte Freiheit einräumt. Zur Freiheit gehört, daß der gewährte Freiraum mit Verantwortung ausgefüllt wird. Verstößt ein Bürger unserer freiheitlichen Demokratie gegen die Interessen der Gemeinschaft - festgeschrieben durch eine Fülle kaum noch übersehbarer staatlicher Gesetze - so hat er die für diesen Fall vorgesehenen Sanktionen zu erleiden. In gleicher Weise brauchen Unternehmen ein verpflichtendes Regelwerk für den innerbetrieblichen Umgang miteinander, um zu verhindern, daß im Unternehmen Kleinkriege geführt werden und sich Bereichsegoismen breit machen können. Die Erfahrung hat gezeigt, daß in Unternehmen ohne verpflichtendes Wertekonzept die Führungskräfte z.B. gerne große Freiräume haben wollen, aber andererseits gern auf die Freiräume verzichten, wenn das Geschwisterpaar „Freiheit mit Verantwortung" für den einzelnen mit Mehrarbeit verbunden ist! Solche Arbeiten werden dann einfach nicht ausgeführt. Unternehmen ohne verpflichtendes Wertekonzept mit übertriebener Liberalität für Führungskräfte und Mitarbeiter ohne das Einfordern von Verantwortung und ohne das Messen von Ergebnissen mit Feedback neigen generell oder zumindest in etlichen Teilbereichen zur Ineffizienz durch hohe Energievergeudung. Sie haben unnötige Blindleistungen, die die Produktivität und den Gewinn mindern.

Wer sich bisher nicht groß für die Bedeutung einer bewußt positiv gestalteten Unternehmenskultur - als Vertrauenskultur oder als Sinn-Gemeinschaft - interessiert hat, möge bedenken, daß die meisten Führungskräfte und Mitarbeiter eines Unternehmens nur vordergründig dafür arbeiten, um ihre Existenz zu sichern. Nur für Geld zu arbeiten, ist ihnen am Ende zu wenig. Sie wollen in ihrer Arbeit nicht nur einen Zweck sehen, sondern auch einen Sinn erkennen. Viele Manager glauben, daß Mitarbeiter in ihrer Arbeit einen Sinn sehen, wenn man ihnen den Zweck erklärt, dem ihre Arbeit dient. Den genauen Zweck zu kennen, ist für arbeitende Menschen wichtig. Aber es ist letztlich zu wenig. Jeder Mensch möchte in seinem Leben einen Sinn erkennen oder besser noch, seinem Leben einen Sinn geben. Der Sinn, wie er hier gemeint ist, entsteht nur durch das Verwirklichen von Werten in der Arbeit, wie es Professor V. E. Frankl in seiner sinnzentrierten Psychologie und Psychotherapie herausgefunden hat. Der Mensch arbeitet also nicht nur für Brot allein, sondern will Vertrauen und Wertschätzung erfahren, um alle seine mentalen, psychischen und physischen Kräften voll in seine Arbeit hineinbringen zu können.

2.5 Das Betriebsklima als Auslöser von Krankheiten

Unter Betriebsklima versteht man den Grad der Zufriedenheit der Mehrheit der Mitarbeiter mit ihrer Arbeit, den Arbeitsbedingungen, der Unternehmensleitung und den sozialen Beziehungen zu Vorgesetzten und untereinander.

Um Aufschluß über das Betriebsklima und die Ursachen für die Entstehung von Fehlzeiten zu bekommen, lassen manche Betriebe Befragungen ihrer Mitarbeiter durchführen. Hierbei werden den Mitarbeitern z.B. folgende Fragen (Pillat/Wilke 1986, S. 27) gestellt:

- Wurden ausreichende Maßnahmen zur Verhütung von Unfällen getroffen?
- Sind die Arbeitsplätze menschengerecht gestaltet?
- Sind die Arbeitsplätze lohnmäßig gerecht eingestuft?
- Werden unterschiedliche Leistungen bei der Entlohnung angemessen berücksichtigt?

- Ist bei der Entlohnung die notwendige Transparenz gewährleistet?
- Wird die Einteilung der Arbeit, die Zuordnung der Mitarbeiter zu bestimmten Arbeitsplätzen als weitestgehend gerecht empfunden?
- Erfolgt die Einteilung zu den Schichten bzw. verschiedenen Arbeitszeiten gerecht?
- Ist die Organisation der Arbeit zweckmäßig und produktivitätsfördernd?
- Bekommen die Mitarbeiter alle notwendigen Informationen für ihre Arbeit?
- Klappt die Zusammenarbeit zwischen den einzelnen Gruppen und Abteilungen innerhalb des Betriebes?
- Sind die Mitarbeiter mit den Arbeitsbedingungen, unter denen sie arbeiten (z.b. die zur Verfügung stehenden Hilfsmittel, die Umgebung, die Ausstattung des Arbeitsraumes etc., die Tätigkeit an sich), zufrieden?
- Sind der direkte Vorgesetzte, die Kollegen möglicherweise Verursacher von Fehlzeiten?

Die Ergebnisse solcher Befragungen können in mancher Hinsicht viele wertvolle Hinweise auf notwendige Verbesserungsmaßnahmen bringen. Werden die befragten Mitarbeiter nach Vorliegen der Auswertung nicht über das Ergebnis informiert und werden die erkannten Mißstände nicht beseitigt, so führt das zu tiefgreifenden Enttäuschungen bei den Mitarbeitern. Zukünftige Befragungen können sich die Unternehmen dann ersparen, weil die Mitarbeiter die Hoffnung auf eine Besserung ihrer Arbeitssituation aufgegeben haben und überwiegend eine erneute Befragung nicht mehr mitmachen.

Oft genug zeigt die Auswertung solcher Befragungen auch eine Zufriedenheit der Mitarbeiter, die tatsächlich nicht gegeben ist, oder besser gesagt ein Ergebnis, das die Wirklichkeit nicht richtig widerspiegelt. Einerseits scheuen sich Mitarbeiter, Kritik an ihren Vorgesetzten zu üben, obwohl die Befragung anonym ist. Vielfach wird auch versäumt, im Fragebogen tiefergehende Fragen zum Erleben der Mitarbeiter zu stellen, wie im nachstehenden Beispiel:

- Sind die Arbeitsplätze und Arbeitsabläufe so gestaltet, daß die körperliche und psychische Belastung der Mitarbeiter ein geringstmögliches Maß erreicht?
- Besteht ausreichende Klarheit über die am Arbeitsplatz zu erfüllenden Aufgaben und die geforderte Qualität und Arbeitsmenge pro Zeiteinheit?
- Besteht Zufriedenheit mit der Arbeit, sodaß die Mitarbeiter überwiegend gern zur Arbeit kommen?
- Herrscht Vertrauen zum Vorgesetzten? Ist er glaubwürdig und offen?

- Läßt der Vorgesetzte Offenheit zu? Muß man Repressalien befürchten, wenn man ihn kritisiert?
- Fühlen sich die Mitarbeiter von ihrem direkten Vorgesetzten geachtet?
- Wird bei Entscheidungen die Meinung der davon Betroffenen eingeholt?
- Ist die Zusammenarbeit mit den Kollegen harmonisch?
- Hat die Geschäftsleitung eine fürsorgliche Einstellung zu ihren Mitarbeitern? Ist sie um das Wohlergehen ihrer Mitarbeiter bemüht?

Eine Mitarbeiterbefragung nach reinen Kriterien der Arbeitswelt unterliegt gewissen Beschränkungen, was das zu erwartende Ergebnis angeht. Die Mitarbeiter können sich bei solch einer Befragung dergestalt äußern, daß die Geschäftsleitung glaubt, daß ihre Mitarbeiter weitgehend zufrieden sind, obwohl die Fehlzeiten hoch sind. Das findet man auch häufig bei überbetrieblichen Umfragen. Nach einer im Auftrag des Bundesverbands der Betriebskrankenkassen im Januar 1995 vom infas-Institut durchgeführten Umfrage beurteilten 76 Prozent aller Berufstätigen das Betriebsklima in ihrem Unternehmen als „gut" oder „sehr gut", wie im Blick durch die Wirtschaft (21.3.95) berichtet wurde. „In kleineren Betrieben herrscht heute ein besseres Klima als in größeren, im Handel und Verkehr (80 Prozent „sehr gut" und „gut") ist es besser als im öffentlichen Dienst (69 Prozent). Aber auch hier gibt es noch viel zu tun. Denn immerhin jeder fünfte Berufstätige stuft das Betriebsklima als „eher schlecht" oder nur „erträglich" ein. Von diesen eher unzufriedenen Berufstätigen fühlen sich fast zwei Drittel gesundheitlich beeinträchtigt."

Als Voraussetzungen für ein gutes Betriebsklima stellten die von infas befragten 2.300 Berufstätigen eine Rangordnung für eine Reihe von Kriterien auf:

Wichtig für gutes Betriebsklima	Zustimmung der Befragten (in %)
Teamgeist	54
Selbständiges Arbeiten	45
Kooperationsbereitschaft von Kollegen	35
Anerkennung durch den Chef	32
Beteiligung an Entscheidungen	28
Gerechte Aufteilung der Arbeit	25
Information durch den Chef	25
Anerkennung durch die Mitarbeiter	22

Wenn Teamgeist bei dieser Befragung an erster Stelle der Merkmale für ein gutes Betriebsklima steht, ist darunter sicher der positive Geist der Gemeinsamkeit und Einheit zu verstehen, der die Mitarbeiter und ihre Vorgesetzten partnerschaftlich verbindet, um mit den Anforderungen, Schwierigkeiten und Belastungen des betrieblichen Alltags besser fertigzuwerden, um gemeinsam die festgelegten Ziele zu erreichen, um ständig kleine Verbesserungen zu erreichen und sich auch über die Erfolge als gemeinsame Leistung zu freuen.

Bei der Frage nach den Ursachen für ein schlechtes Betriebsklima nannten 56 Prozent „Intrigen". „Jedem dritten verdirbt das «Anschwärzen beim Chef» sowie «Hektik», aber auch die Sorge um den Arbeitsplatz die Arbeitsatmosphäre. Ein Viertel gibt «faulen Kollegen» die Schuld am schlechten Betriebsklima sowie der «fehlenden Anerkennung durch den Chef». Gut 20 Prozent machen den «Konkurrenzkampf» oder den «mißgelaunten Chef» verantwortlich für ein schlechtes Klima." (Stein 1996). Ein schlechtes Betriebsklima beeinträchtigt die Motivation sowie Arbeitszufriedenheit und damit auch die Gesundheit der Arbeitnehmer und produziert Fehlzeiten.

Die Höhe der Fehlzeiten ist ein Maßstab für das Betriebsklima und umgekehrt. Die Arbeitsunzufriedenheit eines Mitarbeiters und damit die Bereitschaft, Fehlzeiten zu verursachen oder auch nicht, hängt insbesondere davon ab, wie groß die Differenz zwischen seinen Erwartungen bzw. Wünschen und den wirklich vorgefundenen Verhältnissen am Arbeitsplatz ist. Je besser die Realität den Erwartungen entspricht, desto größer ist die Arbeitszufriedenheit und damit sind die Fehlzeiten meistens niedriger. Den Mitarbeitern ist ein gutes Betriebsklima weit überwiegend wichtiger als eine bessere Bezahlung.

Die Mitarbeiterführung durch Vorgesetzte hat einen wesentlichen Einfluß auf die Fehlzeitenhöhe. „Es ist unbestreitbar, daß außerbetriebliche Belastungen, aber auch Arbeitsunlust und Unzufriedenheit am Arbeitsplatz wichtige Ursachen für das «Krankfeiern» bilden. Ungerechte Arbeitsverteilung, gehäufte Kritik, übermäßige Aufsicht und Kontrolle, grober Führungsstil und ausbleibende Anerkennung führen oft zu Verärgerung und Enttäuschung von Mitarbeitern. Umgekehrt sind Faktoren wie Lohngerechtigkeit, Aufstiegschancen, verantwortliches und selbständiges Handeln, Anerkennung etc. natürliche soziale Bedürfnisse, die für die Zufriedenheit und das Wohlbefinden des Arbeitnehmers wichtig sind und deren Fehlen in unterschiedlicher Intensität Erkrankungen auslösen kann." (Salowsky 1991, S. 82 ff.).

2.6 Mobbing

Ein besonders negativer Aspekt eines schlechten Betriebsklimas, der in der infas-Befragung nicht erwähnt wurde, ist das Mobbing. Der schwedische

Forscher Heinz Leymann bezeichnet Mobbing als eine Reihe von negativen, die normale Kommunikation störenden Handlungen, die während längerer Zeit von einer Einzelperson oder mehreren Personen gegen eine andere Person, wie z.b. gegen Kollegen/Kolleginnen oder Mitarbeiter/innen gerichtet sind. Der Begriff Mobbing kommt aus dem englischen „to mob" und bedeutet „über jemand herfallen". Von Mobbing kann nur gesprochen werden, wenn diese negativen kommunikativen Handlungen - als Isolation des anderen oder als Anpöbeln - über einen längeren Zeitraum erfolgen.

Zum typischen Mobbing - dem Psychoterror am Arbeitsplatz - gehören einzelne oder mehrere der folgenden Handlungen:
-   Isolation des Opfers, Nichtbeachtung - niemand verbringt die Pausen mit dem Opfer;
-   unrealistische Anforderungen an die Arbeitsleistung;
-   Zuteilung sinnloser Arbeit;
-   ständige Abwertungen, Beleidigungen mit Schimpfworten, Hänseleien, die als Frotzeleien getarnt werden;
-   Gerüchte, Verleumdungen;
-   Schikanen, Drohungen;
-   Sabotagen als Störung und Beeinträchtigung der Arbeit des Opfers (z.B. Verstellen seiner Maschine);
-   Triumphgeheul, wenn das Opfer einen Arbeitsfehler begeht.

Auf die Opfer hat das Mobbing verheerende Auswirkungen: Sie verlieren nicht nur ihr Selbstvertrauen, sie fühlen sich niedergeschlagen und werden häufig krank. Nach den Erfahrungen von Leymann ist Mobbing immer ein traumatisches Erlebnis, das psychisches Leiden zur Folge hat.

Anders als es oft behauptet wird, handelt es sich bei den Betroffenen meist nicht um Außenseiter oder schwache Persönlichkeiten. Selbstsichere, korrekte, qualifizierte und kreative Angestellte sind ebenso häufig, wenn nicht gar häufiger Zielscheibe des Psychoterrors am Arbeitsplatz. Motive können Neid, Eifersucht oder Konkurrenzangst sein. Die Opfer sind also in der Regel nicht selber schuld. Ein Betriebsklima, das keine offene Mitsprache und Kritik zuläßt, ist ein guter Nährboden für Intrigen und nicht offen geführte Machtkämpfe.

Generell läßt sich sagen, daß die Motive für Mobbing eher in der schwachen Persönlichkeit der Mobber liegen, die aufgrund von verdrängten Minderwertigkeitskomplexen oder aufgrund von Unzufriedenheit wegen eines Mangels an Achtung und Wertschätzung durch Vorgesetzte oder ihre Mitarbeiter ein Ventil für ihre Aggressionen suchen. Nicht selten beteiligen sich auch Vorgesetzte mit schwacher Persönlichkeit am Mobbing oder sind selbst Mobber. Wenn das Opfer eine Aussprache sucht, dann hat der Vorgesetzte oder Kollege keine Zeit oder die verlangte Aussprache wird abgelehnt. Dem Opfer wird meist vorgeworfen, übertrieben sensibel zu sein.

Von den von Mobbing Betroffenen stehen nur wenige diese Belastung längere Zeit ohne fremde Hilfe durch. Die meisten leiden bald an psychosomatischen Erkrankungen bis hin zu Depressionen. Die Opfer klagen über Kopfschmerzen, Schwindelgefühle, Konzentrationsprobleme, Schlafstörungen, Herzflattern, Magenprobleme, Durchfall, Rückenschmerzen, Zittern, Übelkeit. Die Einnahme von Psychopharmaka und auch psychiatrische Behandlung hilft anfangs. Die meisten müssen ihren Arbeitsplatz früher oder später dennoch räumen, weil die gesundheitliche Belastung immer mehr zunimmt.

Enkelmann verweist darauf, daß Mobbing dadurch erleichtert oder begünstigt werde, daß es um die Solidarität am Arbeitsplatz schlecht bestellt sei. Viele Kolleginnen und Kollegen würden sich zwar nicht aktiv am Kesseltreiben beteiligen, sondern wegsehen, statt dem Mobbing-Opfer Hilfe zu leisten. Mit dieser Haltung würden sie dem Mobbing Vorschub leisten. Die Rezession habe die Duckmäuserei noch begünstigt. Viele Vorgesetzte schauen ebenfalls weg, versuchen das Problem so lange wie möglich zu verdrängen oder sie verharmlosen es. Sofern sie damit nicht selbst ein Interesse am Mobbing des betreffenden Opfers vorweisen, haben sie entweder nicht den Mut, den mobbenden Mitarbeitern das Mobbing klipp und klar unter Androhung von Sanktionen zu untersagen oder sie können nicht einschreiten, weil sie sich von den mobbenden Mitarbeitern abhängig gemacht haben. In allen diesen Fällen liefern sie für ihr soziales Umfeld und für ihre Vorgesetzten den offensichtlichen Beweis, daß sie eine schwache Führungskraft sind. 55 Prozent der Opfer sind Frauen, wobei Männer meist von Männergruppen und Frauen meist von Frauengruppen, Untergebene meist von Vorgesetzten gemobbt werden.

Auf die Frage, warum sich überhaupt jemand dazu verleiten läßt, eine Kollegin oder einen Kollegen auf niederträchtigste Art zu quälen, hat die Wissenschaft laut Enkelmann noch keine überzeugende Antwort gefunden. Nach dem heutigen Wissensstand werden Mobbing-Handlungen durch folgende Merkmale begünstigt:
- Konfliktunfähigkeit,
- starke Arbeitsteilung und Bürokratie,

- Mangel an Mit- und Selbstbestimmung.

Man weiß, daß Vorgesetzte und Untergebene, die nicht gelernt haben, offen und fair Kritik zu üben und Auseinandersetzungen zu führen, zu Sticheleien und Intrigen neigen. Fließbandarbeiter und Bürohilfskräfte mobben oft aus reiner Langeweile oder aus Frustration, weil die starke Arbeitsteilung mit Monotonie Unzufriedenheit mit der Arbeit erzeugt. Besonders hoch ist die Mobbing-Quote in stark hierarchisch geführten Unternehmen mit fehlenden Mitsprachemöglichkeiten und hohem Leistungsdruck.

Den Unternehmen entstehen durch Mobbing hohe Kosten. Zunächst sinkt die Rentabilität, da seit der Rezession viele Mobbing-Opfer am Arbeitsplatz erscheinen, obwohl sie sich krank fühlen. Sie erbringen weniger Leistung, werden dadurch reizbarer und bieten damit zusätzliche Angriffsflächen. Die von den Mobbern verursachten psychischen Körperverletzungen führen beim Opfer zu häufigen und immer länger dauernden Erkrankungen, die bis zur chronischen Erkrankung mit Frühverrentung führen können, sofern das Opfer nicht rechtzeitig den Betrieb oder die Abteilung verläßt. Bei einer durchschnittlichen Mobbing-Dauer von rund einem Jahr entstehen Schweizer Betrieben pro Mobbing-Fall Kosten zwischen 30000 und 100000 Franken. „Diese Kosten entstehen durch Minderleistungen in der betroffenen Abteilung, durch die Zeit, die Vorgesetzte und Peronalabteilungen für den Konflikt einsetzen müssen, sowie durch die krankheitsbedingten Fehltage des Mobbing-Opfers." (Enkelmann 1994, S. 53).

Eine Statistik deutscher Krankenkassen über die Fehlzeiten von 13 Ländern hat ergeben, daß Schweizer Arbeitnehmer/innen an rund 6 von 100 Arbeitstagen wegen Krankheit ihrem Betrieb fernbleiben. Als Grund für die Abwesenheit hätten laut Enkelmann die Befragten in verschiedenen Erhebungen meistens nicht klassische Krankheiten genannt, sondern Spannungen mit Kollegen und Vorgesetzten. Bestätigt werden solche Ergebnisse durch andere Untersuchungen. So registrierte auch die sozial- und arbeitsmedizinische Akademie Baden-Württemberg einen sprunghaften Anstieg arbeitsplatzbedingter psychosomatischer Erkrankungen.

Was tun Unternehmen und Verwaltungen gegen Mobbing?
Die meisten tun nichts dagegen. Es wird berichtet, daß Personalabteilungen von öffentlichen Verwaltungen, Banken und Großunternehmen das Problem Mobbing herunterspielen, es verharmlosen, es mit der Erklärung „Wir sind doch alle nur Menschen" entschuldigen. Dagegen hat Ciba-Geigy die Initiati-

ve ergriffen und den Psychoterror am Arbeitsplatz in seiner Hauszeitung zum Thema gemacht sowie eine Anlaufstelle für Mobbing-Betroffene geschaffen. Die Volkswagen AG ist noch einen Schritt weitergegangen. Wie im Juli 1996 berichtet wurde, hat das Management mit dem Betriebsrat eine Betriebsvereinbarung abgeschlossen, derzufolge dem Mobbing der Kampf angesagt wird. Betriebsangehörige, die sich des Mobbings schuldig gemacht haben, werden zur Rechenschaft gezogen. Sie werden zunächst verwarnt und können im Wiederholungsfalle entlassen werden.

Was können Führungskräfte tun, die in Unternehmen tätig sind, wo es keine Betriebsvereinbarung gegen Mobbing gibt? Was sollten Führungskräfte gegen Mobbing tun?

* Sie sollten als ersten Schritt prüfen, ob sie selbst Mobbing betreiben. Wenn das zutrifft und sie es nicht unterlassen können, sollten sie sich psychotherapeutisch behandeln lassen. Es ist für eine Führungskraft absolut unverantwortlich und mit ihren Pflichten unvereinbar, Mitarbeiter psychisch zu quälen!
* Vorgesetzte sollten Mitarbeiter, die andere mobben, auf ihr schädliches Verhalten hinweisen, nämlich daß ihr angeblich harmloses Frotzeln Kollegen krank macht.
* Mitarbeiter, die ihr Mobbing nicht aufgeben, sollten von ihrem Vorgesetzten schriftlich abgemahnt werden. Geben sie das Mobbing nicht auf, sollte der Vorgesetzte sich dafür stark machen, auch gegenüber dem Betriebsrat, daß ihnen gekündigt wird.
* Mit Mitarbeitern, die unter Mobbing leiden, sollte mit einfühlsamen Worten besprochen werden, was sie dazu beitragen können, daß das Mobbing eingestellt wird oder ob sie zumindest eine Versetzung an einen anderen Arbeitsplatz wünschen.

2.7 Beeinträchtigung des psychischen Befindens

In der Praxis, d.h. auf der Ebene der Leitung von Unternehmen und öffentlichen Verwaltungen, wird der Zusammenhang, der zwischen Wohlbefinden der Mitarbeiterinnen und Mitarbeiter und dem Erfolg des Betriebs bzw. der Effizienz der Verwaltung besteht, viel zu selten wahrgenommen. Dabei ist es eine Binsenweisheit, daß Menschen, die sich wohlfühlen, viel leistungsfähiger sind als solche, deren Wohlbefinden beeinträchtigt ist.

In der Vergangenheit haben sich die Befragungen von Mitarbeitern im wesentlichen darauf konzentriert, Anhaltspunkte für die Zufriedenheit, die Einstellungen und Werte und eine Einschätzung zum Betriebsklima zu erhalten. Dabei wurden die wirklichen Probleme in der Regel wenig systematisch erfaßt. Psychosomatische Beschwerden, Gereiztheit, Verstimmtheit, Ängstlichkeit oder Selbstwertprobleme verursachten oft einen beträchtlichen Leidensdruck, der aber erst zur Kenntnis genommen wurde, wenn das Ausmaß dieser Befindensbeeinträchtigungen nicht mehr übersehbar war, also schon personalkostenrelevante Veränderungen aufgetreten waren, wie hohe Fehlzeiten und quantitative und qualitative Leistungsminderungen.

Dudo von Eckardstein und Mitarbeiter haben sich in jüngster Zeit im Rahmen eines Forschungsprojekts und im Rahmen der Beratung von Betrieben mit psychischen Befindensbeeinträchtigungen und deren Einfluß auf die Gesundheit der Arbeitnehmer am Arbeitsplatz auseinandergesetzt. Sie sollen die verbreiteten Zufriedenheitsanalysen in den Unternehmen, die nur eine kognitive Verarbeitung und Reaktion auf Arbeitsbedingungen darstellen, ergänzen, wenn nicht ersetzen. Die psychische Verarbeitung der Arbeitsbedingungen weist u.U. fehlende Übereinstimmungen zwischen Person, Arbeits- und Lebenssituation aus, die bei den Zufriedenheitsanalysen nicht erkennbar werden.

Untersucht wurden Belastungsfaktoren für die Arbeitsbereiche und außerbetriebliche Lebensbereiche, denen die Faktoren gegenübergestellt wurden, mit denen sich hohe psychische Beanspruchungen bewältigen lassen. Hilfreich sind eine Situationskontrolle durch einen möglichst großen Handlungsspielraum, eine gute soziale Unterstützung und das eigene gesundheitsfördernde Verhalten.

Das Ergebnis vieler Untersuchungen ist, daß Personen mit guter sozialer Unterstützung
• weniger Streß erleben
• weniger unter Streß leiden oder diesen besser verarbeiten können
• physisch und psychisch einen besseren Gesundheitszustand aufweisen oder weniger unter Beeinträchtigungen leiden.

Die Pufferfunktion der sozialen Unterstützung führt zur Reduzierung von Beanspruchungen beim Vorliegen hoher Belastungen. So ist auch bekannt, daß verheiratete Arbeitnehmer mit Familie und mehreren Kindern wesentlich geringere Fehlzeiten haben als unverheiratete Arbeitnehmer. Bei der psychischen Bewältigung ist die subjektive Wahrnehmung durch den Betroffenen wichtiger als ein tatsächliches «objektives» Vorliegen, ähnlich dem Placebo-Effekt.

Gesundheitsförderndes Verhalten wie gesunde Ernährung, geringer Alkohol- und Tabakkonsum, sportliche Aktivitäten und entsprechende Ruhe- und Erholungszeiten reduzieren die Auftretenswahrscheinlichkeit von Befindensbeeinträchtigungen. Bei den psychischen Befindensbeeinträchtigungen unterscheidet Eckardstein (1995, S. 155 und S. 167) die in Abbildung 6 genannten Faktoren. Mehr als ein Viertel der beeinträchtigten Personen war in mehr als ei-

Beeinträchtigungsursache	in % der Befragten
Gereiztheit/Belastbarkeit	22
Depressivität	8
Angst	7
Selbstwertprobleme	2
psychosomatische Beschwerden	9
Alkoholabhängigkeit	4,5

Abbildung 6: Befindensbeeinträchtigung und Häufigkeit

nem Bereich betroffen. In 71 % der Fälle traten psychische und physische/ psychosomatische Beschwerden in Kombination miteinander auf. Aus diesen Ergebnissen leiten die Forscher die Schlußfolgerung ab, daß sich Personalverantwortliche und natürlich auch die Topmanager oder Inhaber eines Unternehmens um das Wohlbefinden ihrer Mitarbeiter/innen kümmern sollten.

Aus rein ökonomischer Sicht haben Befindensbeeinträchtigungen Einfluß auf fünf Kostengrößen:
• die Produktivität und Qualität der Arbeit - negativ beeinflußt durch Konzentrationsstörungen oder Ängstlichkeit
• die Fehlzeiten mit ihren bekannten Kosten
• die Kosten aufgrund von Unfällen
• die Fluktuationskosten - als Kosten für die Neubesetzung, wenn Mitarbeiter sich aus Gesundheitsgründen gezwungen sehen, das Unternehmen zu verlassen
• Problem-Handhabungskosten - anteilige Gehaltskosten der Vorgesetzten und der Kosten von Verwaltungsabteilungen, die sich mit den Problemen beeinträchtigter Mitarbeiter befassen müssen

Einflüsse auf das Befinden kommen aus den verschiedensten Bereichen. Im Vergleich von Arbeit und Familie/Partnerschaft hat die Arbeit einen höheren Stellenwert hat als das Familienleben, was sich allein daraus ergibt, daß der einzelne während seines Arbeitslebens den größeren Teil seines Alltags am Arbeitsplatz verbringt. Im Bereich der Arbeit ergab sich als Rangfolge der fünf höchsten Beanspruchungsintensitäten:

- Unklarheit der Aufgabenstellung
- Persönliche Probleme am Arbeitsplatz
- Akkordarbeit
- geringer Handlungsspielraum
- viele organisatorische Veränderungen.

Bisher gibt es keine Leistungsrechnung, die die beträchtlichen kostenmäßigen Auswirkungen psychischer Störungen aufzeigt. Von Eckardstein et al. vertreten als Ergebnis ihrer Studie die Ansicht, daß sich das Personalmanagement gezielt um das Wohlbefinden von Mitarbeitern kümmern sollte. Um ein besseres Wohlbefinden von Mitarbeitern zu erreichen, schlagen sie korrektive und präventive Maßnahmen vor.

Präventive Maßnahmen - als längerfristig wichtige Maßnahmen, insbesondere im Bereich der ergonomischen Arbeitsgestaltung, der Anreizsysteme und der Mitarbeiterführung - sollen die Auftretenswahrscheinlichkeit von Befindensbeeinträchtigungen verringern. Im Rahmen der täglichen Kommunikation oder speziellen Mitarbeitergesprächen sollten vom Vorgesetzten mit seinen Mitarbeitern Aufgaben- und Zielunklarheiten, Probleme mit der Qualifikation und den Handlungsspielräumen ausgeräumt und klarere Aufgaben- und Verantwortungsdefinitionen gefunden werden. Maßnahmen zur Personalentwicklung - sei es durch spezielle Trainings oder gar durch Coaching - können zur Erweiterung der Ressourcen der Mitarbeiter beitragen.

Als Beispiele für präventive Maßnahmen sind zu nennen: Entspannungstechniken, Bewegungstraining, Rückenschule, Änderung des Ernährungsverhaltens. Psychische Verstimmungen von Mitarbeitern können durch Bewegungstrainings positiv beeinflußt werden. So nutzen bereits viele Menschen das Jogging zum Abbau von Streß. Die hier genannten Maßnahmen tragen dazu bei, daß die Eigenverantwortung des einzelnen Mitarbeiters für seine Gesundheit gestärkt wird und die Bewältigungsmöglichkeiten im Falle von Belastungen positiv beeinflußt werden.

Mit korrektiven Maßnahmen soll durch Unterstützung und Beratung - z.b. Alkoholberatung, Sozialberatung, Gesundheitsberatung - den Mitarbeitern geholfen werden, die bereits unter Beeinträchtigungen ihres psychischen Befindens leiden.

Den umfassendsten Ansatz für korrektive Maßnahmen bieten allerdings die insbesondere in den Vereinigten Staaten weit verbreiteten „Beratungsprogramme für Mitarbeiter" (employee assistance programs). In den USA arbeiten etwa drei Viertel der 500 erfolgreichsten Unternehmen mit diesem Beratungsansatz, während im deutschsprachigen Raum solche Programme kaum zu finden sind. Die positive ökonomische Wirkung solcher Mitarbeiterberatungsprogramme zeigt sich - wie viele Studien belegen - in einer Reduzierung der Fehlzeiten von 33 bis über 50 Prozent und einer Abnahme der Unfallhäufigkeit um 30 bis 80 Prozent bei an diesen Programmen teilnehmenden Mitarbeitern. Des weiteren hatten sich die Leistungen der teilnehmenden Mitarbeiter deutlich verbessert. Der Anteil der Mitarbeiter mit guter Leistungsbeurteilung erhöhte sich von vorher nur 22 Prozent auf 58 bis 66 Prozent. (Eckardstein 1995, S. 315).

Das größte Problem bei der Umsetzung aller Ratschläge besteht darin, daß für ein gesteigertes Wohlbefinden der Mitarbeiter zunächst eine Reihe von Voraussetzungen zu schaffen ist. Das Gesundheitsverhalten der Mitarbeiter muß positiv beeinflußt werden. Die Unternehmenskultur, die Qualität der Mitarbeiterführung und das Betriebsklima in den Unternehmen ist grundlegend zu verbessern. Diese notwendigen Veränderungen sind nur zu erreichen, wenn das Management sich zur sozialen Verantwortung für das Wohlbefinden der Mitarbeiter bekennt und auch die monetären Vorteile erkennt, mit der sich diese Veränderungsmaßnahmen in Form von höherer Produktivität, Qualität, Identifikation mit dem Unternehmen und höherer Kundenorientierung auf die Gewinn- und Verlustrechnung auswirken.

2.8 Streß als Auslöser von Erkrankungen

Wohl alle Forscher sind sich darüber einig, daß Streß ein wichtiger Auslöser von Krankheiten ist. Streß kann Menschen zu besonderen Leistungen befähigen, wenn es positiv empfundener Streß (Eustreß) ist. In der Regel meint man, wenn man von Streß spricht, den negativ empfundenen Streß (Disstreß). Dieser Streß kann Menschen auch töten oder zumindest krank machen, so sagen manchmal Wissenschaftler. Die Ursache von Krankheiten ist aber genau genommen weder der Streß, noch sind es Bazillen oder Viren, schreibt

Professor Dr. Blair Justice. Nach seinen Erkenntnissen werden Viren erst dann aktiv, wenn eine empfindliche Person gleichzeitig Probleme hat, mit irgend etwas fertig zu werden oder sich dauerhaft belastet oder überfordert fühlt.

Wenn Grippeviren z.b. immer krank machen würden, müßten bei einer Grippeepidemie alle Menschen erkranken. Das ist aber nicht der Fall. Menschen, die dabei gesundbleiben, können aufgrund ihrer psychischen und physischen Konstitution den Viren besser widerstehen. „Eine Krankheit ist letztlich nicht so sehr das Resultat schädlicher, externer Kräfte - also irgendwelcher «Bakterien» oder «Schreckgespenster» in unserem Leben -, als vielmehr falscher oder fehlgeleiteter Anstrengungen unseres Bewußtseins, damit umzugehen. (Blair 1988, S.30).

Die Molekularpsychologie, die auch als Psycho-Neuro-Endokrino-Immunologie (abgekürzt: PNI) bezeichnet wird, hat herausgefunden, daß bei Streß die Wirkungskette über das Psychische (Gedanken, Gefühle) im Menschen ausgelöst wird, das dann über die Nerven und Hormone auf die Immunabwehr einwirkt.

„Hippokrates diagnostizierte vor etwa 2400 Jahren alle menschlichen Krankheiten als Folge von Veränderungen." (Blair 1988, S. 49). Justice zitiert aus der Hippokrates-Fibel, daß die Wechsel sehr häufig Krankheiten erzeugen, davon die stärksten Wechsel am meisten und daß innerhalb der Jahreszeiten selbst wieder die großen (Witterungs-)Änderungen sich am stärksten auswirken. Von Hippokrates (Hippokrates-Fibel) stammt auch der Hinweis, daß das seit langer Zeit Angewöhnte, selbst das Schlimmere, weniger zu bedrängen pflegt als das Ungewohnte.
Die Widerstandskraft gegenüber der Entstehung von Krankheiten kann erhöht werden, indem der einzelne offen ist gegenüber Veränderungen in seinem Leben und sich dazu eine Einstellung zu eigen macht, daß er als in die jeweilige Situation Einbezogener auf die Situation und das Geschehen Einflußmöglichkeiten hat. Umgekehrt führt ein Gefühl der Hilflosigkeit in veränderten Lebenssituationen dazu, daß das Immunsystem geschwächt und die Widerstandskraft vermindert wird. Eine Einstellung eines Menschen, z.B. eines Arbeitnehmers, die aufgrund von gestörten Beziehungen zu seinem Vorgesetzten oder zu seinen Kollegen dauerhaft von Feindseligkeit, Zynismus oder Mißtrauen geprägt ist, kann laut Justice das Risiko erhöhen, von Arteriosklerose (Arterienverkalkung) oder Herzkrankheiten heimgesucht zu werden.

Unsere Gedanken und Wahrnehmungen sowie die Gefühle wirken über unser Gehirn, das sich neuroaktiver Chemikalien und deren Rezeptoren sowie elektrischer Impulse bedient, auf unseren Körper und unsere Gesundheit ein. Unter den „Kommunikationsmolekülen" finden sich Neuropeptide, die unsere Stimmungen und Emotionen steuern.

Jede Veränderung in unserem Leben, die wir bewerten, führt zu vielen Fragen wie zum Beispiel: Komme ich mit der neuen Situation zurecht? Welche meiner Lebensabläufe sind in Gefahr, wenn ich damit nicht zurecht komme? Welche Antworten oder Reaktionen sind möglich, um wieder einen Zustand der Zufriedenheit zu erreichen? „Derartige Gedanken erzeugen, via Neurotransmitter und Neuroregulatoren des Gehirns, «koordinierte stoffwechsel- sowie herz- und gefäßspezifische Veränderungen», die uns entweder auf eine Aktion, eine Handlung oder einen Rückzug, ein Zurückweichen vorbereiten. Dies bedeutet, daß die Art und Weise, wie wir eine belastende Situation sehen, die Einstellungen und Überzeugungen, die wir dem Problem entgegenbringen, Einfluß darauf hat, welche chemischen Botschaften das Gehirn dem Körper übermittelt." (Blair 1988, S. 61).

Justice zitiert dazu verschiedene Forschungsergebnisse einer Gruppe von Psychologen um Suzanne Kobasa und Salvatore Maddi. Eine Gruppe von 200 Angestellten der Illinois Bell Telephone Company in geschäftsführenden Positionen erlebte eine besonders große Zahl streßreicher Ereignisse, die mit einem Skandal verbunden waren. 100 dieser Manager wiesen danach zahlreiche Symptome auf, während bei den übrigen 100 Managern nur wenige Anzeichen diagnostizierbarer Krankheiten feststellbar waren. Ähnliche Erfahrungen wurden in einer anderen Studie mit 157 Anwälten gesammelt, die viele häufige arbeitsbezogene Veränderungen erlebt hatten, wie beispielsweise Neueinstellungen und Entlassungen von Personal sowie Gehaltsveränderungen. Einige der Anwälte hatten zudem noch schwerwiegende Belastungen zu tragen, die außerhalb ihres Berufs lagen - Todesfälle in ihren Familien, Trennungen und Scheidungen. Die Anwälte, die an die Bedeutung ihrer Arbeit glaubten und einen Sinn darin sahen, hatten die geringsten Beschwerden.

Für Suzanne Kobasa und ihre Mitarbeiter ist der Glaube an Kontrollmöglichkeiten, Eingebundensein (soziale Unterstützung zu erhalten, der Verfasser) und Herausforderungen der Schlüssel zu «psychischer Kraft und Stärke», was man Menschen lehren kann, um ihre Widerstandsfähigkeit gegenüber Krankheiten zu erhöhen. Bei 259 geschäftsführenden Managerinnen, bei denen man über einen Zeitraum von fünf Jahren ihre Krankheitsbilder untersuchte, zeigte sich, daß unter gleich hohen Streßbedingungen von den Managerinnen, die sich durch eine von Kraft und Stärke geprägte Persönlichkeit auszeichneten, nur halb soviel krank waren, wie von jenen mit nur wenig Kraft und Stärke. Streß, der in uns zu negativen Gedanken und Gefühlen führt, in uns eine Einstellung erzeugt, der Situation nicht gewachsen zu sein, kann also krank machen oder sogar töten. Aber eine von Kraft und Stärke geprägte Persönlichkeit schützt, wenn sie zudem ein Gefühl von Selbstkontrolle und Lebensbejahung, von Lebens-Sinn entwickelt hat.

Nach Justice umfaßt eine effektive Bewältigungsstrategie, womit er die Fähigkeit meint, unsere Widerstandskraft sowohl im Hinblick auf psychische als auch auf physische Krankheiten zu erhöhen, drei Komponenten.

1. Wir sollten uns angewöhnen, Probleme weniger pessimistisch zu sehen, weil sich für fast jedes Problem eine akzeptable Lösung finden läßt.
2. Wir sollten in geeigneter Form aktiv werden, um verändernd auf das von außen kommende Problem einzuwirken, sofern eine solche Änderung möglich ist, und
3. Wir sollten durch sportliche Betätigung, Entspannungsübungen oder irgendeine andere Form gesunden Verhaltens die körperlichen und seelischen Folgen des Problems reduzieren.

Der kritische Ausgangspunkt für die Widerstandsfähigkeit gegen Streß liegt in einer „optimistischen Bewertung und Einstellung" zu den Lebenssituationen, die auf einen Menschen zukommen. Diese Fähigkeit als „Innere Stärke" entscheidet darüber, ob eine Person sich Streß-Situationen anpassen und damit fertig werden kann oder ob sie akut erkrankt und für wie lange.

Für das Arbeitsleben und den Krankenstand der Arbeitnehmer ergeben sich daraus folgende Schlußfolgerungen. Einerseits sind die von der Arbeit und der Arbeitsumgebung ausgehenden Belastungsfaktoren - zum Beispiel Veränderungen, fehlende Möglichkeiten zur Kontrolle des Geschehens - soweit wie möglich zu reduzieren. Das wird nicht immer und erst recht nicht in vollem Umfange möglich sein. Deshalb ist es notwendig, auch auf die Einstellung der Arbeitnehmer zu den von ihnen zu ertragenden Belastungen einzuwirken, also ihre Streßresistenz zu verstärken, indem man ihnen die positiven Aspekte ihrer Arbeit - die Sinnhaltigkeit - aufzeigt und ihnen damit zu einer optimistischen Bewertung der Situation und zu einer optimistischen Einstellung zu den Gegebenheiten verhilft.

Daraus ergeben sich als Konsequenzen für die Mitarbeiterführung durch Vorgesetzte, daß diese mit Ermutigung und mitarbeiterorientiertem Handeln die Entwicklung der „Inneren Stärke" bei den Mitarbeitern zu fördern und zu festigen haben, die nicht von Natur aus diese optimistische Lebenseinstellung mitbringen. Die Vorgesetzten müssen allerdings in dieser Hinsicht in Bezug auf ihre eigenen Probleme Vorbild in der Bewältigung von Streßsituationen sein, sonst können sie ihre Mitarbeiter nicht überzeugen, mit dem Streß positiv umzugehen.

Wenn Eckardstein aufgrund seiner Forschungen die psychischen Befindensbeeinträchtigungen als wichtigste Krankmacher ansieht, dann ist der gemeinsame Nenner aller ermittelten Belastungsfaktoren und deren Wirkungen der nicht zu verarbeitende, nicht zu ertragende Streß (Disstreß). Gereiztheit und Verstimmtheit entstehen, wenn Menschen sich überlastet fühlen, weil sie sich von ihren Fähigkeiten oder von der Arbeitsmenge und den damit verbundenen Terminen her überfordert fühlen und deshalb zu wenig oder keine Erfolgserlebnisse haben.

Überforderung bedeutet, daß einem Mitarbeiter (oder einer Mitarbeiterin) hinsichtlich seiner Fähigkeiten (physisch, psychisch, wissensmäßig, erfahrungsbedingt und von der Erkenntnis- und Wahrnehmungsfähigkeit her) mehr abverlangt wird, als er beim besten Willen zu leisten vermag. Für den Betroffenen entsteht hier ein enormer Streß.

Unterforderung ist gegeben, wenn ein Mitarbeiter (bzw. Mitarbeiterin) mehr Fähigkeiten hat, als im Moment genutzt werden, sodaß er sich nicht gefordert fühlt, seine Fähigkeiten nicht unter Beweis stellen kann, daß er deshalb gelangweilt, frustriert ist, dadurch auch unkonzentriert und fehlerhaft arbeitet und Kritik einstecken muß. Diese Situation erzeugt ständig Streß.

Deshalb kann auch Unterforderung zu Gereiztheit und Verstimmtheit führen, weil bei Arbeiten, die unter den Fähigkeiten und Ansprüchen eines Mitarbeiters liegen, keine Erfolgserlebnisse zu erreichen sind. Erfolgserlebnisse würden eine Hochstimmung schaffen, die im Körper mehr Energie erzeugt. Streß dagegen reduziert das Energie-Niveau.

Unsere Erfahrungen bei der Reduzierung von Fehlzeiten haben gezeigt, daß gestörte zwischenmenschliche Beziehungen zwischen Mitarbeiter und Vorgesetztem die weit überwiegend größte Bedeutung als Streßfaktor und damit auch als Krankmacher haben. Die Mitarbeiterführung ist von besonderer Bedeutung für die Gestaltung der zwischenmenschlichen Beziehungen im Arbeitsprozeß. Der Einfluß des Führens als Mittel der Gesundheitsförderung von Mitarbeitern oder bei Führungsdefiziten als krankmachender Faktor wird meist zu wenig beachtet!

Die Abbildung 7 zeigt das Schema, wie Gefühle und Gedanken auf die Psyche und damit auf die Nerven und Hormone und letztlich auf das Immunsystem wirken. Das vegetative Nervensystem ist das vermittelnde System zwischen dem Erleben und der körperlichen Reaktion. Als autonomes System unterliegt es nicht dem Willen des Menschen.

Die Abbildung 8 zeigt als Schema zusammenfassend die Wirkungen der Gedanken und Gefühle auf das Energie-Niveau. Positive Gedanken und Gefühle führen zu einem hohen Energie-Niveau und negative Gefühle und Gedanken bewirken ein niedriges Energie-Niveau. Die Schlußfolgerung hieraus ist sehr einfach. Die Führungskräfte in den Unternehmen, die geringe Fehlzeiten ihrer Mitarbeiter aufgrund von Erkrankungen erreichen wollen, müssen dafür sorgen, daß ihre Mitarbeiter am Arbeitsplatz weit überwiegend positive Erlebnisse haben und mit positiven Gefühlen und Gedanken ein hohes Energie-Niveau erreichen und aufrechterhalten. Das hebt auch die Produktivität und Kreativität aller Mitarbeiter und macht ein Unternehmen erfolgreicher.

In den meisten Fällen nehmen Befindensstörungen, Schmerzen und Krankheiten im Kopf ihren Ausgang. Sie haben ihren Ursprung im Fühlen, Denken und Wollen sowie im Wahrnehmen und subjektiven Erleben des Menschen. Die Erfahrung zeigt, daß auch die moderne Medizin mit den Errungenschaften der Pharmakologie nur in beschränktem Umfange Hilfestellung leisten kann, Befindensstörungen und Schmerzen meist nur lindern kann, solange das negativ programmierte und erlebte Fühlen, Denken und Wollen anhält. Echte Heilung - als Freisein von Befindensbeeinträchtigungen - ist nur möglich, wenn diese Menschen ihr Fühlen, Denken und Wollen ändern, sich also eine positive Sicht ihrer Situation zu eigen machen, d.h. auch in objektiv negativen Situationen noch positive Aspekte erkennen können und schätzen lernen.

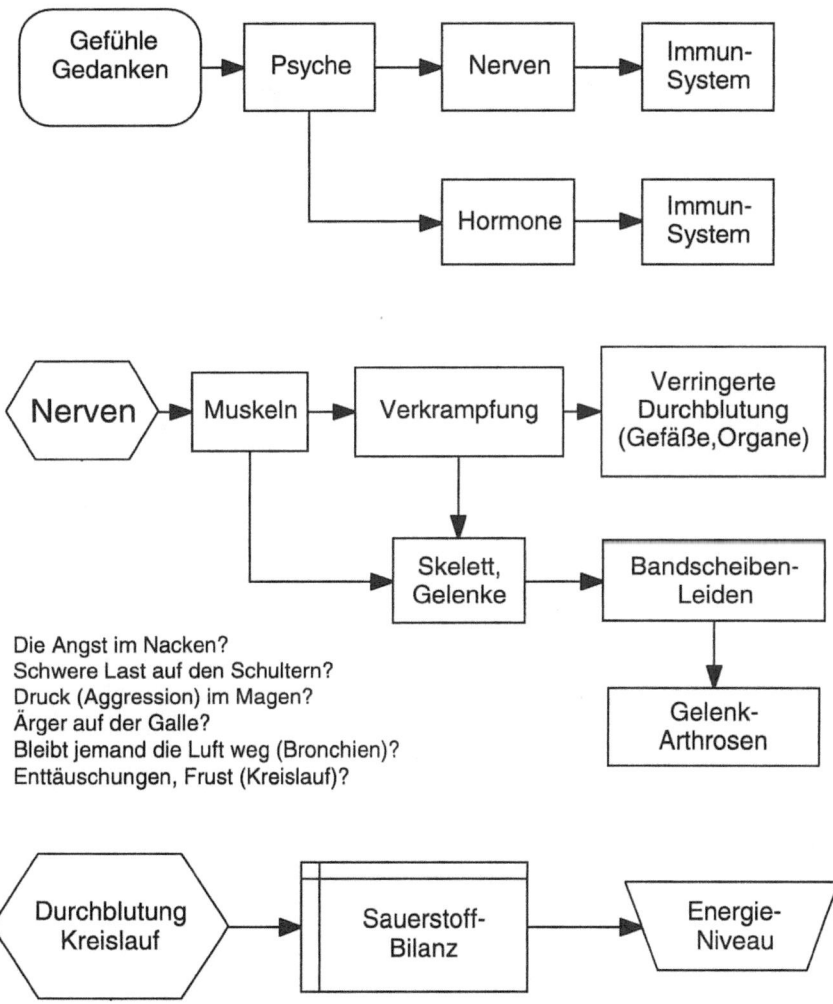

Abbildung 7: Einflußfaktoren (psycho-neuro-immunologisch) auf die
Entstehung hoher Fehlzeiten

Wirkung von Gedanken und Gefühlen auf die Körper-Energie

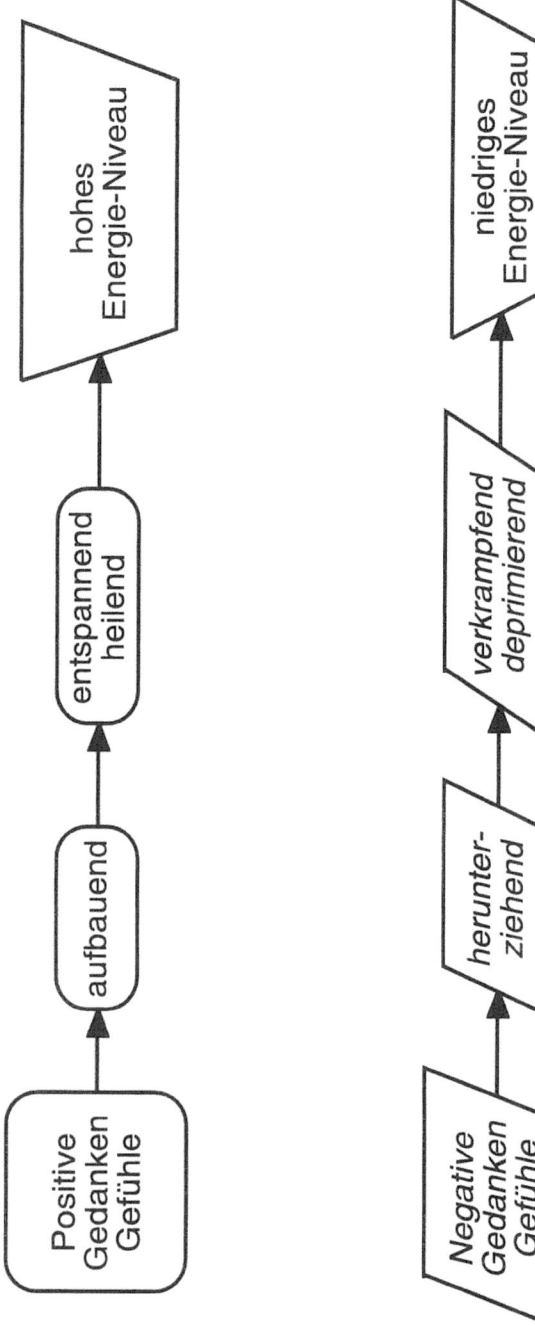

Abbildung 8: Negative Gedanken beeinträchtigen die Gesundheit

Als der Manager H. seinen Karriere-Coach aufsuchte, litt er unter starken Hals- und Nackenverspannungen, Schwindelgefühlen und Bandscheibenschmerzen. Ein Gespräch mit ihm ergab, daß er seit einiger Zeit mit Arbeit überhäuft wurde. Er hatte Pflichtaufgaben zu erfüllen, die ihm von anderen aufgegeben wurden und wollte andererseits noch eigene Projektideen verwirklichen, die ihm am Herzen lagen. Er hatte das Gefühl, daß ihn seine Arbeit erdrückt, obwohl er am Wochentag nach Abzug der Pausen nur etwa 8 bis 9 Stunden arbeitete und am Samstag noch einmal 4 bis 5 Stunden. Als wir mit ihm seine Arbeitslast in eine vernünftige Rangordnung der Prioritäten brachten, weniger Wichtiges strichen, weniger Dringliches hinausschoben und auch die Möglichkeiten aufzeigten, methodisch zu schnelleren Lösungen zu kommen, verflüchtigte sich die Angst, nicht alles schnell und rechtzeitig genug schaffen zu können. Der Druck auf die Schultern löste sich langsam, die Hals- und Nackenverspannungen verringerten sich und die Bandscheibenschmerzen verschwanden innerhalb von wenigen Wochen. Bei einem anderen Manager verschwanden seine bislang jeder Therapie trotzenden Schlafstörungen nach ähnlicher Beratung in wenigen Wochen.

Wenn wir häufig kranken Mitarbeitern Wege aufzeigen können, wie sie ihr Leben erfolgreicher gestalten und positiver sehen können und wie sie mit Rückschlägen und gelegentlichen Mißerfolgen sowie negativen Situationen besser umgehen und in solchen negativen Situation bessere soziale Unterstützung erhalten können, werden sie am Ende über eine größere „innere Stärke" verfügen. Sie werden dann seltener krank sein.

3. Was kosten hohe Fehlzeiten?

Die meisten Unternehmen wissen zwar, daß die Fehlzeiten ihrer Mitarbeiter auch ihre Ertragsrechnung belasten. Die wenigsten Betriebe berechnen jedoch die ihnen entstehenden Kosten in annähernd korrekter Höhe. Nachfolgend werden verschiedene Wege zur Berechnung der die Ertragsrechnung insgesamt belastenden Kosten aufgezeigt.

3.1 Definition von Fehlzeiten

Fehlzeiten werden als Abweichung von der tariflichen und gesetzlichen Soll-Arbeitszeit definiert. Als Soll-Arbeitszeit zählt die tariflich vereinbarte Arbeitszeit je Woche abzüglich aller für besondere Ereignisse vorgesehenen freien Tage, wie z.b. der freie Tag bei Tod des Ehepartners. Der Urlaub ist in diesem Sinne wie Soll-Arbeitszeit zu betrachten, da Erkrankungen während des Urlaubs nicht auf diesen angerechnet werden. Zur Soll-Arbeitszeit zählen auch die Kuren, die wie Krankheit behandelt werden, nicht jedoch das Fernbleiben von der Arbeit aufgrund des Mutterschaftsgesetzes, also die 6 Wochen vor und die 8 Wochennach einer Entbindung.

Um die Fehlzeiten richtig zu erfassen, sind die Stunden zu erfassen, die ein Arbeitnehmer aufgrund von Krankheit fehlt. Die Summe der Krankheitsstunden ist in Beziehung zu setzen zur Gesamtstundenzahl, die ein Arbeitnehmer im Monat aufgrund seines Arbeits- und Tarifvertrags arbeiten soll und die gleich 100 Prozent zu setzen ist. Die Zahl der Krankheitsstunden in Bezug zur Soll-Arbeitszeit (100 Prozent) ergibt den Prozentsatz an Fehlzeiten des betreffenden Arbeitnehmers. Die Summe der monatlichen Fehlstunden aller Mitarbeiter wegen Krankheit in Bezug zur monatlichen Soll-Arbeitszeit aller Arbeitnehmer des Betriebes zeigt die Fehlzeitenquote des jeweiligen Monats. In gleicher Weise läßt sich die Fehlzeitenquote für ein ganzes Jahr errechnen. Der Vergleich der Fehlzeitenquote des eigenen Unternehmens im Vergleich zur durchschnittlichen Fehlzeitenquote der eigenen Branche zeigt dem Unternehmen, wo es im Vergleich mit gleichgearteten Unternehmen steht.

3.2 Durch Fehlzeiten verursachte indirekte Kosten

Auch wenn ein Unternehmen nur die durchschnittlichen Fehlzeiten seiner Branche hat, so kann es doch im Verhältnis zu seinen Wettbewerbern in der Branche schlechter dastehen. In jedem Falle sind Fehlzeiten, die bei Angestellten über 3% und bei gewerblichen Mitarbeitern über 4,5% liegen, schon zu hoch und belasten die Ertragsrechnung des Unternehmens über Gebühr. Es sind nicht nur die Kosten für die Lohnfortzahlung - also Lohn und soziale Nebenkosten -, die in die Kostenrechnung des Unternehmens eingehen. Sondern zu den Lohn- und Lohnnebenkosten kommen noch etwa 120-170 Prozent indirekte Kosten, die durch die Fehlzeiten verursacht werden. Diese indirekten Kosten enstehen dadurch, daß ein Mitarbeiter unvorhergesehen fehlt, obwohl er laut Schichtplan anwesend sein müßte. Dieses unverhersehbare Fehlen hat folgende Konsequenzen:

- Erhöhter Planungsaufwand für Umdispositionen in der Produktion entsprechend Dringlichkeit und Wichtigkeit,
- Mehrkosten durch Koordinationsfehler bei Planungsänderungen aufgrund von Hektik und Streß,
- Mehrkosten durch Personalumsetzungen für dringende Terminaufträge verursacht durch:
  - zusätzlichen Einarbeitungsaufwand,
  - Minderleistungen bei Personalumsetzungen,
  - höheren Ausschuß bei Umsetzungen und
  - höhere Maschinenstillstands- und ausfallkosten,
- Mehrkosten durch Überstunden und dadurch ansteigende Fehlzeiten wegen Überbelastung der betroffenen Mitarbeiter,
- Anstieg der Fabrikdurchlaufzeiten mit Platz- und Suchproblemen in Unternehmen mit knappen Fabrikations- und Lagerflächen,
- Erhöhung der Halbfabrikatebestände,
- wegen Fehlens von Mitarbeitern nicht genutzte Maschinen und sonstige Arbeitsplätze, d.h. bereitgestellte, finanzierte und nun ungenutzte Kapazitäten, werden nicht durch den jeweiligen Gemeinkostensatz abgedeckt,
- entgangener Umsatz und Gewinn durch im vorgesehenen Monat nicht ausgelieferte Aufträge,
- unzufriedene Kunden - was Verluste durch Preisnachlässe wegen zu häufiger terminlicher Unzuverlässigkeit oder gar den Verlust von Kunden bedeuten kann (mit sehr hohen Kosten für die Akquisition neuer Kunden).

Hohe Fehlzeiten können auch durch einen höheren Personalbestand aufgefangen werden. Hier entstehen zusätzlich zu den schon genannten Kosten noch
- höhere Einstellungs- und Verwaltungskosten,
- die Kosten für die Einarbeitung zusätzlichen Personals
- zusätzlicher Frust bei z.T. nicht vermeidbarer Doppelbesetzung am Arbeitsplatz; wenn keine adäquate Ersatzarbeit zugeteilt wird, resultiert daraus die Neigung zu Absentismus und Krankheit,

- erhöhte Abfindungen bei Entlassungsaktionen aufgrund von Auftragsmangel.

Werden gar noch Leiharbeitskräfte benötigt, um die Produktion aufrechtzuerhalten, so ergeben sich daraus zu den schon erwähnten zusätzlichen Kosten noch weitere Kosten in Gestalt
- höherer Lohnkosten für diese Leiharbeiter
- deutlicher Minderleistungen, weil die Leiharbeiter keine innere Beziehung oder Identifikation mit dem Unternehmen und den Kollegen anstreben.

Insgesamt ergeben sich aus den genannten Faktoren indirekte zusätzliche Kosten für Fehlzeiten in Höhe von etwa 120-170 Prozent der Lohnfortzahlungskosten inklusive der Lohnnebenkosten.

3.3 Einfluß der Fehlzeitenkosten auf die Umsatzrendite

Ausgangsbasis ist der Umsatz laut Gewinn- und Verlust-Rechnung (=100 Prozent). Alle weiteren Kosten werden in Prozent vom Umsatz dargestellt. Bei den gewerblichen Mitarbeitern wird mit 120% indirekten Kosten gerechnet, bei den Angestellten nur mit 50% indirekten Kosten.

Es werden Personalkosten in Höhe von 40% vom Umsatz angenommen, wobei davon auf die Angestellten 30% (=12%) und auf die gewerblichen Mitarbeiter 70% (=28%) entfallen. Natürlich gibt es viele Unternehmen, deren Personalkosten geringer als 40 Prozent vom Umsatz sind. Dafür dürften aber die indirekten Kosten erheblich höher sein, wenn der geringere Personaleinsatz mit hohen Investitionen und damit hohen Maschinenstundensätzen oder mit hohem Materialeinsatz und entsprechend hohen Materialbeständen erreicht wird. In einem Unternehmen des Maschinenbaus zur Herstellung von Turbinen wurde der Tag Krankheit eines Mitarbeiters an teuren Maschinen mit 1.200 bis 1.500 DM beziffert. Wir haben auch schon ein Unternehmen angetroffen, wo das Fehlen eines hochqualifizierten Facharbeiters über 4 Wochen bedeutete, daß ein bestimmter Auftrag diese vier Wochen liegen blieb und nicht bearbeitet werden konnte.

Aus der nachfolgenden Tabelle - im Sinne eines groben Indikators - ist leicht abzulesen, wie hoch die Kosten von Fehlzeiten in Prozent der Umsatzrendite sind und in welcher Höhe sich die Umsatzrendite erhöhen läßt, wenn man die Fehlzeiten konsequent senkt.

Ø Fehlzeiten gesamt in %	Aufteilung der Personalkosten in Angestellte und Gewerbl.	Ø Fehlz. in %	LFZ inkl. Lohn-Neben-kosten	+ indir. Kosten	Fehlzeiten-Kosten in % vom Umsatz
4	12%	2,80	0,34	50%	0,50
	28%	4,51	1,26	120%	2,77
	Summe				3,27
5	12%	2,80	0,34	50%	0,50
	28%	5,94	1,66	120%	3,65
	Summe				4,15
6	12%	2,80	0,34	50%	0,50
	28%	7,37	2,06	120%	4,53
	Summe				5,03
7	12%	2,80	0,34	50%	0,50
	28%	8,80	2,46	120%	5,41
	Summe				5,91
8	12%	2,80	0,34	50%	0,50
	28%	10,23	2,86	120%	6,29
	Summe				6,79
9	12%	2,80	0,34	50%	0,50
	28%	11,66	3,26	120%	7,17
	Summe				7,67
10	12%	2,80	0,34	50%	0,50
	28%	13,09	3,67	120%	8,07
	Summe				8,57
11	12%	2,80	0,34	50%	0,50
	28%	14,51	4,06	120%	8,93
	Summe				9,43

Tabelle der Fehlzeitenkosten in % vom Umsatz

Berücksichtigt man, daß die nach dem neuen Entgeltfortzahlungsgesetz zulässige Kürzung der Lohnfortzahlung um 20 Prozent in den Betrieben umgesetzt werden kann, so verringern sich die 2,8% Fehlzeitenkosten bei den Angestellten um 0,336% x 20% = 0,0672 Prozent und bei angenommenen 7% Fehlzeiten von gewerblichen Mitarbeitern um 1,96% x 20% = 0,392 Prozent, insgesamt also nur um 0,46% (0,459%) vom Umsatz.

Nun könnte man vielleicht annehmen, daß im Falle einer Kürzung der Lohnfortzahlung dann auch weniger Mitarbeiter fehlen werden. Das mag in geringem Umfange - bei den echten Blaumachern - der Fall sein, hat aber auf die obige Rechnung keinen oder wenig Einfluß, weil diese Rechnung bisher nicht berücksichtigt hat, daß in den meisten Betrieben, zumindest bei den gewerlichen Mitarbeitern, im Durchschnitt immer ungefähr 1,5 Prozent länger als 6 Wochen krank sind und deshalb keine Lohnfortzahlung vom Betrieb mehr erhalten, sondern nur noch gewisse Sonderzahlungen. Es wäre übrigens auch eher anzunehmen, daß nach einer gewissen Übergangszeit die Blaumacher entdecken, daß es für sie noch allemal lukrativer ist, Fehlzeiten mit Urlaubstagen oder Lohneinbußen zu verrechnen und dafür Schwarzarbeit zu einem um 10-20% höheren Lohn durchzuführen.

Die indirekten Kosten der Unternehmen verändern sich im übrigen nicht dadurch, daß die kranken Mitarbeiter 20 Prozent weniger Lohnfortzahlung erhalten. Die Differenz als Auswirkung auf die Umsatzrendite ist tatsächlich gering. Das Beispiel zeigt deutlich, daß die Kürzung der Lohnfortzahlung um 20 Prozent kein Allheilmittel gegen hohe Fehlzeitenkosten ist. Sofern die Mitarbeiter wirklich krank sind - und das ist bei der weit überwiegenden Zahl der Mitarbeiter der Fall -, kann eine Kürzung der Lohnfortzahlung nicht eine echte Erkrankung heilen!

Die Kürzung der Lohnfortzahlung im Falle einer demotivationsbedingten Abwesenheit ist auch kein Allheilmittel, um damit die Mitarbeiter zu motivieren. Dadurch, daß man Mitarbeiter über die Lohntüte dazu veranlaßt, am Arbeitsplatz anwesend zu sein, erhöht sich noch lange nicht die Produktivität und Qualität, sondern die Gefahr, daß an Erkältung Erkrankte die Gesunden anstecken und daß Mitarbeiter mit hoher Demotivation als Protestmittel eher Sabotagen verüben. Immerhin haben die Sabotagen am Arbeitsplatz in den letzten Jahren dramatisch zugenommen.

Geht man davon aus, daß nach den neuesten Tarifverträgen die meisten Arbeitnehmer weiterhin die volle Lohnfortzahlung im Krankheitsfalle erhalten und daß ihnen nur das Weihnachtsgeld von bisher 60 Prozent auf 55 Prozent gekürzt wird, so ist der Einkommensausfall bei den Arbeitnehmern mit knapp 0,4 Prozent sehr gering. Solch ein niedriger Betrag wird wohl kaum das Fehlzeitenverhalten von Blaumachern beeinflussen und bringt den Unternehmen auch nur diese geringe Entlastung von 0,4 Prozent bei den Arbeitskosten (nicht vom Umsatz). In ähnlicher Höhe dürfte in verschiedenen Tarifgebieten die Entlastung der Unternehmen dadurch ausfallen, daß dort geleistete Überstunden und die Überstundenzuschläge zukünftig nicht mehr in die Entgeltfortzahlung im Krankheitsfalle eingerechnet werden. Oft bringt diese neue Regelung den Unternehmen keine echte Kostenentlastung mehr, weil schon in den letzten Jahren in Betriebsvereinbarungen festgelegt wurde, daß Überstunden voll mit Freizeit auszugleichen sind, ohne daß Zuschläge für Mehrarbeit ausgezahlt wurden. Zusätzliche Kosten verursacht dagegen die in manchen neuen Tarifverträgen vereinbarte Aufstockung des Krankengelds von 70% auf 80% ab der 7. Krankheitswoche.

In der Tabelle mit den Kosten der Fehlzeiten wurde noch nicht berücksichtigt, daß sich durch ein richtig angelegtes Programm zur Fehlzeitenreduzierung, das über ein sinnorientiertes Führungsverhalten der Vorgesetzten die Mitarbeiter wieder motiviert, statt sie wie in der Vergangenheit zu demotivieren, auch die Qualitätskosten und die Maschinenstillstands- und ausfallzeiten sinken. Hierdurch ergeben sich - wie in Kapitel 5 nachgewiesen wurde - insgesamt noch erheblich höhere Kosteneinsparungen mit erheblich größerer positiver Auswirkung auf die Umsatzrendite als bei reiner Betrachtung der Fehlzeitenkosten.

Es ist daher in jedem Falle für Unternehmen mit Fehlzeiten von mehr als 6 Prozent interessant, die Fehlzeiten mit entsprechenden Maßnahmen zu reduzieren und zusätzlich über eine motivierende Mitarbeiterführung bisher brachliegende Gewinnpotentiale in der Größenordnung von 2 bis 5 Prozent Umsatzrendite zu erschließen.

Nach einem Bericht des Ifo-Instituts (FAZ vom 5.11.1996) über die Ertragslage der westdeutschen verarbeitenden Industrie ist in 1996 mit einem Rückgang der Umsatzrendite, dem durchschnittlichen Vorsteuergewinn im Verhältnis zum Umsatz, von 1,6 (in 1995) auf 0,7 Prozent zu rechnen. Eine Erhöhung der Umsatzrendite durch Reduzierung der Fehlzeiten würde also sogar auf der Basis der Durchschnittsgewinne in 1995 für viele Unternehmen eine Verdopplung der Umsatzrendite und mehr ergeben. Auf der Basis der mageren Gewinne in 1996 würde sich eine Fehlzeitenreduzierung noch viel stärker auswirken.

Die nachfolgende Tabelle ermöglicht es Unternehmen, ihre Fehlzeitenkosten und möglichen Kosteneinsparungen selbst zu berechnen.

3.4 Kosten für hohe Fehlzeiten auf der Basis von

Berechnung der Kosten für bisherige Fehlzeiten					
	Personalkosten in % vom Umsatz	x Fehlzeiten in %	= Kosten für volle LFZ in %	+ indirekte Kosten in %	= Gesamtkosten in %
Angestellte					
Gewerbliche					
Summe 1					
./. 20 % LFZ					
Summe 2					

Tagessätzen

Berechnung der Fehlzeitenkosten nach erfolgter Fehlzeitenreduzierung					
	Personalkosten in % v. Umsatz	x Fehlzeiten in %	= Kosten f. volle LFZ in %	+ indirekte Kosten in %	= Gesamtkosten in %
Angestellte					
Gewerbliche					
Summe 1					
./. 20 % LFZ					
Summe 2					

Die AOK Oberberg-Gummersbach rechnete bereits vor Jahren bei den von ihr betreuten Unternehmen, daß ein Tag Fehlzeit bis zu 1.145 DM kostet. Das Rationalisierungskuratorium der deutschen Wirtschaft (RKW) schätzte nach einem Bericht des Blick durch die Wirtschaft in 1994 die Kosten für einen Tag Fehlzeit auf 800 DM.

Zu ähnlichen Ergebnissen kam die Bundesanstalt für Arbeitsschutz in Dortmund (Lemmer 1996, HB Special: Gesundheit). Nach ihren Ermittlungen kosten Fehlzeiten durchschnittlich in

| kleineren Betrieben | 400 DM/Tag und |
| in größeren Betrieben | 800 DM/Tag. |

Wenn ein Tag Fehlzeiten also mit Kosten von 800 DM gerechnet wird, so würde sich die Kürzung der Lohnfortzahlung auch hier nur geringfügig auswirken. Gehen wir von 44 DM Durchschnittslohn inklusive Lohnnebenkosten laut Institut der deutschen Wirtschaft (IW 7/95) aus, dann ergibt sich:

44,00 DM je Stunde x 7,4 Stunden/Tag (36 Stundenwoche)	
=	325,60 DM Tag
./. 20% Kürzung Lohnfortzahlung =	65,12 DM/Tag

Kosten für Fehlzeiten	800,00 DM/Tag
./. Kosten für Lohnfortzahlung rund	65,00 DM/Tag
Verbleibende Kosten für Fehlzeiten =	735,00 DM/Tag

Hat ein Unternehmen von 500 Mitarbeitern 300 gewerbliche Mitarbeiter mit durchschnittlichen Fehlzeiten von 7%, so fehlen über das ganze Jahr mit 260 Arbeitstagen (inkl. Urlaub) gerechnet ständig 21 Mitarbeiter. Legt man den Wert von 735 DM/Tag zugrunde, so kosten die 7% Fehlzeiten der gewerblichen Mitarbeiter das Unternehmen 4,01 Millionen DM (21 x 260 x 735). Reduziert man die Fehlzeiten auf 4% (ständig 12 Mitarbeiter), so verringern sich die jährlichen Kosten auf 2,29 Millionen DM (12 x 260 x 735). Die Ersparnis beträgt 1,72 Millionen DM je Jahr.

4. Wege zur Reduzierung von Fehlzeiten

Nachstehend sollen drei verschiedene Wege zur Reduzierung des Krankenstandes in Unternehmen und Verwaltungen aufgezeigt werden, die natürlich auch miteinander kombiniert werden können und sollten.

4.1 Verbesserung von Arbeitsumfeld und Gesundheitsschutz

Förderprogramme der Krankenkassen

Welche Bedeutung der gezielten Untersuchung der Arbeitsplätze auf krankmachende Einflüsse zukommt, beweist das Beispiel der C + A Dick GmbH in Bergneustadt. Das Unternehmen ist ein Hersteller von Regalsystemen, Schränken und Werkbänken. Es war bis Ende der achtziger Jahre besonders stark von Krankmeldungen wegen Rückenschäden betroffen. Die Fehlzeiten machten bei 115 pflichtversicherten Beschäftigten 8,2 Prozent aus. Viele Beschäftigte mußten an ihrem Arbeitsplatz beim Transport von Tischplatten oder Eisenteilen für die Werkbänke schwer heben, was eine erhöhte Belastung für die Wirbelsäule und den Rücken zur Folge hatte. Allein die auf Rückenleiden entfallenden Fehltage kosteten nach Berechnungen der AOK Gummersbach das Unternehmen in 1988 mehr als 1,6 Millionen DM.

Von der AOK wurden in gemeinsamer Arbeit mit dem Unternehmen, hier dem Werksleiter, technischem Geschäftsführer, Betriebsratsvorsitzendem und Werksarzt mögliche Verbesserungen untersucht. Es wurde dann in entsprechende technische Hilfsmittel investiert. „An besonders belasteten Arbeitsplätzen, etwa in der Tischlerei bei der Montage der Tischplatten, wurden kleine Kräne mit Saugnäpfen angebracht. Außerdem gibt es dort heute verstellbare Hubtische, bessere Transportwagen und spezielle Förderanlagen. Schwere Arbeitsteile werden nicht mehr mit Muskelkraft bewegt - die Rücken der Beschäftigten werden geschont. Hinzu kommen neue Sicherheitsschuhe, schalldichte Pausenräume. Zudem werden jetzt ungefährliche Farbstoffe verwandt." (BddW v. 1.3.1994). Die Fehlzeitenquote sank durch diese Maßnahmen auf 4,8 Prozent im Jahre 1993. Allein von 1990 auf 1991 konnte das Unternehmen durch die mit der Verbesserung der Arbeitsplätze erreichte Reduzierung der Krankenstände 900.000 DM einsparen, 1992 sogar 1,2 Millionen DM und 1993 sogar noch mehr. Seit Einführung der Arbeitsplatzverbesserungen ist niemand mehr neu an Rückenleiden erkrankt oder deswegen in Frührente gegangen.

Ausgehend vom Beispiel der Firma C + A Dick könnte man meinen, daß man alle Unternehmen nur sehr sorgfältig danach zu durchforsten brauche, welche Arbeitsplätze nicht ergonomisch sind und die Mitarbeiter über Gebühr belasten. Würde man dann durch Verbesserung der Arbeitsplätze die Belastungen für die Mitarbeiter reduzieren, so würden sich überall die Fehlzeiten halbieren. Dem ist jedoch nicht so.

Professor Atteslander hat zu Recht darauf hingewiesen, daß schlechte Arbeitsbedingungen die Erwerbstätigen nicht krankmachen. Warum konnten dann die gemeinsamen Maßnahmen von AOK und den Verantwortlichen bei C + Dick die Werktätigen gesünder machen? Die Erklärung hierfür ist, daß die in diesem Falle eingeleiteten Verbesserungsmaßnahmen multikausal wirkten. Sie brachten für die Arbeitnehmer physische Erleichterungen und psychosoziale Erleichterungen. Die psychosozialen Verbesserungen bestanden darin, daß sich die Arbeitnehmer vor Beginn der Verbesserungsmaßnahmen nur als Arbeitsobjekte behandelt sahen, für deren Wohlergehen sich keiner interessierte, von denen nur Leistung verlangt wurde.

Als die hohen Fehlzeiten - ein Symptom für die Unzufriedenheit und Demotivation in der Belegschaft - zum Ärgernis wurden, kümmerten sich Experten der AOK gemeinsam mit dem Werksleiter, dem Betriesratsvorsitzenden und dem Werksarzt darum, die Arbeitsbedingungen zu verbessern. Besonders bedeutungsvoll für die Arbeitnehmer war es auch, daß sich sogar der technische Geschäftsführer die Zeit nahm, sich mit den Maßnahmen zur Verbesserung der Arbeitsbedingungen zu beschäftigen. In allen diesen Maßnahmen sahen die Mitarbeiter eine Zuwendung oder gar Wertschätzung. Wer als Vorgesetzter echtes Interesse am Wohlergehen seiner Mitarbeiter hat, hebt ihr Energieniveau an, motiviert sie, in ihrer Arbeit mehr zu sehen als nur ein Mittel zum Geldverdienen zwecks Existenzsicherung. Dies war der am stärksten wirksame Faktor bei der Reduzierung der Fehlzeiten bei C + A Dick. Wichtig in diesem Zusammenhang war, daß man sich in einem Zeitraum von mehreren Jahren kontinuierlich um diese Verbesserungsmaßnahmen bemühte, also mehrere Jahre lang die Motivation aufrechthielt. Wenn in den folgenden Jahren die höheren Vorgesetzten aufhören sollten, sich um das Wohlergehen ihrer Mitarbeiter zu kümmern, weil sie glauben, nun alles Notwendige getan zu haben und falls dann für die Arbeitnehmer wieder die weitgehend übliche Mißtrauenskultur in den Vordergrund ihres Erlebens rücken sollte, werden die Verantwortlichen bei C + A Dick und bei der AOK verwundert feststellen, daß die Fehlzeiten wieder ansteigen.

Vom Beispiel der physischen und psychosozialen Einflüsse auf die Höhe der Fehlzeiten der C + A Dick können Unternehmen lernen, daß sie jederzeit Möglichkeiten haben, die Arbeitsbedingungen ihrer Arbeitnehmer zu verbessern. Leider stellen hier die Unternehmen zu selten oder gar nicht entsprechende Anforderungen an ihre Führungskräfte.

Von der AOK Gummersbach wird betont, daß die C + A Dick GmbH kein Einzelfall ist. Sie hat nach eigenen Angaben über 100 mittelständische Unternehmen bei derartigen Kostensenkungsmaßnahmen durch Gesundheitsschutz beraten.

Außer der AOK Gummersbach hat praktisch jede der gesetzlichen Krankenkassen ein Programm, mit dem sie die Gesundheit ihrer Mitglieder fördern will. Vom Bundesverband der Innungskrankenkassen wurden spezielle Programme für einzelne Berufsgruppen entwickelt, da die Belastungen je nach Berufsgruppe sehr unterschiedlich sein können. Metzger belasten beispielsweise durch die vorgebeugte Haltung und die Kraft, die man beim Halbieren von Schweinen braucht, besonders den unteren Rücken. Kfz-Mechaniker müssen ständig über sich greifen und werden besonders in den Schultern und der oberen Wirbelsäule beansprucht. Der Bundesverband der Betriebskrankenkassen hat rund 200 Gesundheitsberichte für knapp 100 verschiedene Unternehmen angefertigt, um die Ursachen für einen hohen Krankenstand zu ermitteln und gezielt Maßnahmen zur Gesundheitsförderung für besonders belastete Arbeitnehmer zu entwickeln.

Die Umsetzung der Analyseergebnisse werden vom Bundesverband der Betriebskrankenkassen mit einem Preis belohnt. Spitzenreiter unter den Gesundheitsförderern des Jahres 1996 sind die Firmen Rewe, Hoesch-Krupp, Braun-Melsungen und Wilkhahn. Büromöbelhersteller Wilkhahn investierte rund 1,5 Millionen DM in eine automatische Lackieranlage, verbesserte Absauganlagen und erprobte weniger giftige Klebstoffe. Medizinproduktehersteller B. Braun Melsungen gestaltete Arbeitsplätze um, Rewe schulte Kassiererinnen, Krupp-Hoesch entwickelte ein Fünfschichtenmodell, um die Belastungen durch Schichtarbeit zu reduzieren. Allen gemeinsam ist, daß die Fehlzeiten gesenkt wurden." (Handelsblatt, 29.4.1996).

Gesundheitszirkel in den Betrieben

Eine zunehmend mehr beliebte Methode zur Förderung der Gesundheit der Mitarbeiter in Unternehmen sind die Gesundheitszirkel. Hier finden sich jeweils rund zwölf Beschäftigte zu einem Gesprächs- und Diskussionsforum zusammen und decken die gesundheitlichen Schwachstellen an ihren Arbeitsplätzen auf und erarbeiten mit Experten Verbesserungsvorschläge. Der Vorteil dieser Gesundheitszirkel liegt darin, daß die Teilnehmer die besonderen Belastungen an ihrem Arbeitsplatz besser kennen als jeder andere und daß sie auch oft sehr genaue Vorstellungen haben, wie diese Belastungen vermieden oder zumindest verringert werden können. In seinem Special „Gesundheit im Betrieb" berichtet das Handelsblatt (29.4.1996), daß die Rewe BKK in verschiedenen Bereichen der Handelsgruppe wie Lager, Verkauf und Produktion seit 1994 Gesundheitszirkel durchführt. „In acht Sitzungen diskutieren Arbeitnehmer einer homogenen Tätigkeitsgruppe, Arbeitsschutzexperten, Betriebsrat und Vorgesetzte unter Leitung eines externen und neutralen Moderators darüber, wie die betriebliche Gesundheit verbessert werden kann." Dann wird jeweils ein Teilnehmer für die Umsetzung einer einzelnen Maßnahme verantwortlich gemacht. So wird verhindert, daß die Verbesserungsvorschläge im Sande verlaufen. Durch Tragetrainings und Tragegurte für den Lagerbereich oder Rückenschulkurse konnten die Muskel- und Skeletterkrankungen bei Rewe deutlich gesenkt werden. In Kältebereichen erhielten die Arbeitnehmer verbesserte Thermojacken. An Steharbeitsplätzen stehen den Mitarbeiterinnen und Mitarbeitern jetzt spezielle Stehhilfen zur Verfügung.

Trotz der erzielten beeindruckenden Erfolge sind Gesundheitszirkel kein Allheilmittel. Die Umsetzung der Zirkelempfehlungen scheitert nicht selten an den technisch gegebenen Grenzen oder einfach an den notwendigen Investitionen oder den daraus entstehenden Kosten. Wer die Gesundheitszirkel nur mit dem Ziel ergonomischer und organisatorischer Verbesserungen arbeiten läßt, dürfte - von Ausnahmen abgesehen - im allgemeinen auch nur geringe Fehlzeitenreduzierungen verbuchen. Die Hauptwirkung der Gesundheitszirkel liegt eher darin, daß die Mitarbeiter die ergriffenen Maßnahmen als eine positive Haltung der Geschäftsleitung zu ihren Mitarbeitern betrachten, als ein Zeichen der Achtung und Anerkennung ihrer Arbeit. Werden unter kosten- oder investitionsmäßigen Gesichtspunkten mögliche Arbeitsplatzverbesserungen unterlassen, so führt dies jedoch eher zu Enttäuschung und Demotivation bei den Mitarbeitern.

Das Gesundheitsförderungsprogramm bei Beiersdorf

Manchmal ist das Ergebnis eines Gesundheitsförderungsprogramms unter dem Gesichtspunkt der eingesetzten finanziellen Mittel sehr dürftig, ja sogar ein Verlustgeschäft. Zusammen mit der AOK Hamburg plante 1992 die Beiersdorf AG die krankheitsbedingten Kosten zu senken. Die AOK und das Unternehmen boten den Mitarbeitern ein umfangreiches Gesundheitsförderungsprogramm an, mit dem auch ein finanzieller Anreiz für die 2.400 AOK-Versicherten unter den Beiersdorf-Angestellten verbunden sein sollte.

Ziel des Projekts war es, im Unternehmen den Krankenstand um einen Prozentpunkt zu senken. Damit sollten allein in den Hamburger Betrieben 3 Millionen DM an Kosten jährlich eingespart werden. Beiersdorf hatte damals einen Krankenstand von 6,5 Prozent, lag damit leicht unter dem Branchendurchschnitt von 6,8 Prozent, war jedoch deutlich schlechter als der Durchschnitt der Hamburger AOK-Versicherten. Beiersdorf plante für das gesamte Projekt Kosten in Höhe von 10 Millionen Mark ein, wovon die AOK einen geringen Teil übernahm.

Das Projekt hat sich bei allein kostenmäßiger Betrachtung am Ende als teurer Fehlschlag erwiesen, wie die WirtschaftsWoche (15.2.1996) meldet. „Zu Projektbeginn lag der Krankenstand bei 6,5 Prozent - jetzt sind es gerade mal 6,2 Prozent." Das Beispiel Beiersdorf zeigt, daß ein überwiegend mechanistischer Ansatz bei der Fehlzeitenreduzierung weitgehend sein Ziel verfehlt, weil diese Maßnahmen letztlich zu wenig zur Arbeitszufriedenheit der Mitarbeiter beitragen. Bei Beiersdorf wurde vermutlich von der Geschäftsleitung verkannt, daß überdurchschnittlich hohe Fehlzeiten in erster Linie das Symptom für ein unbefriedigendes Führungsverhalten von Vorgesetzten ist. Die dadurch verursachte Demotivation der Mitarbeiter kann man nicht mit körperbetonten Maßnahmen zur Gesundheitsförderung kompensieren.

Das Gesundheitsförderungsprojekt bei der Ravensburger AG

Ein interessantes Pilotprojekt für die Gesundheit startete 1996 die AOK Allgäu-Oberschwaben zusammen mit dem Spiele- und Bücherkonzern Ravensburger AG, der 1.500 Mitarbeiter beschäftigt. Die Fehlzeiten der gewerblichen Mitarbeiter betragen hier 5,8 Prozent, die der Angestellten 2,4 Prozent. Von den durchschnittlich 256 Krankheitsfällen im Monat entfallen rund die Hälfte auf solche mit Dauer von drei Tagen. Im Jahr fallen 2,5 Millionen Mark als Lohnfortzahlung an.

Das Ziel des auf drei Jahre angelegten Projekts besteht nicht nur in einer langfristigen Verringerung der Zahl der Krankmeldungen, sondern auch darin, einen gesunden Betrieb zu schaffen und die Leistungsbereitschaft zu erhöhen. Gesundheit wird von den Projektverantwortlichen sowohl als betriebswirtschaftlicher Kostenfaktor angesehen wie auch als wesentlicher Teil der Unternehmenskultur. Deshalb verzichtet man auch auf Einzelaktionen und strebt statt dessen ein integriertes Gesundheitsmanagement an. Die Projektpartner wollen drei Jahre lang an dem Ziel arbeiten, ein gesundes Unternehmen zu schaffen, in dem das Gesundheitsmanagement einen ähnlich hohen Stellenwert hat wie das Qualitäts- und Kostenmanagement.

Dieses 1,5 Millionen teure Vorhaben wird im Auftrag der AOK Allgäu-Oberschwaben und der Ravensburger Unternehmensgruppe vom „Wissenschaftlichen Institut der Ärzte Deutschlands e.V. in Bonn" entwickelt, wobei das Bonner Institut zuerst eine Gesundheitsanalyse erstellt, die die Schwachpunkte aufdecken soll. Der Erfolg des Gesundheitsmanagements ist an vorher vereinbarten Kriterien zu messen und soll sich positiv auf Rahmenbedingungen im Betrieb auswirken und zu nachvollziehbaren Verbesserungen im Bereich Kommunikation, Arbeitsbedingungen und Betriebsklima beitragen.

Arbeitsklima und Ergonomie
Die Gesundheit von Mitarbeitern wird stark davon bestimmt, ob sie sich am Arbeitsplatz wohlfühlen, ob dort das Arbeitsklima stimmt. Das Arbeitsklima selbst wird wiederum von den vier Hauptfaktoren Arbeitsumwelt, psychosoziales Umfeld, Arbeitsinhalt und persönliche Gesundheit bestimmt, so sagen die Psychologin Doris Grauwiler und die diplomierte Gymnastiklehrerin Susanne Gmünder von der Fachstelle für Hard- und Software Ergonomie der Schweizerischen Kreditanstalt in Zürich.

Störungen des Wohlbefindens werden also vielfach nicht von fehlender Ergonomie ausgelöst. Gerade im Falle der stärker zunehmenden Rückenbeschwerden finden sich immer mehr Hinweise, daß die meisten Ursachen nicht im Bereich von zu großen körperlichen oder gar einseitigen Belastungen liegen und auch nicht allein durch einen Mangel an Bewegung verursacht werden. Die Beschwerden können ihre Ursache in gestörten Beziehungen zu den Kollegen und Kolleginnnen haben, weil an diese zu hohe Erwartungen gestellt wurden, ohne von sich selbst etwas in gleicher Weise einbringen zu wollen. In solchen Fällen sucht man auf der Seite der Ergonomie vergebens nach den Verursachern für körperliche Beschwerden.

Auf dem im Mai 1996 in Hamburg veranstalteten Kongreß „Rücken in Schwung" standen deshalb auch ganzheitliche Ansätze hoch im Kurs, so berichtet die Frankfurter Allgemeine Zeitung (15.5.96): „Im Kongreßlogo waren Körper und Seele miteinander verwoben. Ein krummer Rücken resultiert oft nicht allein aus einer mechanischen Fehlbelastung. «Die Schmerzsymptome brechen das Schweigen, mit dem wir den Zustand unseres Lebens zu verbergen versuchen», sagte die Bremer Sozialpädagogik-Professorin Annelie Keil bei ihrem mit großem Beifall quittierten Vortrag. «Der aufrechte Gang ist einer, der mit dem nächsten Schritt den Fall wagt, der innere und äußere Bewegung in Balance bringen kann, und der das Risiko des Lebens eingeht.»

Viele Beschwerden und Krankheiten haben ihre Ursache in einer falschen Einstellung zu den Lebenssituationen, in einem falschen Denken, Fühlen und Wollen. Allein mit mechanistischen Mitteln, wie besseren Arbeitsmitteln und -geräten, kann man ihnen nicht helfen, beschwerdefrei zu werden. Man muß ihnen die Möglichkeit geben zu erkennen, wie sie sich mit falschem Denken, Fühlen und Wollen gesundheitlichen Schaden zufügen. Es läßt sich insbesondere bei Rückenbeschwerden immer wieder beobachten, daß auch schwerste Beschwerden, also in Fällen, wo Menschen kaum noch etwas heben oder tragen können, sich selbst nicht mehr die Strümpfe anziehen können oder gar schon vor der Operation stehen, durch eine Änderung ihrer Gedanken und Gefühle, sei es durch neue Erkenntnisse zu ihrer Situation oder sei es durch eine Änderung ihrer beruflichen Umgebung bei gleich hoher körperlicher Belastung plötzlich wieder völlig beschwerdefrei werden und das auch noch auf Dauer.

Die Zilgrei-Methode
Bei vielen Schmerzen und Leiden wie Kopfschmerzen, Migräne, Gelenk- und Bandscheibenschmerzen hat sich seit Jahren die Zilgrei-Methode bewährt. Über diese Methode werden inzwischen auch Kurse von Betriebskrankenkassen angeboten.

Der Zilgrei-Lehrer Peter Holste aus Marburg geht auch in die Betriebe, um Mitarbeiter mit gesundheitlichen Problemen auf den schon genannten Gebieten in der Anwendung der Methode zu schulen. Für Mitarbeiterinnen, die den ganzen Tag am Bildschirm arbeiten müssen und häufig unter Kopfschmerzen oder Wochenendmigräne sowie unter Verspannungen und Spasmen leiden, empfiehlt Holste eine einfache Methode der häufigen Entspannung. Die Mitarbeiterinnen sollen stündlich für eine Minute ihre Arbeit unterbrechen. Sie sollen eine Hand auf das Sonnengeflecht legen und für eine Minute lang darauf liegen lassen sowie während dieser Zeit kräftig atmen. Das führt dazu, daß sich das Sonnengeflecht deutlich erwärmt und eine Entspannung im Körper herbeiführt. Diese einfache Methode, so berichtet Holste, hilft den Mitarbeiterinnen, die von der Bildschirmarbeit herkommenden Spannungszustände immer wieder aufzulösen.

Zusammenfassung

Sofern Unternehmen sich gezielt um Verbesserungen des Arbeitsumfeldes ihrer Mitarbeiter bemühen, indem sie die körperlichen Belastungen reduzieren und sich um organisatorische Verbesserungen und eine Verbesserung der Zuammenarbeit bemühen, führt dies in der Regel zu einer Senkung des Krankenstandes. Isolierte Programme zur Gesundheitsförderung sind offenbar wenig erfolgreich. Allen diesen Programmen ist jedoch gemeinsam, daß sie nicht dauerhaft sind, wenn die Mitarbeiter erkennen müssen, daß es dem Unternehmen nicht so sehr um die Förderung ihres Wohlergehens geht, sondern nur darum, die Kosten des „Produktionsmittels Mensch" zu verringern.

4.2 Fehlzeitenreduzierung mit effektiver Führung - Motivation durch Sinn in der Arbeit

Viele Erfahrungsberichte und Untersuchungen haben bestätigt, daß eine unbefriedigende Mitarbeiterführung von Vorgesetzten die Hauptursache hoher Fehlzeiten ist. Es stellt sich daher die Frage, warum die Führungskräfte in sehr vielen Unternehmen ihre Mitarbeiter unzureichend „führen". Als Führungskraft wird ein Mitarbeiter eines Unternehmens bezeichnet, wenn er Vorgesetzter von Mitarbeitern ist und deren Leistungsverhalten zu verantworten hat. Vorgesetzte haben eine Doppelfunktion. Sie besteht einerseits aus dem Leiten und andererseits aus dem Führen.

Leiten

Leiten bedeutet, sachliche Prozesse zweckbezogen so zu gestalten, daß die Funktionsfähigkeit von Gruppen, Abteilungen, Bereichen und die Erledigung notwendiger Aufgaben durch den entsprechenden Einsatz von Mitteln sichergestellt ist. Leiten zielt auf äußeres, zweckgerichtetes Handeln zum Erreichen vorgegebener Ziele *durch* Menschen.

Leiten hat diese Ziele trotz Unwilligkeit oder Gleichgültigkeit von Mitarbeitern, also bei fehlender Identifikation und Motivation, zu verfolgen oder gar zu erzwingen. Leiten bedient sich dazu - als Mißverständnis von Sozialkompetenz - oft eines aufgesetzten sozialen Verhaltens, um die Mitarbeiter so zu manipulieren, daß die Ziele erreicht werden. In Bezug auf das Leiten hat der Mensch die Funktion einer Sache wie Maschinen oder Geldmittel. Der Mitarbeiter ist ein Produktionsmittel zum Zweck der Gewinnerzielung. Inhalte des Leitens sind zum Beispiel die Aufgabenzuordnung (Delegation), das Setzen von Zielen, das Organisieren, Planen, Disponieren, Entscheiden, Koordinieren und Kontrollieren.

Sofern ein Vorgesetzter Aufgaben verteilt, anleitet, entscheidet und koordiniert, ist er eine „Leitungskraft". Weil „Leiten" den Mitarbeiter als Produktionsfaktor betrachtet, identifizieren sich die Mitarbeiter überwiegend nicht mit den von der Leitungsperson vorgegebenen Aufgaben und Zielen. „Leitung erreicht deshalb nur durch Machtanwendung, das ist das Sich-Berufen auf die Amtsautorität, z.B. in Form von Anweisungen und Druckausübung, daß die Funktionsfähigkeit von Gruppen, Abteilungen und Organisationsabläufen

* als mäßige oder durchschnittliche Mengenleistung,
* als mäßige oder durchschnittliche Qualität und
* als mäßige oder durchschnittliche Terminerfüllung

sichergestellt wird. Leiten ist mit ganz erheblichen Reibungsverlusten verbunden, weil sich die Mitarbeiter nicht gern als lebendes Betriebsmittel behandeln lassen." (Lietz 1996, S. 6). Teil dieser Reibungsverluste ist die Demotivation, die innere Kündigung, die Unzufriedenheit, Befindlichkeitsstörungen und damit die Entstehung von Fehlzeiten.

Führen
Führen ist das Gestalten sozioethischer Prozesse, damit sie sinngebend wirken. Sozialkompetenz zu haben, ist zu wenig. Denn darunter versteht man im allgemeinen, freundlich zu sein, es mit dem anderen unverbindlich gut zu meinen - entsprechend den eigenen Vorstellungen und zu den eigenen Bedingungen. Sozialkompetenz ist letztlich nur die Anwendung von Sozialtechniken. Sozioethisch zu handeln bedeutet dagegen, die soziale Kompetenz auf eine ethische Verbindlichkeit zu gründen. Das heißt, den anderen in seinem So-sein und in seinem Anders-sein anzunehmen, ihn im Äußeren und im Inneren zu achten. Ihn im Inneren zu achten heißt, ihn personal als gleichwertig zu sich selbst zu sehen und sich ihm gegenüber ethisch zu verhalten.

Eine ethische Denk- und Verhaltensweise bildet das höchste Werte-Niveau. Zum Begriff der Ethik gibt es viele verschiedene Definitionen. Die gebräuchlichste Definition stammt von dem preußischen Philosophen Immanuel Kant. Er hat das Grundprinzip ethischen Denkens und Handelns sinngemäß wie folgt beschrieben:

„Handle so wie Du selbst behandelt werden möchtest."

„Handle nur aus Motiven, die für jedermann Gültigkeit haben können."

Der Volksmund nannte es: „Was Du nicht willst, das man Dir tu', das füg auch keinem anderen zu!"

Mit Führen will man Ziele *mit* Menschen erreichen. Ziele mit Menschen erreichen zu wollen bedeutet, die Mitarbeiter als Subjekt anzusehen und nicht als Objekt. Führen heißt Dienen. Das hört kein Manager gern, obwohl es ein uralter Grundsatz ist. Was steht hinter dem „Dienen"? Damit ist gemeint, daß eine Führungskraft uneigennütziger Dienstleister für Mitarbeiter zu sein hat, d.h. daß sie Mitarbeitern die notwendigen Arbeitsbedingungen zu schaffen hat, damit sie ihre Fähigkeiten für das Unternehmen optimal entfalten können. Wenn die Führungskräfte sich nicht um optimale Arbeitsbedingungen ihrer Mitarbeiter kümmern, wer sollte es dann tun? Führen hat des weiteren den Mitarbeitern Erfolgserlebnisse bei ihrer Arbeit zu verschaffen. Diese Erfolgserlebnisse werden gemessen an von ihnen freiwillig selbst gesetzten, herausfordernden Zielen. Auch Führen arbeitet mit Zielen, denn ohne Ziele kann kein Unternehmen auf Dauer wettbewerbsfähig bleiben.

Führen hat zwischenmenschliche Beziehungen positiv zu gestalten, das heißt im Klartext, für den Mitarbeiter zu sein statt gegen ihn. Dem Mitarbeiter ist „Wertschätzung und Vertrauen entgegenzubringen. Das bringt Sinn in die Arbeit. Das Abwerten anderer ist dagegen Sinn-Diebstahl." (Lietz 1994, S. 119 ff). Wer als Führungskraft eine negative Einstellung zu anderen Menschen hat, nur weil sie nicht so gut ausgebildet sind wie sie selbst, weil sie sich sprachlich nicht so gut ausdrücken können, jünger sind, weniger Geld verdienen, schlechter gekleidet sind, nicht so perfekt sind oder sein wollen oder ihr aus anderen Gründen nicht gefallen, kann keine positiven Beziehungen aufbauen und kann Mitarbeiter nicht effektiv führen. Führung baut zwischen dem Vorgesetzten und Mitarbeitern Vertrauen auf und erhält es aufrecht. „Führungskräfte" sollen in ihren Mitarbeitern die Lust wecken, sich mit allen ihren Kräften ihren Aufgaben und Zielen zu widmen, bei ihrer Arbeit ihr Bestes hineinzugeben, sich mit ihrem Vorgesetzten, mit Kollegen und Mitarbeitern voll zu identifizieren und bereichsübergreifend reibungsfrei zu kooperieren.

Führungskräfte werden sowohl für das Leiten als auch für das Führen bezahlt. Viele Topmanager lassen es zu, daß ihre Führungskräfte fast nur leiten und damit ihre Führungsaufgabe mißverstehen. Die Behandlung der Mitarbeiter als Objekte demotiviert sie. Die sanfte Tour der Demotivation durch Leitende ist, die Mitarbeiter abzuwerten, sie mit Gleichgültigkeit oder einem Übermaß an Kritik zu bedenken, andere zu bevorzugen, und sie wenig oder nicht zu informieren.

An dem seit Jahrzehnten bekannten Fehler der falschen Auswahl von Führungskräftenachwuchs, nämlich Mitarbeiter aufgrund ihres Fachwissens zu Vorgesetzten mit der Verantwortung für die Führung von Mitarbeitern zu befördern, wird nach wie vor festgehalten. Die meisten Unternehmen haben nicht die Anforderungen definiert, die an ein mitarbeiterorientiertes Führen gestellt werden. Solange diese Anforderungen nicht detailliert definiert sind, muß die Auswahl von Führungsnachwuchs Zufallscharakter tragen. Auch beim Assessment-Center-Verfahren sind viele Ergebnisse trügerisch. Schließlich suchen hier Vorgesetzte, die meist nur Leitungskräfte sind, also selbst nicht effektiv führen können, als Juroren ihren Führungsnachwuchs mit aus. Wie wollen Unternehmen ihre Mitarbeiter zu Führungskräften ausbilden, wenn sie ihre Anforderungen nicht im einzelnen definiert haben, wenn sie nicht einmal das Ausbildungsziel kennen? Wie wollen sie die Leistungen dieser sogenannten Führungskräfte messen, wenn sie das Leistungsziel nicht kennen?

Die meisten Manager in Wirtschaftsunternehmen halten sich für durchaus kompetent, soweit es die Führung ihrer Mitarbeiter betrifft. Viele Manager halten ihr „Leiten" für „Führen". Andere Manager mögen am Anfang ihrer Karriere eine Ausbildung nach den damals geltenden Vorstellungen von der „Führung von Mitarbeitern" gemacht haben. Vielfach wurden dabei nur sogenannte Führungstechniken vermittelt, also wie man mit Mitarbeitern Gespräche führt, wie man sie beurteilt, wie man informiert, wie man kritisiert usw. Diese mechanistische Umsetzung von Regeln des Umgangs mit Mitarbeitern ist nur eine seelenlose Technik, die von sinnorientierter Führung weit entfernt ist.

Führung hat daher als Ziel, die positive Veränderung der eigenen inneren Einstellungen, des eigenen Denkens über Mitarbeiter, Kollegen und Vorgesetzte und andere Menschen entsprechend den für eine ganzheitliche Führung gültigen ethischen Werten. Was ich denke, das bin ich. Wenn ich positiv über die Menschen denke, mit denen ich zusammenarbeite, so bin ich positiv und werde auch von diesen Menschen als positiv empfunden. Wir fühlen uns dann innerlich sehr nahe. Wir sind vernetzt miteinander. Nur eine positive Einstellung zum Mitarbeiter bringt Sinn in Beziehungen und führt zur Identifikation und zur Harmonie mit den gestaltenden Menschen im Unternehmen, ihren Führungskräften und Vorgesetzten.

Das Erleben von Sinn in der Arbeit ist der stärkste Motivationsfaktor. Abraham Maslow, einer der Altväter der Motivation, hat es einmal so bezeichnet: „Die Primärmotivation des Menschen ist sein Wille zum Sinn." Allein mit positiven, sinngebenden Beziehungen erreichen Vorgesetzte, daß ihre Mitarbeiter die Ziele des Unternehmens mittragen, sofern sie nicht gegen ethische Grundsätze verstoßen. Führung hat in positiver Weise die Motive und Einstellungen der Mitarbeiter zur Arbeit und den damit verbundenen Zielen und somit auch ihr Energieniveau und ihr Verhalten positiv zu beeinflussen. Führung hat als „Wirkkraft" den Mitarbeitern Sicherheit und Orientierung zu geben. Führung gibt dem individuellen Handeln der Mitarbeiter einen Sinn durch Verwirklichung ethischer Werte. Die weit überwiegende Mehrzahl aller Mitarbeiter legt größten Wert darauf, fair und anständig behandelt zu werden. Führungskräfte sollten sich weniger als Vorgesetzte ihrer Mitarbeiter verstehen sondern als ihr „Führungs-Partner".

Führen erreicht durch persönliche Akzeptanz des Führers (von Geführten anerkannte Autorität als Führungs-Partner), daß Mitarbeiter freiwillig

- überdurchschnittliche Quantität,
- überdurchschnittliche Qualität und
- bestmögliche Terminerfüllung

erbringen.

Führung befriedigt das Bedürfnis der Mitarbeiter nach Wohlwollen, Verständnis, Offenheit, Klarheit und Festigkeit. Dazu gehört aber auch die Konsequenz, wenn Mitarbeiter uneinsichtig sind und gegen die Gemeinschafts- oder Unternehmensinteressen verstoßen. In Härte und Weichheit bei der Führung von Mitarbeitern spiegeln sich Charakterschwächen einer Führungskraft. Führung sorgt bei den Mitarbeitern für ein Gefühl der Zugehörigkeit (zur Gruppe) und der Zusammengehörigkeit und Einheit (Team). In sehr erfolgreichen Unternehmen zeigt sich als Ergebnis positiver Führung, daß aus zunächst mehr zusammengewürfelten Gruppen Teams entstehen, die ein Miteinander und Füreinander leben. Aus einer ursprünglichen Zweck-Gemeinschaft entsteht eine Vertrauens-Gemeinschaft, die sich günstigenfalls weiter in Richtung Sinn-Gemeinschaft entwickelt.

Führung bedarf der sozioethischen Kompetenz der Führungskraft, die ein echtes Interesse am Wohlergehen des Mitarbeiters hat und die innere Achtung lebt. Nur wo Harmonie vorherrscht, hört man dem anderen aufmerksam zu. Nur in einer Atmosphäre des Vertrauens und der Harmonie lassen sich Meinungsunterschiede ohne Reibungsverluste überwinden, um die Energien auf ein für alle gleichermaßen wichtiges gemeinsames Ziel zu lenken. So wird durch sinnorientierte Führung beständig hohe Leistung und hohe Arbeitsqualität erzeugt und damit ein hoher Nutzen für die internen und externen Kunden.

In den Unternehmen, wo überwiegend nur gemanagt wird, also das Leiten im Vordergrund steht und Führung nur in kleinen Ansätzen vorhanden ist, wo frustrierte Führungskräfte und Mitarbeiter vorwiegend Dienst nach Anweisung verrichten, ist eine weitestgehende Kundenorientierung, ist eine totale Qualitätsorientierung und ein hohes Engagement der Führungskräfte und Mitarbeiter für ständige Verbesserungen des Wertschöpfungsprozesses sowie das weitestgehende Vermeiden von Verschwendungen nicht zu erreichen. Statt dessen begnügt sich die Mehrheit der Mitarbeiter damit, im Unternehmen auf möglichst leichte Art nur Geld verdienen zu wollen. Die Fehlzeiten sind hoch, teilweise als Ausnutzung des Unternehmens (Blaumacher) oder in Form von Befindlichkeitsstörungen und Erkrankungen, weil man sich am Arbeitsplatz nicht wohlfühlt.

Viele Betriebe finden sich mit der Demotivation eines großen Teils ihrer Mitarbeiter ab. Sie nehmen es hin, daß 20 bis 40 Prozent ihrer Mitarbeiter in die innere Kündigung gegangen sind. Einige wenige gute Betriebe haben die daraus resultierenden Gefahren für die Wettbewerbsfähigkeit ihres Unternehmens erkannt und Abhilfemaßnahmen ergriffen, indem sie ihre Leitungskräfte längerfristig darin schulen, wie man Mitarbeiter effektiv und ganzheitlich führt. Überdurchschnittliche Leistungen hinsichtlich Menge, Qualität, Mitdenken, Mitplanen, Mitentscheiden und Mitverantworten sind nämlich nur mit Führungskultur zu erreichen.

Wer als Topmanagement mit seinem Unternehmen dauerhafte Spitzenleistungen erreichen will, muß aus Leitungskräften echte Führungskräfte machen. Wer von einer Leitungskraft zur Führungskraft werden will, muß sich zielstrebig zu einer Persönlichkeit entwickeln, die auf einem höheren Werte-Niveau lebt und arbeitet als bisher. Es muß das Ziel der Führungskräfte sein, aus einer Gruppe von Mitarbeitern ein echte Team, eine Vertrauens-Gemeinschaft - oder besser noch - eine Sinn-Gemeinschaft zu machen. Als die Bundesligamannschaft von Schalke 04 in 1997 unerwartet - weil man sie zu den Provinzvereinen zählte - den UEFA-CUP gewann, war das europaweit eine Sensation. Daß Schalke bis ins Endspiel kam und im Endspiel Intermailand besiegte, eine Spitzenmannschaft, die in den letzten zwei Jahren 150 Millionen Mark in die Spieler investiert hatte, verdankte sie das ihrem Trainer, dem es gelungen war, aus seiner Gruppe von Spielern eine Art Sinn-Gemeinschaft zu machen. So urteilte Schalke-Manager Assauer: Es habe Mannschaften mit besseren Spielern im Wettbewerb gegeben, aber keine bessere Mannschaft. Ein weiteres Beispiel aus dem Sport liefert der VFL Wolfsburg als dritter Bundesligaaufsteiger 1997. Die Mannschaft hatte im letzten halben Jahr keine Verletzten zu beklagen. Das ist ein absoluter Kontrast zu anderen Mannschaften, deren Spieler zuhauf verletzt waren.

Einfluß der Führung auf die Höhe von Fehlzeiten
In allen Unternehmen, die hohe Fehlzeiten haben, wird das Führungsverhalten der Vorgesetzten von den Mitarbeitern beanstandet. Und die Unternehmenskultur - im Sinne eines positiven Einflusses von Normen und Werten - verdient diesen Namen nicht. „Hohe Krankenstände sind ein Indiz für Managementversagen", schrieb Karl-Heinz Blessing, Arbeitsdirektor bei der Dillinger Stahlhütte, in einem Artikel für die Frankfurter Allgemeine Zeitung (23.4.1996). Und der Personalvorstand der Volkswagen AG hat einmal sinngemäß gesagt, daß Unternehmen krank seien, die hohe Fehlzeiten haben. Der negative Einfluß von schlechter Unternehmens- und Führungskultur ist nicht zu leugnen.

Als Problem kommt hinzu, daß in den Betrieben mit hoher Fehlzeitenquote meistens auch die Führungsspanne (die man besser Leitungsspanne nennen sollte) zu hoch ist. So war es vor der Einführung von Lean Management in der Automobil- und Autozulieferindustrie weitgehend üblich, daß ein Meister 60 bis 100 Mitarbeiter zu „führen" hatte, was praktisch unmöglich ist. In solchen großen Abteilungen kann ein Meister bestenfalls seine Mitarbeiter mit Aufträgen belegen (Leitungsarbeit), aber keine Führungsarbeit verrichten. „Vor der Reorganisation hat bei LöBro keiner vermutet, daß die Zahl von 150 bis 200 Arbeiter in einer Meisterei für einen allein einfach zuviel sein könnte. Auch bei BMW ist die Erkenntnis, daß ein Meister unmöglich 70 Leute führen kann, noch nicht sehr alt. Von der optimalen Gruppengröße, die Organisationsexperten mit einer Zahl von rund 20 Mitgliedern (besser 15, der Verf.) beziffern, sind die Betriebe bis heute weit entfernt." (Fischer/Risch/Selzer 1995, S. 203).

Wenn eine die Bedürfnisse der Mitarbeiter nicht erfüllende Mitarbeiterführung oder eher noch das überwiegende Leiten und seltene oder fehlende „Führen" einen Teil der Mitarbeiter demotiviert und sogar krank macht, dann muß zwangsläufig eine effektive, d.h. sinnorientierte Mitarbeiterführung einen positiven Einfluß auf die Motivation und damit auch auf die Gesundheit der Mitarbeiter haben. Wie die Erfahrungen zeigen, scheint nicht jedes Führungstraining zur einer Verbesserung der Mitarbeiterführung und damit zu einer Fehlzeitenreduzierung zu führen. Anderenfalls müßte es bei der Vielzahl der von Führungskräften besuchten Führungsseminare zu einer deutlichen Verbesserung der Führungssituation in den Unternehmen gekommen sein. Das ist aber nachweislich nicht der Fall.

Die Gründe für die fehlende Wirksamkeit von vielen Führungstrainings sind zum Teil vielschichtig. Nur die drei wichtigsten Gründe sollen hier erwähnt werden. Erstens ist es in der Regel so gut wie unmöglich, das Führungsverhalten von Leitungskräften mit 2-tägigen oder gar 5-tägigen Führungsseminaren nachhaltig zu verändern. Zweitens konzentrieren sich viele Führungstrainings nur auf Führungstechniken. Sie gehen nicht oder zu wenig auf die Einstellung der Leitungskräfte zu anderen Menschen ein. Sie gehen dazu oft von dem mechanistischen Menschenbild der Naturwissenschaften aus anstatt von einem ganzheitlichen Menschenbild, wie es die Philosophie und Religionen lehren. Drittens sehen die meisten Leitungskräfte gar keinen Anlaß, ihr Führungsverhalten zum Besseren zu verändern, weil ihr Führungsverhalten nicht periodisch überprüft wird und weil ein schlechtes Führungsverhalten für sie persönlich keine negativen Konsequenzen hat. Sie bekommen ihr volles Gehalt auch dann bezahlt, wenn die Mitarbeiter durch das Verhalten der Führungskraft demotiviert werden und häufig krank sind. Die Schuld wird hier meist vorwurfsvoll bei den Mitarbeitern gesucht, nicht bei der Führungskraft, die ihre Aufgabe vernachlässigt und ihren Arbeitsvertrag damit nur unvollständig erfüllt.

Andererseits ist festzustellen, daß in den Kostenstellen oder Abteilungen, in denen die Vorgesetzten sich erfolgreich bemühen, ihre Mitarbeiter sinnorientiert zu führen, nach kurzer Zeit die vorher hohen Fehlzeiten sinken. Vorher demotivierte Mitarbeiter werden dadurch motiviert, gern zur Arbeit zu kommen. Die Unfallzahlen sinken. Bei psychosomatisch Kranken wird durch sinnorientierte Führung die Gesundheit gefördert. Langzeitkranke, also chronisch Kranke, kann auch das beste Führungsverhalten nicht mehr gesund machen. Aber eine effektive Mitarbeiterführung kann einen guten Beitrag dazu leisten, daß die Entstehung chronischer Krankheiten weitgehend vermieden wird.

4.3 Der arbeitsrechtliche Weg zur Fehlzeitenreduzierung

Wenn bei Mitarbeitern mit sehr hohen Fehlzeiten im Laufe eines Jahres mit den Mitteln der Gesundheitsförderung, der modernen Medizin und durch mitarbeiterorientierte Führung und Motivation nicht eine wesentliche Reduzierung der mit ärztlichem Attest nachgewiesenen Abwesenheitszeiten erreicht werden kann, bleibt als letzte Möglichkeit der Fehlzeitenreduzierung nur die Kündigung des betreffenden Arbeitnehmers.

Viele Unternehmen haben jedoch die Erfahrung machen müssen, daß es mit der Kündigung nicht so einfach ist. Ein Unternehmen, das mehrere Jahre lang über durchschnittlich 17 bis 18 Prozent Fehlzeiten klagte, wollte ein Exempel statuieren. Es kündigte einigen der Mitarbeiter mit sehr hohen Fehlzeiten. Dieses klagten daraufhin, unterstützt von ihrer Gewerkschaft, vor dem Arbeitsgericht auf Unwirksamkeit der Kündigung. In der ersten Instanz gewann das Unternehmen den Prozeß. Die Arbeitnehmer legten Berufung ein und erhielten vor dem Landesarbeitsgericht Recht. Die Kündigung wurde aufgehoben und das Unternehmen mußte die gekündigten Arbeitnehmer wieder zurücknehmen. Der innerbetriebliche Imageschaden für die Geschäftsleitung war sehr groß. Die schon vorhandene Mißtrauenskultur wurde dadurch noch mehr verstärkt.

Die meisten Unternehmen machen es sich bei einer Kündigung wegen hoher Krankheitszeiten allerdings nicht so einfach, sondern reagieren erst, wenn sie glauben, daß der Arbeitnehmer gegen gesetzliche oder tarifliche Vorschriften verstoßen hat. So kündigte ein Arbeitgeber einem Mitarbeiter und verweigerte ihm die Lohnfortzahlung, als er von diesem erst am fünften Tage den „gelben Schein" erhielt. Aus Sicht des Arbeitgebers war der Kranke ein Simulant, denn Zeugen hatten den Kranken an den letzten Abenden in verschiedenen Kneipen gesehen. Die ärztliche Bescheinigung war um vier Tage zurückdatiert und der Arzt hatte den Mitarbeiter aufgrund einer telephonischen Diagnose krank geschrieben. Als der Arbeitgeber ein zusätzliche Untersuchung durch den Betriebsarzt forderte, berief sich der Mitarbeiter auf sein Recht der freien Arztwahl, die ärztliche Schweigepflicht und das Recht, mit seiner Krankmeldung drei Tage warten zu dürfen. In einem anderen Fall verweigerte der Arbeitgeber seinem Mitarbeiter die Lohnfortzahlung, weil sich dieser schon zum dritten Mal hintereinander bei sportlicher Betätigung in seiner Freizeit verletzt hatte. Der Arbeitgeber war nicht bereit, die kostenmäßigen Folgen für das Freizeitvergnügen seines Mitarbeiters zu tragen.

Solche Beurteilungen sind jedoch immer vom Einzelfall abhängig. Wenn beim Mitarbeiter schon leichte Vorverletzungen vorliegen, beispielsweise eine leichte Bänderdehnung, und es kommt danach beim Sport zu einem Bänderriß, so liegt ein Verschulden des Mitarbeiters gegen sich selbst vor. Dies berechtigt den Arbeitgeber, die Lohnfortzahlung abzulehnen, was der Arbeitgeber übrigens generell bei Krankschreibungen aufgrund der Ausübung gefährlicher Sportarten, wie es unter anderem das Bungee-Springen und Kick-Boxen sind, tun kann. Im Falle einer Wiederholung derselben Sportverletzung (also nach einer Vorverletzung) kann der Arbeitgeber den Arbeitnehmer auffordern, die Ausübung dieses Sports zu unterlassen. Hält sich der Arbeitnehmer nicht daran, so handelt er grob schuldhaft und kann keinen Krankenlohn verlangen.

Vielfach lehnten Unternehmen die Lohnfortzahlung in den Fällen ab, wo ausländische Mitarbeiter während ihres Urlaubs in ihrer Heimat erkrankten und eine Arbeitsunfähigkeitsbescheinigung eines der Ärzte vom heimatlichen Urlaubsort schickten, insbesondere wenn der betreffende ausländische Mitarbeiter schon zum zweiten oder dritten Male während seines Heimat-Urlaubs erkrankt war.

Alle Fälle der geschilderten Art wurden vom Gericht entschieden. Zum besseren Verständnis der verschiedenen Situationen sollen nachstehend die davon berührten Problemfelder dargestellt werden.

Abgrenzung Krankheit - Arbeitsunfähigkeit
Nicht jede Krankheit muß zwangsläufig eine Arbeitsunfähigkeit zur Folge haben. Eine Arbeitsunfähigkeit ist erst gegeben, wenn der Arbeitnehmer wegen einer Krankheit nicht in der Lage ist, seine arbeitsvertraglichen Verpflichtungen zu erfüllen. Da der Arzt den Arbeitsplatz seines Patienten nicht kennt und in der Regel auch nicht bei jeder Bitte um Krankschreibung sehr umfangreiche diagnostische Mittel einsetzen kann, ist er auf die Angaben des Patien-

ten angewiesen. Hier liegt die Crux für so manche unberechtigte Krankschreibung.

Arbeitnehmer-Pflichten bei Arbeitsunfähigkeit

Gemäß Paragraph 5 Absatz 1 des Entgeltfortzahlungsgesetzes hatte der Arbeitnehmer seine Arbeitsunfähigkeit unverzüglich (ohne schuldhaftes Zögern), das bedeutet möglichst noch vor Arbeitsbeginn, dem Arbeitgeber anzuzeigen und sich für sein Nichterscheinen am Arbeitsplatz zu entschuldigen. Binnen drei Tagen mußte dem Arbeitgeber die ärztliche Arbeitsunfähigkeitsbescheinigung vorliegen, sofern Tarifverträge nichts anderes bestimmten. Das im Juni 1994 mit dem Pflegegesetz verbundene Entgeltfortzahlungsgesetz hat die Anzeige- und Nachweispflichten gegenüber dem Arbeitgeber neuerdings für Arbeiter und Angestellte einheitlich geregelt. Gemäß diesem Entgeltfortzahlungsgesetz kann der Arbeitgeber die Vorlage der ärztlichen Bescheinigung auch schon vom ersten Tag der Erkrankung an verlangen. Falls die Arbeitsunfähigkeit länger dauert als in der Bescheinigung angegeben, ist der Arbeitnehmer verpflichtet, eine neue ärztliche Bescheinigung vorzulegen.

Wenn also ein Arbeitnehmer meint, daß er sich mit dem Nachweis seiner Arbeitsunfähigkeit beim Arbeitgeber drei Tage Zeit lassen kann, irrt er. Das unentschuldigte Fehlen und die verspätete Meldung der Arbeitsunfähigkeit in dem vorstehend geschilderten Fall rechtfertigt jedoch nicht zwangsläufig die Kündigung.

Nach Paragraph 7 Abs. 1 Nr. 1 Entgeltfortzahlungsgesetz steht dem Arbeitgeber bei Fehlen der ärztlichen Bescheinigung ein Leistungsverweigerungsrecht hinsichtlich der Lohnfortzahlung zu. Daraus folgerten Gerichte, so auch der 7. Senat des Bundesarbeitsgerichts (BAG) bis Juni 1991, daß die Kündigung des Arbeitsverhältnisses bei unentschuldigtem Fehlen wegen Krankheit nur ausnahmsweise in Betracht kommt. Diese Ausnahme ist gegeben, wenn das Fehlen besonders lange anhält und dadurch eine besondere Not- oder Zwangslage für den Betrieb entstanden ist. Vor einer Kündigung ist der Arbeitnehmer zuerst einmal abzumahnen und auf seine Pflichten hinzuweisen, damit er sich nicht mit einem Nichtwissen oder einem Rechtsirrtum herausreden kann. Die Abmahnung hat eine Warnfunktion für den Arbeitnehmer.

Mit Urteil vom 16. August 1991 hat der 2. Senat des BAG (NZA 1993,17) der Rechtsprechung des 7. Senats widersprochen. Hiernach ist es für die Kündigung wegen einer Verletzung der dem Arbeitnehmer obliegenden unverzüglichen Anzeigepflicht bei Arbeitsunfähigkeit nicht von Belang, ob es dadurch noch zusätzlich zur einer Beeinträchtigung des Betriebsablaufs oder des Betriebsfriedens komme. Aus dieser Verletzung einer Nebenpflicht muß aber eine Beeinträchtigung der Interessen des Arbeitsvertragspartners resultieren oder die Pflichtverletzung darf nicht völlig belanglos für die Abwicklung des Arbeitsverhältnisses sein. Die Kündigung des Arbeitsverhältnisses darf nur letztes Mittel (ultima-ratio-Prinzip) sein. Bei einer verhaltensbedingten Kündigung gilt im Rahmen einer Interessenabwägung auch hier das „Prognose-Prinzip". So ist für die soziale Rechtfertigung einer Kündigung wegen der Verletzung der Anzeigepflicht bei Eintritt der Arbeitsunfähigkeit von Bedeutung, ob eine Wiederholungsgefahr besteht oder sich das vergangene Ereignis - die Anzeigepflichtverletzung - weiterhin belastend auswirken wird.

Beweiskraft des ärztlichen Attestes
Es entspricht dem geltenden Recht und der Rechtsprechung, daß der Arbeitnehmer den von ihm geschuldeten Nachweis der Arbeitsunfähigkeit regelmäßig schon mit dem Vorlegen der Arbeitsunfähigkeitsbescheinigung erbracht hat.

Es wird den Ärzten immer wieder unterstellt, daß sie entgegen ihrer ärztlichen Sorgfaltspflicht oft Gefälligkeitsatteste ausstellen oder zu fahrlässig arbeiten. Solche Fälle werden immer wieder vorkommen und lassen sich generell nicht ausschließen. Doch ist daraus nicht das Urteil abzuleiten, daß alle oder die Mehrzahl aller Ärzte so arbeitet. Eine Studie des Medizinischen Dienstes der Krankenkassen (MDK) Niedersachsen hatte ergeben, daß in 95 Prozent der begutachteten Fälle - trotz des späten Zeitpunkts der Begutachtung und der damit bereits fortgeschrittenen Gesundung der Patienten - die Diagnose der krankschreibenden Ärzte bestätigt wurde.

Gemäß der Rechtsprechung kann der Arbeitgeber den Beweiswert eines Attests nur durch den Nachweis ernsthafter Zweifel widerlegen, da eine ordnungsgemäß ausgestellte Arbeitsunfähigkeitsbescheinigung einen hohen Beweiswert hat (Urteil des BAG vom 15.7.1992, NZA 1993,23). Den Arbeitnehmer trifft dann die Verpflichtung, weitere Beweise für seine Arbeitsunfähigkeit zu erbringen, wenn er sich den Anspruch auf Lohnfortzahlung erhalten will.

Es gibt grundsätzliche Merkmale, die den Beweiswert eines Attests ernsthaft in Frage stellen. Das ist zum Beispiel der Fall, wenn das Attest ohne Untersuchung, also nur mittels telephonischem Kontakt zustande kam, wenn es mehr als zwei Tage rückdatiert ist und wenn kein objektiv meßbarer Befund vorliegt.

Zweifel durch Arbeitnehmerverhalten

Ernsthafte Zweifel sind berechtigt, wenn ein Arbeitnehmer schon Tage vorher seine Erkrankung mit Worten ankündigt, wenn er durch äußere Merkmale wiederholt zu erkennen gibt, daß er am nächsten Tag krank sein wird. Ein Arbeitnehmer fiel zum Beispiel dadurch auf, daß er jedes Mal vor einer geplanten Erkrankung einen Schal um seinen Hals legte.

Berechtigt sind ernsthafte Zweifel an der Arbeitsunfähigkeit eines Arbeitnehmers, wenn er trotz fiebriger Erkrankung Gaststätten besucht (gilt hier jedoch nicht immer); bei Schwarzarbeit oder Arbeit in der eigenen Landwirtschaft, im eigenen Anwesen; bei sportlicher Betätigung im Krankheitszeitraum; bei gehäuften Erkrankungen vor oder im Urlaub. Diese Zweifel bieten oft noch nicht eine sichere Grundlage für eine Kündigung, denn beispielsweise kann bei psychischen Erkrankungen ein Gaststättenbesuch oder die Arbeit im eigenen Garten oder auf dem Felde nach ärztlicher Ansicht die Gesundung begünstigen.

Hierzu ein konkretes Beispiel, das das Bundesarbeitsgericht (BAG) am 7.12.1995 entschieden hat (2 AZR 849/94). „Der klagende Arbeitnehmer hatte am 15. Dezember 1992 etwa eine Stunde lang am Imbißstand seiner Ehefrau gearbeitet und dort irgendwelche Aufbauarbeiten verrichtet. Aus diesem Umstand, der Jahreszeit und der vom Kläger angegebenen Art der Erkrankung (grippaler Infekt) ist der Schluß zu ziehen, daß der Beweiswert der vom Kläger vorgelegten Arbeitsunfähigkeitsbescheinigung erschüttert ist. In der bloßen Entbindung des behandelnden Arztes von der Schweigepflicht durch den Kläger kann hier noch nicht ein substantiiertes Bestreiten der Arbeitsfähigkeit gesehen werden, so daß nach einer Erschütterung des Beweiswertes der Arbeitsunfähigkeitsbescheinigung von der Arbeitsfähigkeit während der Fehlzeit auszugehen ist." (BddW, 25.3.1996). Das Gericht legte dar, daß es in solch einem Fall Sache des Arbeitnehmers ist, neben der Art seiner Krankheit im einzelnen darzulegen, welche Verhaltensmaßregeln der Arzt gegeben hat und welche Medikamente zum Beispiel bewirkt haben, daß der Arbeitnehmer zwar immer noch nicht die geschuldete Arbeit bei seinem Arbeitgeber verrichten konnte, wohl aber die Arbeit, die er anderweitig tatsächlich verrichtet hat.

Die Beweislast kehrt sich erst wieder um, wenn der Arbeitnehmer den behandelnden Arzt von seiner Schweigepflicht entbunden hat, so daß jetzt der Arbeitgeber die behauptete Arbeitsunfähigkeit zu widerlegen hat. Allerdings ergeben sich aus den fallbezogenen Angaben in der Patientenkartei und der Vernehmung des behandelnden Arztes regelmäßig Beweismittel, die zu einer weiteren Sachaufklärung führen. In derartigen Fällen ist auch stets zu prüfen, ob nicht die Umstände, die den Beweiswert der Arbeitsunfähigkeitsbescheinigung erschüttern, ein starkes Indiz für die Vortäuschung einer Krankheit darstellen, das der Arbeitnehmer entkräften müßte. Unentschuldigtes Fehlen unter Vortäuschung von krankheitsbedingter Arbeitsunfähigkeit ist - vorbehaltlich der abschließenden Interessenabwägung - an sich geeignet, eine außerordentliche Kündigung gemäß Paragraph 626 Absatz 1 BGB zu begründen, wobei je nach den Umständen sogar eine vorherige Abmahnung entbehrlich sein kann (BAG, DB 93,2534 und BAG, BB94,142).

Auslandserkrankungen

Entspricht ein im Ausland ausgestelltes Attest den Vorschriften des zwischenstaatlichen Sozialversicherungsabkommens, so ist es genauso anzuerkennen wie ein in Deutschland ausgestelltes Attest. In einem besonders schweren Fall von häufiger Arbeitsunfähigkeit im Ausland hatten die Gerichte bis hin zum Europäischen Gerichtshof entschieden, daß das Attest des ausländischen Arztes als Beweismittel anzusehen ist, sofern nicht substantiierte Gründe dagegen sprechen. In diesem Fall waren in einem deutschen Betrieb arbeitende Italiener - Mann und Frau und zwei erwachsene Kinder - mehrere Jahre hintereinander jeweils im Urlaub in Italien erkrankt. Sehr starke Vermutungen sprachen dafür, daß es sich um wiederholtes Blaumachen handelt. Dennoch war es dem Arbeitgeber nicht möglich, sich durch Kündigung dieser Arbeitnehmer von der vermutlichen Ausbeutung des Unternehmens durch Betrug zu befreien. Hinsichtlich der Problematik hat das BAG mit Beschluß vom 27.4.1994 (NZA 1994,683) eine Vorabentscheidung beim EuGH verlangt, ob es dem Arbeitgeber verwehrt sei, einen Mißbrauchstatbestand ähnlich wie in Deutschland zu beweisen.

In der Regel wird in der Presse nur über die Fälle berichtet, in denen es dem Arbeitgeber nicht möglich war, einem Arbeitnehmer zu kündigen, der seine arbeitsvertraglichen Pflichten über längere Zeiträume hinweg nicht erfüllt hat. Das hat zur Folge, daß viele Unternehmen erst gar nicht den Weg einer Kündigung versuchen, wenn sie unter Arbeitnehmern mit sehr hohen Fehlzeiten leiden.

Aber Krankheit schützt nicht vor der Kündigung des Arbeitsverhältnisses durch den Arbeitgeber. Krankheitsbedingte Fehlzeiten können sogar der alleinige Grund für den Arbeitsplatzverlust des betroffenen Mitarbeiters sein.

Rechtmäßige Kündigung wegen Krankheit - Vier Fallgruppen
Bei der Überprüfung der Rechtmäßigkeit einer Kündigung wegen Krankheit unterscheidet das BAG zwischen vier Fallgruppen:

1. Kündigung wegen langandauernder Arbeitsunfähigkeit infolge einer Langzeiterkrankung
Hier ist in der Regel eine Kündigung selten möglich. Professor Wolfgang Hromadka, Inhaber des Lehrstuhls für Bürgerliches Recht und Arbeitsrecht an der Universität Passau führt hierzu folgendes Beispiel an: „Das Landesarbeitsgericht Rheinland-Pfalz hat das jüngst noch einmal deutlich gemacht: Auch eine Erkrankung von zwei Jahren und eine ungünstige Prognose rechtfertigen eine Kündigung nur, wenn sie zu Störungen im Betrieb führt. Trage der Arbeitgeber dazu nichts vor, so könnten Störungen als überwunden gelten. Das gelte auch, wenn eine Ersatzkraft habe eingestellt werden müssen. Bei der Interessenabwägung sei zu berücksichtigen, daß die Aufrechterhaltung des Arbeitsverhältnisses für den in seiner Gesundheit schwer geschädigten Arbeitnehmer eine wichtige Sicherung für seine Zukunftsperspektive darstelle, während dem Arbeitgeber aus der Aufrechterhaltung des Arbeitsverhältnisses dem Bande nach keine (rechtlichen) Nachteile drohten." (Hromadka 1993). Die wirtschaftlichen Nachteile halten sich hier in Grenzen, da der Arbeitgeber im wesentlichen nur die Kosten nach dem Entgeltfortzahlungsgesetz zu tragen hat.

2. Kündigung wegen dauernder Arbeitsunfähigkeit, wegen des Unvermögens, die vertragliche Arbeitsleistung zu erbringen
Ein Bandscheibenschaden hindert beispielsweise einen Versandarbeiter, eine starke Verschlechterung der Sehfähigkeit einen Kraftfahrer dauerhaft an der Erfüllung seiner Vertragspflichten.

Kommt die Prognose zu dem Ergebnis, daß der Arbeitnehmer der vereinbarten Arbeit aller Wahrscheinlichkeit nach gar nicht mehr nachkommen kann und kommt hinzu, daß dem Arbeitnehmer auch kein Ersatzarbeitsplatz, gegebenenfalls nach zumutbaren Umschulungs- und Fortbildungsmaßnahmen, zur

Verfügung gestellt werden kann, so ist die Kündigung ohne weiteres gerechtfertigt.

Der Kölner Fachanwalt für Arbeitsrecht Ulrich Weber weist darauf hin (Weber 1995, S. 215), daß das BAG in seiner neueren Rechtsprechung bei Langzeiterkrankungen einen Zeitraum von 18 Krankheitsmonaten genannt hat, ab dem vermutet wird, daß eine Unzumutbarkeit für den Arbeitgeber eintritt. Des weiteren muß die Bedingung erfüllt sein, daß nach objektiver Beurteilung eine Wiederherstellung der Arbeitsfähigkeit nicht erkennbar ist.

Eine Kündigung ist auch möglich, wenn der Arbeitnehmer durch Erkrankung in seiner Arbeitsfähigkeit eingeschränkt ist. „Nicht selten legt ein Arbeitnehmer ein Attest vor, wonach er bestimmte Arbeiten nicht mehr verrichten kann. Kann ihm der Arbeitgeber keinen anderen Arbeitsplatz anbieten, der diesen Voraussetzungen entspricht, und besteht der Arbeitnehmer darauf, entsprechend dem Attest beschäftigt zu werden, dann ist die Kündigung unausweichlich." (Hromadka 1993).

Wenn ein Arbeitnehmer ein Attest vorlegt, daß er bestimmte Arbeiten nicht mehr machen kann, so rechtfertigt das nicht in jedem Fall eine fristlose krankheitsbedingte Kündigung, so entschied mit Urteil vom 12. Juli 1995 das BAG (2 AZR 762/94). „Gerade im Falle einer tariflichen Unkündbarkeit, die der Alterssicherung des betroffenen Arbeitnehmers dient, ist es dem Arbeitgeber regelmäßig zumutbar, einen krankheitsbedingten Leistungsabfall des Arbeitnehmers durch andere Maßnahmen (wie Umsetzung, menschengerechte Gestaltung des Arbeitsplatzes, andere Aufgabenverteilung) auszugleichen. Unter diesen Umständen stellt es jedenfalls keinen wichtigen Grund zur außerordentlichen krankheitsbedingten Kündigung dar, wenn nach dem von der Klägerin vorgelegten Attest das Heben und Tragen von Lasten über 10 Kilogramm vermieden werden «sollte». Es ist nicht davon auszugehen, daß die Klägerin aus gesundheitlichen Gründen auf Dauer nicht in der Lage wäre, wie bisher auch Kerne mit einem Gewicht von über 10 Kilogramm bis zu 30 Kilogramm zu bearbeiten." (BddW, 9.10.1995). Im Fall der Klägerin war dem Unternehmen also eine Fortsetzung des Arbeitsverhältnisses zumutbar, weil bei der Klägerin bisher keine erheblichen krankheitsbedingten Fehlzeiten aufgetreten waren. Die von der Klägerin erstrebte leichtere Tätigkeit entspricht den arbeitsmedizinischen Empfehlungen für Arbeiterinnen dieser Altersgruppe.

In einem anderen Unternehmen brachte ein Arbeitnehmer, der seit vielen Jahren im Betrieb schwere Gummiplatten heben mußte ein Attest, das ihm aus Gesundheitsgründen das Heben dieser schweren Platten verbot. Er wurde daraufhin auf einen Arbeitsplatz umgesetzt, wo er nur noch leichte Platten zu handhaben hatte. Diese Arbeit wurde jedoch mit einer niedrigeren Lohngruppe entlohnt. Als der Arbeiter die Einbuße bei der Lohnabrechnung feststellte, brachte er 14 Tage später ein neues Attest des Arztes, das ihm wieder das Heben schwerer Platten erlaubte! Er verlangte nun, wieder an seinem alten Arbeitsplatz arbeiten zu dürfen.

3.   Kündigung wegen häufiger Kurzerkrankungen
Hier muß es in der Vergangenheit zu erheblichen Fehlzeiten gekommen sein. Des weiteren müssen für die Zukunft weitere erhebliche Fehlzeiten zu erwarten sein. Aufgrund von wechselnden und häufigen Erkrankungen in der Vergangenheit ist auf eine negative Prognose für die Zukunft zu schließen. Von den Gerichten wird anerkannt, daß die Störungen im Betriebsablauf bei Kurz erkrankungen größer sind als bei Langzeiterkrankungen, weil sich der Arbeitgeber nicht so leicht darauf einrichten kann. Auch sind hier die Entgeltfortzahlungskosten höher, weil die Sechs-Wochen-Frist für die Lohnfortzahlung bei jeder neuen Erkrankung von vorne beginnt. Im allgemeinen ist deshalb eine Kündigung wegen häufiger Kurzerkrankungen viel leichter möglich als bei Langzeiterkrankungen, zumal sich hier auch die Vermutung des Krankfeierns eher aufdrängt.

An die Interessenabwägung sind jedoch besonders strenge Maßstäbe anzulegen, sodaß sich eine schematische Betrachtungsweise verbietet. Eine entsprechend negative Prognose ist gegeben, wenn der Arbeitnehmer 1/10 bis 1/8 der Arbeitstage im Kalenderjahr fehlte. Im Rahmen der Interessenabwägung kann der Arbeitgeber diese Gesundheitsprognose erstellen, ohne Einholung eines ärztlichen Gutachtens. Zwecks Beweiserleichterung kann sich der Arbeitgeber darauf beschränken, die Fehlzeiten der letzten 3 Jahre darzulegen. Der Arbeitnehmer hat dann die Pflicht, die Vermutung aus der Prognose (1/10 bis 1/8 Krankheitstage) zu widerlegen (BAG, NZA 1996, 307,434). Sozial gerechtfertigt ist eine Kündigung bei häufigen Kurzerkrankungen wegen unzumutbarer wirtschaftlicher Belastungen, wenn das Arbeitsverhältnis erheblich gestört ist, weil immer mit neuen beträchtlichen Fehlzeiten und entsprechenden Entgeltfortzahlungen zu rechnen ist.

4. Kündigung wegen erheblicher krankheitsbedingter Leistungsminderung

Eine Datentypistin erscheint beispielsweise am Arbeitsplatz, ist jedoch wegen ihrer Rheumaerkrankung (oder eines schweren Falls von Repetitive Strain Injury) nicht in der Lage, ihre Arbeit auszuführen, für die sie eingestellt wurde.

Professor Wolfgang Hromadka sagt dazu: „Erforderlich ist eine erhebliche Beeinträchtigung der Leistungsfähigkeit in quantitativer oder qualitativer Hinsicht, wobei altersbedingte Leistungsmängel - jedenfalls soweit die Altersgrenze 65 noch gilt - grundsätzlich ebenso hinzunehmen sind wie jene, die bei der Einstellung bekannt waren. Das Bundesarbeitsgericht hat kürzlich die Kündigung einer an Rheumatismus und einem rezidivierenden Harnwegsinfekt leidenden Schwerbehinderten gebilligt, die mehr als zwei Jahre lang nur zwei Drittel ihrer Leistung erbracht hatte und bei der die Wiederherstellung der Leistungsfähigkeit auch nicht zu erwarten war. In der Regel werden, wie auch dieser Fall zeigt, Aufschreibungen zur Arbeitsleistung über einen längeren Zeitraum hinweg erforderlich sein." (Hromadka 1993).

Überprüfung der Sozialwidrigkeit bei krankheitsbedingter Kündigung

Grundsätzlich wird bei allen vier vorher genannten Fallgruppen eine krankheitsbedingte Kündigung in drei Stufen hinsichtlich Sozialwidrigkeit überprüft:

* Für die Rechtfertigung einer Kündigung muß eine negative Gesundheitsprognose über den zukünftigen Gesundheitszustand des Arbeitnehmers nachgewiesen werden. Es müssen aufgrund der persönlichen Situation des Arbeitnehmers weitere krankheitsbedingte Fehlzeiten zu erwarten sein.

* Es muß glaubhaft gemacht werden, daß dem Betrieb aufgrund der krankheitsbedingten Fehlzeiten erhebliche Beeinträchtigungen der betrieblichen Belange entstehen. Das ist der Fall, wenn Lohnfortzahlungskosten für einen Zeitraum von mehr als sechs Wochen anfallen oder wenn der Arbeitsablauf durch das krankheitsbedingte Fehlen des Arbeitnehmers konkret gestört ist.

* Bei der Interessenabwägung von krankem Arbeitnehmer einerseits und dem Unternehmen andererseits muß diese zu Ungunsten des Kranken ausfallen. Beim Mitarbeiter wird positiv angerechnet, wenn das Arbeitsver-

hältnis in der Vergangenheit über viele Jahre ungestört war. Negativ für den Kranken wirkt sich aus, wenn die Lohnfortzahlungskosten außergewöhnlich hoch waren, wenn also bei Kurzerkrankungen vom Betrieb für mehr als 60 Arbeitstage pro Jahr Lohn oder Gehalt zu zahlen war, ohne daß der Mitarbeiter hierfür eine Leistung erbrachte.

Von Bedeutung bei der Interessenabwägung ist auch, ob Kollegen des Betroffenen erheblich höhere Abwesenheitsquoten hatten. Weiter wird geprüft, ob die Ursache der Erkrankungen im Betrieb oder in der Privatsphäre liegt, ob der Arbeitnehmer die Erkrankung verschuldet hat und wie alt er ist. Einem jungen Mitarbeiter kann dabei eher gekündigt werden als einem Älteren mit vielen Dienstjahren im Betrieb.

Bei der Prüfung der Sozialwidrigkeit ist bei cleveren Blaumachern eine Kündigung oft nicht durchzusetzen, weil die negative Gesundheitsprognose bei häufigen Kurzerkrankungen nur schwer zu stellen ist und der Arbeitnehmer im Vorfeld der Kündigung seinen Arzt nicht von der Schweigepflicht entbinden muß. Dagegen gehen bei Langzeiterkrankten und den Arbeitnehmern, die wegen eines schweren Dauerschadens die vertraglich geschuldete Leistung nicht mehr erbringen können in der Regel Prozeß und Arbeitsplatz verloren. Denn in diesen Fällen steht die schwere Erkrankung fest und bewirkt zugleich die konkrete Störung im Betriebsablauf.

Eine Kündigung des Arbeitgebers ist erfolgreich, wenn ein offensichtlich gesunder Arbeitnehmer mit Krankheit droht, weil ihm beispielsweise der gewünschte freie Tag (Gleitfreizeit oder Urlaubstag) nicht gewährt wird oder er auf einen ungeliebten anderen Arbeitsplatz umgesetzt wurde. Laut BAG ist das ein Grund zur fristlosen Kündigung, auch wenn der Arbeitnehmer danach tatsächlich erkranken sollte. (Weber 1995, S.215).

Bei übermäßigem Alkoholgenuß ist ein Arbeitnehmer in der Regel nicht in der Lage, seine Arbeitspflichten ordnungsgemäß zu erfüllen. Eine verhaltensbedingte Kündigung verspricht jedoch nur dann Erfolg, wenn der Arbeitnehmer nicht alkoholkrank ist. Liegt eine Alkoholkrankheit vor, dann ist der Alkoholgenuß vom Arbeitnehmer nicht steuerbar. In solchen Fällen kommt nur eine Kündigung nach den Grundsätzen der krankheitsbedingten Kündigung infrage.

Bei nicht alkoholkranken Arbeitnehmern ist eine verhaltensbedingte Kündigung wegen übermäßigen Alkoholgenusses grundsätzlich nur nach einer vorherigen erfolglosen Abmahnung zulässig. Die Abmahnung sollte aus Gründen der Prozeßsicherheit schriftlich erfolgen, wobei der Zugang beim Empfänger sichergestellt werden muß. „Wenn allerdings der Arbeitnehmer hartnäckig und uneinsichtig infolge übermäßigen Alkoholgenusses seine Arbeit wiederholt nicht ordnungsgemäß erledigt, kann eine Abmahnung vor Ausspruch der Kündigung entbehrlich sein, und zwar dann, wenn nicht damit zu rechnen ist, daß der Arbeitnehmer sein Verhalten, das heißt übermäßigen Alkoholgenuß, ändern wird." (Etzel 1996).

Alkoholmißbrauch ist aber auch in Einzelfällen ein Kündigungsgrund, wenn bestimmte Voraussetzungen erfüllt sind, so hat am 26. Januar 1995 das BAG (2 AZR 649/94) entschieden. In dem betreffenden Fall hatte ein an einem Galvanisierbecken tätiger Arbeiter den Prozeß angestrengt, der mit einem Blutalkoholgehalt von über 1,4 Promille (gemessen an einem sogenannten Alkomat) zur Arbeit gekommen ist. Seine Arbeitskollegen hatten eine Alkoholfahne und deutliche Ausfallerscheinungen festgestellt. Zudem wurden auch noch sechs Flaschen Bier als Vorrat in der Aktentasche gefunden. Gegenüber dem Arbeiter wurde eine Abmahnung ausgesprochen.

Nachdem einen Monat später der Betriebsarzt bei dem Arbeiter erneut 1,6 Promille gemessen hatte, kündigte das Unternehmen dem Mitarbeiter fristgerecht. Der wendete dagegen ein, er sei vor der Entlassung nicht wirksam abgemahnt worden und die vom Betriebsarzt vorgenommene Messung des Blutalkoholgehalts mit einem Alkomat sei ungenau. Man hätte ihm übrigens alkoholbedingte Ausfallerscheinungen nachweisen müssen, die man aber nicht festgestellt habe. Das Unternehmen ging bei seiner Einlassung davon aus, daß eine vorausgehende Abmahnung wegen der Gefahren am Arbeitsplatz bei Alkoholeinfluß nicht erforderlich sei. Durch die Meßergebnisse des Betriebsarztes sei ausreichend nachgewiesen, daß der Mitarbeiter an beiden Tagen nicht in der Lage gewesen sei, seiner Arbeitspflicht nachzukommen.

Zunächst hatten die Vorinstanzen das Unternehmen zur Weiterbeschäftigung des Mannes verurteilt. Das BAG hat dagegen in seinem Urteil vom 26. Januar 1995 die Kündigungsschutzklage des Arbeitnehmers abgewiesen und die Kündigung durch den Arbeitgeber damit aufrechterhalten.

„Wer deutlich alkoholisiert an seinem Arbeitsplatz erscheint, dem kann nach einer vorhergehenden Abmahnung gekündigt werden, auch wenn der Alkoholgehalt nicht durch eine Blutprobe festgestellt wurde. Als Nachweis für die Alkoholisierung darf der Werkschutz eines Unternehmens auch auf einen sogenannten Alcomat, ein Gerät zur Messung des Atemalkohols, zurückgreifen. Aber auch Aussagen der Arbeitskollegen und leicht feststellbare Ausfallerscheinungen könnten zu der Beurteilung führen, daß der Arbeitnehmer nicht mehr in der Lage ist, ordnungsgemäß zu arbeiten." (BddW, 27.1.1995). Soweit es den speziellen Fall betraf, wurde durch Zeugen eine Alkoholisierung des Klägers nachgewiesen. Laut BAG komme es auf genaue Promillewerte nicht an, da auch schon die Arbeitsordnung Alkohol am Arbeitsplatz verboten hatte. Daraus ergibt sich, daß der Arbeitnehmer seine Pflichten aus dem Arbeitsvertrag so schwerwiegend verletzt habe, daß eine Kündigung zulässig war.

Eine Einschränkung des Mißbrauchs der Entgeltfortzahlung soll dadurch erreicht werden, daß die gesetzlichen Krankenkassen verpflichtet sind, bei Zweifeln an der Arbeitsunfähigkeit des Arbeitnehmers eine gutachtliche Stellungnahme des Medizinischen Dienstes einzuholen, so sieht es das Entgeltfortzahlungsgesetz vor, das 1994 zusammen mit dem Pflegegesetz verkündet wurde (§ 5 I S.5 EntFG).

„Zweifel an der Arbeitsunfähigkeit werden im Gesetz vor allem dann als gegeben unterstellt, wenn Versicherte auffällig häufig oder auffällig häufig nur für kurze Zeit arbeitsunfähig sind oder der Beginn der Arbeitsunfähigkeit häufig auf einen Arbeitstag am Beginn oder am Ende einer Woche fällt oder die Arbeitsunfähigkeit von einem Arzt festgestellt worden ist, der dadurch auffällt, daß er häufig Bescheinigungen über die Arbeitsunfähigkeit von Arbeitnehmern ausstellt. Der Medizinische Dienst hat die Prüfung unverzüglich nach der Vorlage der ärztlichen Feststellung über die Arbeitsunfähigkeit vorzunehmen. Der Arbeitgeber kann verlangen, daß die Krankenkasse eine gutachtliche Stellungnahme des Medizinischen Dienstes zur Überprüfung der Arbeitsunfähigkeit einholt. Der Medizinische Dienst hat im übrigen im Rahmen der Wirtschaftlichkeitskontrollen von Kassenärzten deren Praxis der Bescheinigung von Arbeitsunfähigkeit zu überprüfen." (FAZ, 7.6.1994).

Es liegt im Interesse eines jeden gut geleiteten Unternehmens, die Ursachen für einen ungewöhnlich hohen Krankenstand zu ergründen. In einem vom Bundesarbeitsgericht entschiedenen Fall hatte der Personalchef einer holzverarbeitenden Firma die Mitarbeiter einer Abteilung mit hohem Krankenstand zu sich bestellt und nach den Ursachen aller Erkrankungen in den vergangenen drei Jahren befragt. Außerdem legte er ihnen eine schriftliche Erklärung vor, in der die Beschäftigten ihren Arzt von der Schweigepflicht entbinden. Neunzig Prozent der befragten Mitarbeiter unterzeichneten diese Erklärung.

Der Fall kam vor das BAG, weil der Betriebsrat dieser Firma der Ansicht, war, daß er vor der Maßnahme des Personalchefs hätte gehört werden müssen.

Der Erste Senat des BAG stellte in seinem Urteil vom 8. November 1994 (Aktenzeichen 1 - ABR 22/94) fest, daß häufige Abwesenheit wegen Krankheit nicht unter die eigentliche Arbeitsleistung, sondern unter das „Ordnungsverhalten" des Beschäftigten fällt. Weisungen zum Ordnungsverhalten, beispielsweise zur Kleidung am Arbeitsplatz, seien grundsätzlich mitbestimmungspflichtig. Die generalisierte Führung solcher Krankengespräche begründe daher ein kollektives Regelungsbedürfnis, das die Beteiligung des Betriebsrats gemäß § 87 Abs.1, Nr.1 Betr.VG erfordere. Wären es also nicht schematisierte Gespräche gewesen, wäre die Zustimmung des Betriebsrats entbehrlich gewesen.

Verwendete Abkürzungen:
BB = Betriebsberater
DB = Der Betrieb
NZA = Neue Zeitschrift für Arbeitsrecht

5. Praxisbeispiele

5.1 Fehlzeitenreduzierung mit Hilfe von Arbeitskreisen und Rückkehrgesprächen

Da das Thema Fehlzeiten viele Jahre alt ist, hat es in der Vergangenheit auch viele Anläufe gegeben, die Fehlzeiten gewerblicher Mitarbeiter/innen gezielt zu reduzieren. Die dabei am häufigsten verwendete Methode dürfte - wenn man dies nach den Veröffentlichungen beurteilt - die Methode der Einsetzung von Arbeitskreisen zur Aufdeckung der Ursachen hoher Fehlzeiten in Kombination mit Rückkehrgesprächen sein.

Reynolds Aluminium

Professor Dr. Peter Nieder und seine wissenschaftlichen Mitarbeiter Dr. Bernd Bitzer und Britta Susen vom Fachbereich Wirtschaftswissenschaften an der Universität Bremen beschreiben stellvertretend für andere Berater ihre Vorgehensweise an einem praktischen Beispiel.

Im Werk Hamburg der Reynolds Aluminium Deutschland, Inc., wurde im Sommer 1989 von der Geschäftsführung eine Projektgruppe als Steuerungsinstrument eines Organisationsentwicklungsprozesses gegründet mit der Zielsetzung, die sehr hohen Fehlzeiten zu senken. „Die Arbeit der Projektgruppe erfolgte in drei Schritten: Identifikation und Analyse der Fehlzeitenursachen, Entwicklung von Maßnahmenvorschlägen und Realisierung von Maßnahmenvorschlägen. Die Projektgruppe traf sich bis Februar 1991 zu 22 Projektgruppensitzungen. Die Sitzungen fanden regelmäßig einmal im Monat statt und dauerten etwa zwei Stunden. Die Projektgruppe setzte sich ursprünglich aus neun Mitgliedern (acht Unternehmensvertretern und Moderator Nieder) zusammen". (Nieder/Bitzer/Susen 1992). Die Zusammenarbeit erfolgte abteilungs- und hierarchieübergreifend und sollte zielorientiert und zeitlich befristet sein.

Im November und Dezember 1989 wurde eine Arbeitssituationsanalyse durchgeführt, deren Ergebnisse im Mai 1990 vor der Geschäftsleitung präsentiert wurden. Befragt wurden 166 gewerbliche Arbeitnehmer/innen, 10 Meister und 18 Schichtführer, also insgesamt 194 Mitarbeiter/innen, die an den 17 Befragungsveranstaltungen in den sieben Bereichen teilnahmen. Diese Zahl entsprach je Bereich etwa 30 bis 60 Prozent der Beschäftigten. Im Arbeitsbereich Dünnband hielten 92,9 Prozent der Mitarbeiter eine Verbesserung der

Arbeitssituation für sehr wichtig. „Bei der Frage, in welchem Bereich eine Verbesserung der Arbeitssituation stattfinden soll, wurde mit 38,8 Prozent (33) am häufigsten das Vorgesetztenverhalten genannt. An zweiter Stelle folgte die Organisation mit 36,5 Prozent (31). Den dritten Rang nahm die Umgebung ein (18,8 Prozent). Die Tätigkeit und das Gruppenklima lagen bei unter 3,5 Prozent. In den anderen sechs Bereichen schwankten die Prozentzahlen für die einzelnen Fragen. Insgesamt wurde am häufigsten die Organisation bemängelt und an zweiter Stelle folgte das Vorgesetztenverhalten sowie die Umgebung des Arbeitsplatzes." (Nieder et al. 1992).

Aus der Diskussion der Ergebnisse der Arbeitssituationsanalyse wurden in 1990 die notwendigen Maßnahmen zur Veränderung der Arbeitsbedingungen entwickelt, die ergonomische, strukturelle und personale Verbesserungen zum Ziel hatten. Die Projektgruppe machte die Erfahrung, daß die Veränderung der Arbeitsbedingungen ein langfristiger Prozeß ist, weil insbesondere die Realisierung von Maßnahmen, die mit Kosten oder Investitionen verbunden sind, die Entscheidungskompetenzen der Projektgruppe überschritten und in das Entscheidungsprocedere der Geschäftsführung mit Abstimmung mit der Muttergesellschaft in den USA eingebunden werden mußten.

„Im Bereich der personalen Maßnahmen fanden insbesondere Seminare und Einzelgespräche statt. Zur Verbesserung der Zusammenarbeit wurde eine Seminarkonzeption entwickelt. Bereits bis Mai 1990 wurden in allen Hierarchieebenen die ersten Seminare durchgeführt." (Nieder et al. 1992). Ein weiterer Schwerpunkt war die Diskussion und Entwicklung eines Beteiligungsgruppenkonzepts, das Gruppenarbeit und ein Beteiligungssystem zum Inhalt hatten. So wurden bei Reynolds Schichtbesprechungen eingeführt und Beteiligungsgruppen gebildet, die unter Leitung eines externen Moderators konkrete Verbesserungsvorschläge erarbeiten sollten.

Die Auswirkung aller Maßnahmen auf die Fehlzeiten war sehr positiv. „Die Fehlzeitenquote lag im Jahr 1990 für das Werk Hamburg durchschnittlich unter 10 Prozent. Seit 1988 ist das ein Rückgang der Fehlzeitenquote um 2,5 Prozent. Dieser Rückgang ist um so höher einzustufen, da in der beobachteten Zeitspanne die Altersstruktur ungünstiger geworden ist und die Anzahl der Schwerbehinderten zugenommen hat." (Nieder et al. 1992). Die eingeleiteten Maßnahmen zur Verbesserung der Arbeitszufriedenheit führten zunächst zu positiven Reaktionen der Seminarteilnehmer. Allerdings wurde bereits zwei Monate später wieder über eine Verschlechterung der Arbeitssituation und hier insbesondere des Vorgesetztenverhaltens geklagt. Nach Nieder ergibt sich hieraus die Schlußfolgerung, daß personale, strukturelle und ergonomische Maßnahmen nicht isoliert durchgeführt werden können, da wechselseitige Abhängigkeiten bestehen.

Die erneute Verschlechterung der Arbeitszufriedenheit dürfte aber auch damit zusammenhängen, daß mit der Befragung und den vielen Maßnahmen in den Mitarbeitern die Hoffnung geweckt wurde, daß sich ihre Arbeitsbedingungen grundsätzlich zum Positiven verändern würden, wobei die größten Erwartungen in der Regel an Verhaltensänderungen der Vorgesetzten gestellt werden. Ein großer Teil der Kritik an der Organisation oder der Umgebung des Arbeitsplatzes wird meistens nur deshalb geäußert, weil sich die Kritiker nicht trauen, das Vorgesetztenverhalten zu kritisieren. Insofern führen viele Verbesserungen bei der Organisation und der Arbeitsplatzumgebung nur vorübergehend zu einer Reduzierung der Fehlzeitenquote, solange die Mitarbeiter glauben, in diesen Maßnahmen eine persönliche Achtung und Wertschätzung ihrer Person zu erkennen. Fühlen sie sich nach Abschluß solcher Maßnahmen wieder nur als Produktionsmittel behandelt, so steigen in ihnen wieder Gefühle von Enttäuschung, Frust und Resignation auf und der Wunsch nach Protesthaltungen.

Das Werk Kalle-Albert der Hoechst AG

Von der IMAR Unternehmensberatung GmbH wurde von 1992 bis 1995 im Werk Kalle-Albert der Hoechst AG ein Projekt mit dem Titel „Zufriedenheit am Arbeitsplatz - Reduzierung von Fehlzeiten" durchgeführt. Über das Projekt berichteten die Personalreferentin Christiane Wöhler im Werk Kalle-Albert und Jan Kuhnert, der Geschäftsführer von IMAR: „Ziel war und ist es, durch Veränderungen und Verbesserungen der Arbeitssituation positive Ansätze zur Verbesserung der Motivation, Kommunikation, des Arbeitsklimas, der Qualität und der Sicherheit zu erreichen. Die Koordination des Projekts lag bei der Personalabteilung." (Wöhler/Kuhnert 1995, S. 410).

Bei diesem Projekt wurden insgesamt 19 Produktionsbetriebe untersucht, 1.000 Mitarbeiter befragt und 135 betriebliche Führungskräfte geschult. Außer den Betrieben waren die Personalabteilung, die Arbeitstechnik und der Betriebsrat an der Planung, Auswertung und Umsetzung der Maßnahmen beteiligt. Auch hier wurden bereichs- und hierarchieübergreifende Projektgruppen gebildet und eine Arbeitssituationsanalyse durchgeführt. Zunächst wurde damit begonnen, die Produktionsbetriebe zu untersuchen, bei denen die Fehlzeitenquote über 7 Prozent lag. Als Ziel hatte man sich vorgenommen, diese Quote nachhaltig um etwa 1,5 Prozentpunkte zu reduzieren.

Den Ablauf ihres Projekts mit 6 Schritten beschreiben die Autoren wie folgt:

1. Mitarbeiterbefragung durch IMAR
2. Präsentation der Befragungsergebnisse vor der Projektgruppe
3. Entwicklung von Maßnahmen zur Problemlösung durch die Projektgruppe
4. Rückkopplung: Information der Mitarbeiter über die genannten Probleme und die geplanten Maßnahmen
5. Schulung der direkten Vorgesetzten
6. Überprüfung der Realisierung der geplanten Maßnahmen durch die Projektgruppe

Die Befragung brachte Ergebnisse ans Tageslicht, die wohl in den meisten Unternehmen in mehr oder weniger großem Umfange anzutreffen sind. Die Mitarbeiter sind zu Recht unzufrieden über renovierungsbedürftige Aufenthaltsräume, flackernde Leuchtstoffröhren, fehlende Hebebühnen, schlechtes Arbeitsmaterial, Staubbelastung usw. und oft auch über den herrschenden Umgangston. In der Regel kennen die Meister und Schichtführer diese Probleme, sind sich aber nicht bewußt, wie stark sich die Mitarbeiter beeinträchtigt fühlen. Viele dieser kritisierten Mißstände dürften auch bei diesem Praxisfall psychologische Umleitungen sein, das heißt in Wirklichkeit für Probleme mit Vorgesetzten stehen, die man nicht ansprechen möchte. So ergab die Befragung insgesamt, daß die wichtigsten Probleme in der Umgebung des Arbeitsplatzes, im Vorgesetztenverhalten und in der Organisation liegen.

Soweit es das Vorgesetztenverhalten betrifft, so wurden von den Mitarbeitern eigentlich selbstverständliche Verhaltensweisen angemahnt. Sie wollten mehr Anerkennung der Leistung, mehr Gleichbehandlung, mehr Delegation von Verantwortung und einen anderen Umgangston sowie auch einen besseren Umgang mit Fehlzeiten.

Unabhängig von den Ergebnissen der Befragung im untersuchten Betrieb wurden alle am Projekt beteiligten Meister, Schichtführer und Stellvertreter in einem Seminar geschult, um sie damit in die Lage zu versetzen, besser mit ihren Mitarbeitern umzugehen. Mit dem Seminar wurden zwei Ziele verfolgt. Zuerst sollte es den Zusammenhang zwischen Mitarbeiterführung und Fehlzeiten verdeutlichen und die Teilnehmer erkennen lassen, daß Fehlzeitenreduzierung eine originäre Aufgabe des direkten Vorgesetzten ist. „Im Mittelpunkt der dreitägigen Schulungsmaßnahme steht das Fehlzeitengespräch, das ein wichtiges Führungsinstrument ist. Die Teilnehmer lernen verschiedene Gesprächsstile und -techniken kennen. Geübt wird, diese personen- und situationsgerecht anzuwenden." (Wöhler/Kuhnert 1995, S. 415).

Nach der Schulung der Führungskräfte wurden regelmäßige Fehlzeitengespräche eingeführt. In diesen Gesprächen sollte erreicht werden, daß die Mitarbeiter die tatsächlichen Ursachen für ihr Fernbleiben äußern. Im Vordergrund der Gespräche steht deshalb ein integrativer Gesprächsstil. Zu vermeiden ist ein direktives, auf Konfrontation ausgerichtetes Gesprächsverhalten. Dabei sollte geklärt werden, ob das betriebliche Arbeitsumfeld die Krankheit auslöste oder ob beim Mitarbeiter der Wunsch nach Hilfe für betriebliche oder private Probleme besteht.

Die Projektverantwortlichen stellen zum Schluß fest, daß in den meisten Betrieben, die sich wegen hoher Fehlzeiten an der Untersuchung beteiligt hatten, der Krankenstand im Durchschnitt nach 24 Monaten überproportional gesunken ist. In einer Abteilung mit 79 Mitarbeitern sanken die Fehlzeiten von 11,5% auf 5,5%. In anderen Abteilungen wurden die Fehlzeiten um etwas mehr als 2% gesenkt. In einem Betrieb mit 186 Mitarbeitern erreichte die Reduzierung nur 0,1 Prozentpunkte, wobei vorübergehend sogar eine Erhöhung der Fehlzeitenquote eingetreten war (Fehlzeiten vor Projektbeginn 8,5%, im Durchschnitt nach 12 Monaten 9,1%, Durchschnitt nach 24 Monaten 8,4%). Für die aufgeführten teilnehmenden Betriebe mit insgesamt 573 Mitarbeitern wurden in 24 Monaten insgesamt 1,5% Fehlzeitenreduzierung erreicht. Ein mit derartigen Projekten häufig verbundener Effekt ist darin zu sehen, daß sich nach Darstellung der Projektverantwortlichen das Betriebsklima nach der Befragung verbessert hat.

Dieses sehr gut dokumentierte Praxisbeispiel zeigt jedoch, daß eine gravierende und nachhaltige Fehlzeitenreduzierung nur über einen längeren Zeitraum zu erreichen ist und daß die Schulung der Führungskräfte über einen längeren Zeitraum fortzusetzen ist und sich nicht nur und vor allem nicht vorrangig auf das Einüben verschiedener Gesprächsstile konzentrieren darf. Mit dem Einüben von Sozialtechniken verbessert sich nicht die Einstellung zu anderen Menschen.

Kommunalbetrieb - Die Pinnneberger Verkehrsgesellschaft

Daß sich Fehlzeiten auch in Kommunalbetrieben reduzieren lassen, hat die Pinneberger Verkehrsgesellschaft (PVG) bewiesen. Die PVG hatte sich etwa 1985 vorgenommen, innerhalb von 7 Jahren die Fehlzeiten von damals 12,5

% auf 6 % zu senken. Man war sich bereits zu Beginn des Projekts darüber im klaren, daß der Weg zu diesem Ziel nur über zufriedene Mitarbeiter führt. Nach einem Bericht des manager magazin (6/92) hatte die PVG, die zu diesem Zeitpunkt mit 456 Mitarbeitern 45 Millionen DM Umsatz und als einer der wenigen öffentlichen Verkehrsbetriebe auch Gewinne machte, nach vier Jahren harter Arbeit die Fehlzeiten bereits um 4 Prozentpunkte reduziert. Sie hatte damit nicht nur mehr als 400.000 Mark Lohnkosten eingespart - von den Einsparungen bei den indirekten Kosten ist hier nicht die Rede -, sondern auch noch die Kundenorientierung verbessert, weil man die Mitarbeiter jetzt als Partner betrachtet.

Die das Projekt verantwortenden Manager kamen zu der Erkenntnis, daß sie sich in der Vergangenheit nie auf die Menschen konzentriert hatten. Man habe ausschließlich der Technik - dem Bus - zugearbeitet und die Arbeit des Fahrers als niedere Arbeit angesehen. Für die Interessen der Kunden an guten Verkehrsverbindungen habe man sich genau so wenig interessiert. Wer seinen Anschluß wegen einer kleinen Verspätung verpaßte, hatte halt Pech.

Heute betrachten die Führungskräfte der PVG ihre Fahrer als ihr größtes Kapital, weil sie das gesamte Know-how haben. Alle Abteilungen haben deshalb den Fahrern zuzuarbeiten. Hinweise der Fahrer zu Erschwernissen und möglichen Verbesserungen werden dankbar aufgenommen und sorgfältig geprüft. Verbesserungsvorschläge werden mit dem Namen des Initiators ans schwarze Brett gehängt. Ebenso haben die internen Schwierigkeiten abgenommen, weil jetzt jeder im Betrieb zuhöre, wenn ein Fahrer etwas zu sagen habe. Interne Sachzwänge werden besser erklärt und von den Fahrern nun auch per Einsicht besser akzeptiert. So wurden inzwischen auch die Sitze im Bus verbessert, weil man an den Beschwerden der Fahrer über Kreuzschmerzen nach zehnstündigem Sitzen nicht mehr vorüberging. Weil nicht alle Sitzbeschwerden abzustellen sind, hilft man den Fahrern damit, daß dreimal in der Woche ein Masseur ihren Rücken massiert. In einer großangelegten Renovierungsaktion wurden schließlich auch alle Toilettenstationen im Streckennetz menschenwürdig gestaltet. Die Fahrer erhielten eine Geldzählmaschine, damit sie nach Dienstschluß nicht kiloweise Kleingeld sortieren mußten.

Man begriff auch, daß für den Fahrer eines Busses sein Arbeitsplatz den gleichen Wert hat wie für einen Chef sein geschmackvoll eingerichtetes Büro. Deshalb bemühte man sich darum, ihm seinen Arbeitsplatz so einzurichten, daß er sich dort wohlfühlen kann. Dazu gehörte nicht nur der tägliche Reinigungsdienst, ein Radio, ein Staub- und Rußfilter usw., sondern auch eine Heizung neben den Sitzen, damit der Fahrer bei ständig zu öffnender Tür nicht frieren muß.

Auch das schwierigste Problem - fahrerorientierte Dienstzeiten - wurde gelöst. Statt nach dem alten Dienstplan nur alle zwei Monate ein freies Wochenende zu haben, können die Fahrer nun mit dem neuen Dienstplan jedes zweite Wochenende mit ihrer Familie verbringen. „Jedes der 35 Teams mit je zehn Fahrern und einem selbstgewählten Sprecher bekommt einen Grundplan als Vorschlag, und dann können sich die Leute ihre Dienste so einteilen, wie es ihren Biorhythmen oder ihren privaten Bedürfnissen entspricht", berichtet das manager magazin (6/92). Die Leute würden dabei sogar täglich ihre Pläne vollkommen umkrempeln und übernehmen auch ihre Urlaubsplanung selbst. Des weiteren hat man ihnen die Freiheit gegeben, eigenverantwortliche Entscheidungen zu treffen. Sie können nun sebst entscheiden, ob sie entgegen den gesetzlichen Vorschriften Fahrräder mitnehmen, und sie bestimmen auch, ob und wann sie außerhalb von Haltestellen Fahrgäste ein- und aussteigen lassen. Das hat die Kundenorientierung der Fahrer und damit auch die Benutzung der Verkehrsmittel deutlich erhöht, ein Grund, warum die PVG im Gegensatz zu anderen Verkehrsbetrieben Gewinne macht.

Mit der Vorsorge für die Gesundheit sinken auch die Betriebskosten, sagen Schlünkes/Hildebrandt in ihrem Bericht über die PVG (BddW, 22.12.1993). Nach ihrer Rechnung hat sich das Programm zur Fehlzeitenreduzierung für die PVG auch finanziell hervorragend ausgezahlt und nicht nur in höherer Zufriedenheit der Busfahrer. In den Jahren 1989 bis 1993 hatte die PVG im Jahresdurchschnitt für Maßnahmen organisatorischer Art 160.000 DM, Maßnahmen ergonomischer Art 20.000 DM und Maßnahmen zur Gesundheitsförderung 170.00 DM ausgegeben, also 350.000 DM je Jahr. Wenn man statt 4 Prozent Fehlzeitenreduzierung als Wirkung auf diese Maßnahmen nur 3 Prozent anrechnet, so ergaben sich Einsparungen in Höhe von 1,75 Millionen DM. So errechnet sich ein jährlicher Erfolg von 1,4 Millionen DM, kumuliert für die Jahre 1989 bis 1993 sind das insgesamt 7 Millionen DM.

5.2 Fehlzeitenreduzierung durch gute Unternehmenskultur

Am Beispiel verschiedener Unternehmen soll nachstehend gezeigt werden, daß hohe Fehlzeiten kein unabwendbares Schicksal sind, sondern daß im Prinzip jedes Unternehmen niedrige Fehlzeiten erreichen kann.

Reum AG, Hardheim im Odenwald

Das Unternehmen, das als Zulieferer der Automobilindustrie und der Unterhaltungselektronik arbeitet, beschäftigte 1992 laut Bericht der Frankfurter Allgemeinen Zeitung (FAZ) vom 1.9.1993 250 Mitarbeiter/innen. 60 Prozent der Belegschaft sind Frauen. Die Krankenquote der Belegschaft liegt seit Jahren bei drei Prozent. Diese niedrige Quote wird auf die familiäre Betriebsatmosphäre zurückgeführt, die eine hohe Motivation der Belegschaft bewirkt. Bei der Gestaltung der Arbeitszeit kommt das Unternehmen den Mitarbeitern entgegen und operiert mit etwa hundert verschiedenen Arbeitszeitmodellen. Das Unternehmen hat einen eigenen Betriebskindergarten, in dem zum Zeitpunkt des Berichts zwölf Kinder von Mitarbeiterinnen betreut wurden. Mütter und Kinder können die Pausen in der Betriebskantine gemeinsam verbringen. Es wird auch ein gemeinsamer Frühsport angeboten. Bei Bedarf würde Frau Reum, die Alleinvorstand des Unternehmens ist, auch eine Krabbelstube einrichten oder eine Aufgabenüberwachung für Schulkinder, insbesondere jener der 40 ausländischen Mitarbeiterinnen. Es gibt des weiteren Angebote zur beruflichen Weiterbildung, die von der weiblichen Belegschaft rege wahrgenommen werden, vom Gabelstaplerschein bis zum Rhetorikkurs.

Das Unternehmen kann nach eigenen Angaben die Kosten für das soziale Engagement gut verkraften und sieht keine Notwendigkeit zu Produktionsverlagerungen in Billiglohnländer. Man habe in den letzten zwei Jahren die Betriebskosten bei gleichbleibender oder sogar verbesserter Qualität erheblich senken können, so wird gesagt. Selbst die erfahrenen Kostenkontrolleure von Opel hätten keine nennenswerten Verbesserungsvorschläge machen können.

ICI Pharma, Mannheim

Etwa 1982 startete nach einem Bericht der FAZ vom 11.5.1992 der Geschäftsführer Rudolf Jansche ein Programm, das er KFZ nannte. K steht dabei für Kommunikation, F für Führung und Z für Zusammenarbeit. Sein Ziel war, Reibereien, Eifersüchteleien und Konkurrenzdenken im Betrieb abzubauen, weil hierdurch zuviel Energien verbraucht wurden. Die Voraussetzung hierfür war eine souveräne Betriebsführung, die ein offenes Bekenntnis zu eigenen Fehlern ablegte, um auch bei Mitarbeitern die Bereitschaft zur Risiko-Übernahme zu fördern und die Bereitschaft, Entscheidungen zu delegieren. Die Leistung der Mitarbeiter sollte nicht mehr an geleisteten Arbeitsstunden, sondern am erreichten Ergebnis gemessen werden.

Hierzu war das Bedürfnis der Mitarbeiter nach Sicherheit und Geborgenheit zu berücksichtigen, das dadurch befriedigt wurde, daß die persönlichen Probleme des einzelnen durch eine durchlässige Kommunikation in die Unternehmensführung mit einbezogen wurden. Der Grat zwischen angebotener Hilfe und der Ausnutzung dieses Angebots erwies sich - wie überall - als sehr schmal, aber handhabbar. Die Umsetzung der offenen Kommunikation mit Hilfe von regelmäßigen Gesprächsrunden in einzelnen Mitarbeitergruppen erbrachte ein gutes „feedback" in Form von vielen Anregungen und Lösungsvorschlägen nicht nur für persönliche, sondern insbesondere auch für viele betriebliche Probleme, wie Unzulänglichkeiten im Betrieb, unbefriedigende Arbeitsbedingungen usw.

Mit mehr Qualifikation, Mitarbeit an allen Prozessen, ausführlicherer Information und der Delegation von Entscheidungskompetenzen wurde eine höhere Zufriedenheit der Mitarbeiter erreicht. Das führte in dem 850 Mann-Unternehmen zu einer Verringerung der Fluktuation in 1991 auf 0,4 Prozent und zu einer Fehlzeitenquote, die unter fünf Prozent blieb, obwohl das Unternehmen zahlreiche Teilzeitbeschäftigte in höherem Alter hatte.

Dillinger Hüttenwerke AG

In seinem Artikel „Der Krankenstand ist Sache des Managements" (FAZ, 23.4.1996) weist der Arbeitsdirektor der Dillinger Hüttenwerke AG, Karlheinz Blessing, darauf hin, daß bei identischer Gesetzeslage und tarifvertraglicher Regelung, bei vergleichbarer Arbeitsplatzstruktur und Fahrweise und unter Ausschluß altersbedingter Verzerrungen der Belegschaftsstruktur die Krankenstände in der Stahlindustrie um den Faktor 2 bis 3 voneinander abweichen. Nach Angaben von Blessing hatten die Dillinger Hüttenwerke in den vergangenen Jahren einen Krankenstand von knapp über 4 Prozent bei den Lohnempfängern, wobei die Langzeitkranken, die aus der Lohnfortzahlung herausfallen, mit eingerechnet sind. Unter Einbeziehung der Angestellten, die deutlich unter 3 Prozent liegen, ergibt sich bei der Dillinger Hüttenwerke ein Gesamtkrankenstand von unter 4 Prozent. Dies ist ohne Zweifel nicht nur für die Stahlindustrie, sondern auch für die übrige Wirtschaft ein Spitzenergebnis.

Das Ergebnis der Dillinger Hüttenwerke zeigt, daß durch das Mittel einer vertrauensbasierten Unternehmenskultur oder zumindest durch ein gutes Betriebsklima ein betrieblicher Gestaltungsspielraum existiert, der es ermöglicht, die Kosten für krankheitsbedingte Fehlzeiten glatt zu halbieren. Für Blessing sind hohe Krankenstände ein Indiz für Management-Versagen. Dort, wo wo nach seiner Meinung die Unternehmenskultur nicht stimmt, wo nach veralteten Methoden vorgegangen wird, wo die Mitarbeiter sich nicht einbringen können und schlecht motiviert sind, wo die Entfremdung der Arbeit hoch ist, das Management seiner Führungs- und Vorbildrolle nicht gerecht wird, dort sind die Krankenstände am höchsten. Dieses Versagen des Managements drückt sich auch darin aus, daß Deutschland nicht nur die höchsten Krankenstände hat, sondern im Vergleich zu den westlichen Industrieländern die höchsten Unfallzahlen. „Hier kann man bestimmt nicht von Mißbrauch reden, denn wer riskiert schon gerne einen Arbeitsunfall, bei dem er unter Umständen erheblich verletzt wird", argumentiert Blessing.

Zusammenfassung

Die verschiedenen Beispiele zeigen, daß es mit der Bildung von Arbeitskreisen (Projektgruppen) mit dem Ziel einer Fehlzeitenreduzierung in Verbindung mit gezielten Rückkehr-Gesprächen durchaus möglich ist, die Fehlzeiten zu reduzieren. Der Vorteil dieser Vorgehensweise liegt in der Sensibilisierung verschiedener Abteilungen und Hierarchieebenen für das Thema Fehlzeiten. Auf der materiellen Ebene, den ergonomischen Arbeitsbedingungen und den organisatorischen Abläufen, kann damit im Interesse der betroffenen Arbeitnehmer viel verbessert werden. Der Nachteil dieser Vorgehensweise liegt darin, daß der Hauptauslöser für die Verursachung von Fehlzeiten, nämlich das unbefriedigende Führungsverhalten der Führungskräfte, nicht systematisch und dauerhaft genug angegangen wird. Am Ende steigen die Fehlzeiten tendenziell wieder an, weil das gegen die Bedürfnisse der Mitarbeiter gerichtete Führungsverhalten der Vorgesetzten als Hauptursache nicht beseitigt oder zumindest nicht mehr zum Positiven verändert wurde.

5.3   Der Opel Anwesenheitsverbesserungsprozeß

Eine der Methoden zur Reduzierung von Fehlzeiten, die Mitte 1996 sehr bekannt wurde, ist der Anwesenheitsverbesserungsprozeß (AVP), der von der Adam Opel AG entwickelt und seit Mitte Mai 1995 eingeführt ist. (Spies/Berger 1996). Opel leidet seit vielen Jahren unter hohen Fehlzeiten bei ihren gewerblichen Arbeitnehmern. Die Fehlzeiten bei Opel waren seit 1982 höher als der Durchschnitt der deutschen Automobilindustrie. Den Grund sah man bei Opel darin, daß die Rückkehrgespräche zu wenig standardisiert waren und zu wenig kontrolliert wurden.

Die Erhöhung der Fehlzeitenquote in 1994 gegenüber 1995 führte letztlich dazu, daß Anfang 1995 ein neues System zur Fehlzeitenreduzierung entwickelt wurde, das den Namen „Anwesenheitsverbesserungsprozeß (AVP)" erhielt. Die Entwicklung des neuen Systems wurde vom Betriebsrat mitgetragen und unterstützt, um das volle Weihnachtsgeld abzusichern. Vereinbart wurde das „Erreichen einer Abwesenheitsrate von sieben Prozent für 1994, 6,5 Prozent für 1995 und sechs Prozent für 1996. Dafür ist bis 1997 ein ungekürztes 13. Monatsgehalt als Weihnachtsgeld zu zahlen." (Spies/Beigel 1996, S. 103).

Als die Arbeitsgruppe den anonymen Gesundheitsbericht der Betriebskrankenkasse analysierte, zeigte sich, daß es in einigen Abteilungen höhere Morbiditätsraten gab als in anderen. Die Unterschiede in der Summe der Diagnosen ließen jedoch keinen unmittelbaren Zusammenhang mit der allgemeinen Abwesenheit in anderen Abteilungen erkennen. Aufgrund von intensiven Befragungen stellte sich heraus, daß ein unmittelbarer Zusammenhang von Abwesenheit und Motivation, Mitarbeiterbeteiligung und Vorgesetztenverhalten besteht. Nach Auffassung des Betriebsrats sind für geringe Abwesenheitsraten drei Faktoren von wesentlicher Bedeutung:
* Kommunikation als zentrale Führungsaufgabe auf allen Ebenen,
* Hilfestellung der Vorgesetzten gegenüber der Belegschaft,
* Motivieren statt disziplinieren. (Spies/Beigel 1996, S. 105).

Diese Forderungen erfüllt der neu entwickelte AVP unseres Erachtens nur teilweise. Der Motivationsaspekt soll im Vordergrund stehen. Den Vorgesetzten wird damit ein hohes Maß an sozialer Kompetenz abverlangt. Die Gespräche sollen keine Verhöre, sondern Dialoge sein. Aber allein schon die Art der vorgegebenen Fragen läßt Zweifel an der Umsetzung der zunächst lobenswerten Absichten aufkommen. Unternehmen, die den Opel AVP studiert haben, sind der Meinung, daß bei Opel ganz stark auf die „Angst-Karte" gesetzt wird. Das heißt, daß dem Mitarbeiter, der häufiger krank ist, Angst gemacht wird, seinen Arbeitsplatz zu verlieren.

Konzept des AVP (Anwesenheitsverbesserungsprozeß)
Im Mittelpunkt des AVP steht das Rückkehrgespräch. Es beinhaltet die drei Prinzipien Dokumentation, Standardisierung und Visualisierung, mit denen eine permanente Kontrolle des AVP erreicht wird.

DOKUMENTATION
Bereits beim ersten Rückkehrgespräch mit dem Mitarbeiter wird ein vierstufiger Formularsatz mit vorstrukturierten und vorgegebenen Fragen angelegt.

Dies dient der Nachvollziehbarkeit der Gespräche anhand einheitlicher Formulare und der Nachweisführung für durchgeführte Gespräche. Für unsichere Vorgesetzte sind diese Formulare eine gute Hilfe, auch unangenehme Gespräche führen zu können. Der Formularsatz dient zugleich der Einarbeitung neuer Vorgesetzter in den AVP.

STANDARDISIERUNG
Es wurden in Abhängigkeit von der Krankheitshäufigkeit im Kontrollzeitraum und einer zeitlichen Abhängigkeit jeder Stufe von der vorherigen eindeutig festgelegte Gesprächsstufen mit unmißverständlichen Anweisungen vorgesehen. So wird ein klarer Zeitrahmen vorgeschrieben und durch vorstrukturierte Gesprächsprotokolle eine gewisse Vergleichbarkeit der Gespräche gesichert.

VISUALISIERUNG
Mit ihr wird die Entwicklung der Abwesenheit in Form von graphischer Darstellung transparent und die Zahl der durchgeführten Gespräche sichtbar gemacht. Von jedem der vier Formularblätter des Formularsatzes für die vier verschiedenen Gesprächsstufen ist der Klebepunkt in entsprechender Farbe vom direkten Vorgesetzten, der das Gespräch mit dem Mitarbeiter führt, spätestens am nachfolgenden Tag auf die Interaktionstafel im Büro des nächsthöheren Vorgesetzten aufzukleben. Aus der Anzahl der grünen, gelben, roten und schwarzen Punkte je Monat ist zu erkennen, wieviel Gespräche der jeweiligen Stufe geführt wurden. Durch den Vergleich der ebenfalls auf der Interaktionstafel verzeichneten Abwesenheitsrate und der Zahl der zurückgekehrten Mitarbeiter kann der nächsthöhere Vorgesetzte kontrollieren, ob der AVP von den direkten Vorgesetzten systemgerecht angewendet wird. Des weiteren werden in der Mitarbeiterzeitschrift und in Informationsblättern ständig Berichte zur Entwicklung der Abwesenheitsrate veröffentlicht. Ebenso werden die aktuellen bereichsspezifischen Fehlzeiten veröffentlicht. Die allgemeine Sensibilisierung der Mitarbeiter zum Thema Fehlzeiten hat dazu geführt, daß zwar mit über 95 Prozent der Rückkehrer entweder ein Motivations- oder Mitarbeitergespräch aber nur mit maximal 4 Prozent noch ein Personalgespräch und mit 1-2 Prozent auch ein Fehlzeitengespräch geführt werden mußte.

4 AVP-Stufen
Wesentlicher Inhalt der Standardisierung sind vier AVP-Gesprächsstufen, von der jede einzelne mit einem bestimmten Symbol zur graphischen Kennzeichnung der Gesprächsinhalte versehen ist. Verschiedene Farben je Gesprächsstufe sollen die jeweilige Symbolik verstärken.

Stufe 1 - Motivationsgespräch

Ziel des Motivationsgesprächs ist die Vertrauensbildung zum von einer Er-krankung an seinen Arbeitsplatz zurückkehrenden Mitarbeiter. Das Formular-blatt zeigt als Symbol zwei offene Hände und die Farbe „grün". Hiermit soll angedeutet werden, daß der Mitarbeiter mit offenen Armen empfangen wird. Das Gespräch soll ihm zeigen, daß man ihn vermißt hat und sich nun freut, daß er wieder da ist. Die Farbe „grün" - analog zur Verkehrsampel - soll be-deuten, daß das Gespräch keinerlei Sanktionen oder Androhungen zum Ziel hat, daß es keinen Grund zur Beunruhigung gibt. Das Gepräch muß innerhalb von 24 Stunden nach Rückkehr des Mitarbeiters allein vom direkten Vorge-setzten mit seinem Mitarbeiter geführt werden. Der Vorgesetzte informiert den Mitarbeiter über eingetretene Veränderungen, neu geplante Vorhaben während seiner Abwesenheit und berichtet über die in dieser Zeit geleistete Arbeit. Er erkundigt sich nach dem Grund für die Abwesenheit, nach dem Stand des gegenwärtigen Wohlbefindens und spricht über das persönliche Umfeld (Familie, Hobbies und Interessen). Er fragt nach Wünschen für die persönliche berufliche Entwicklung und nach Vorschlägen zur Verbesserung des Arbeitsumfeldes.

Als Ergebnis des Motivationsgesprächs soll am Ende eine freundliche Atmo-sphäre zwischen dem zurückgekehrten Mitarbeiter und seinem Vorgesetzten herrschen und der Mitarbeiter soll das Gefühl haben, daß man sich für ihn und sein Allgemeinbefinden interessiert und daß er wieder als „alter Kollege" empfangen wurde und gern gesehen ist. Das ist zumindest die Soll-Vorstel-lung vom Motivationsgespräch. Der Vorgesetzte dokumentiert anschließend, daß das Gespräch stattgefunden hat, ohne allerdings auf dieser Stufe 1 ein Ge-sprächsprotokoll anzulegen. Allein das Anlegen des Formularsatzes - als Überwachungsinstrument für die nächsten 9 Monate - zum Zeitpunkt des Mo-tivationsgesprächs dürfte auf Mitarbeiter jedoch nicht gerade motivierend wir-ken.

Stufe 2 - Mitarbeitergespräch

Fehlt der Mitarbeiter innerhalb von neun Monaten ein zweites Mal, so wird mit ihm ein Mitarbeitergespräch geführt. Ausnahmen hierfür sind:
- genehmigte Kur,
- Krankheit während der Schwangerschaft,
- Krankheit nach einem Arbeitsunfall,
- abgebrochener Arbeitsversuch noch vor Ablauf der Arbeitsunfähigkeit,
- Nach- und Folgebehandlungen von attestierten Krankheiten,

- ein Tag Krankheit im Zeitraum von mehr als neun Monaten seit dem ersten Gespräch. (Spies/Beigel 1996, S. 105).

Das Formular für das Mitarbeitergespräch trägt als Symbol die „gelbe Karte", die in Anlehnung an den Fußball eine deutliche Verwarnung signalisieren und wie bei der Verkehrsampel „Vorsicht" ausdrücken soll. Auch hier führt der direkte Vorgesetzte mit dem Mitarbeiter das Rückkehrgespräch. Ziel des Mitarbeitergesprächs ist, den Mitarbeiter auf die noch nicht lange zurückliegende erste Abwesenheit hinzuweisen und über die inzwischen eingetretenen Veränderungen im Unternehmen sowie in der Abteilung oder Kostenstelle zu informieren. Der Vorgesetzte hat dann über die aufgrund der Fehlzeiten liegengebliebene Arbeit und eingetretene Kapazitätsengpässe zu sprechen und wie diese durch Mehrbelastungen von Kollegen und im administrativen Bereich aufgefangen wurden. Dazu kommt ein unmißverständlicher Hinweis auf die nächsthöheren Gesprächsstufen, also eine Androhung von Konsequenzen.

Mit strukturierten und vorgegebenen Fragen an den Mitarbeiter soll der Vorgesetzte ermitteln, ob es bei der neuen Erkrankung einen Zusammenhang mit der vorangegangenen Abwesenheit gibt, ob die Situation und die Arbeitsbedingungen bei der erneuten Erkrankung eine wesentliche Rolle spielten und ob der Mitarbeiter Vorschläge für Verbesserungen hat. Mit weiteren Fragen soll geklärt werden, ob dem Mitarbeiter seine Funktion im Arbeitsprozeß klar ist, wie der Mitarbeiter seinerseits auf ein häufiges Fehlen eines Kollegen reagieren würde und was wohl seine Kollegen durch sein häufiges Fehlen von ihm denken werden.

Als Ergebnis dieses Gesprächs wird immer noch eine freundliche Atmosphäre zwischen Vorgesetztem und Mitarbeiter angestrebt, auch wenn dem Mitarbeiter bewußtgemacht wird, daß die „gelbe Karte" gezogen wurde. Der Mitarbeiter soll erkennen, daß sein Fehlen dem Arbeitsablauf schadet, daß er seinen Kollegen eine zusätzliche Arbeitslast aufbürdet und daß er bei erneutem Fehlen weitere Gesprächsstufen mit schärferem Ton und anderen Teilnehmern zu erwarten hat. Ob solch ein Gespräch mit diesen Hinweisen am Ende beim Mitarbeiter noch eine freundliche Stimmung zur Folge haben kann, muß ernsthaft bezweifelt werden.

In Bezug auf die Arbeitsbedingungen wird auch die Frage gestellt, ob der Führungsstil des Vorgesetzten dazu beiträgt, daß der Mitarbeiter fehlt. Es gibt erfahrungsgemäß nur wenige Fälle, wo Mitarbeiter sich bei dieser Frage offen und ehrlich geäußert haben. Mitarbeiter, die den Führungsstil eines autoritären oder gar unfairen Vorgesetzen kritisieren, riskieren fast immer, daß sie daraufhin Schikanen ausgesetzt sind, die dazu führen sollen, daß sie aus der Abteilung entfernt werden können. Autoritäre wie auch unfaire Vorgesetzten lassen sich von Mitarbeitern nicht kritisieren. Neigt der Vorgesetzte gar zum Mobbing oder ist er ein Mobber, dann ist es von seiten des Mitarbeiters absolut sinnlos, sich bei dieser Frage ehrlich zu äußern. Diese Frage kann nur von einem nächsthöheren Vorgesetzten in einem Vier-Augen-Gespräch gestellt werden, wenn zuvor eine Mitarbeiterbefragung zum Führungsverhalten des direkten Vorgesetzten durchgeführt wurde.

Im zweiten Teil des Gesprächsprotokolls hat der Vorgesetzte seine Einschätzung des Gesprächsverlaufs bei der Befragung des Mitarbeiters zu geben und ebenso eine Einschätzung der Gesprächsergebnisse, wiederum nach vorgegebenen Fragen und inwieweit diese zutreffen. Das Formular ist vom Mitarbeiter und vom Vorgesetzten zu unterschreiben, als Ausdruck einer Zustimmung zu dem, was in dem zweiten Teil des Protokolls über das Gespräch festgehalten wurde. Falls sich der Mitarbeiter weigert, seine Unterschrift unter das Protokoll zu setzen, darf ihn der Vorgesetzte „trotz der dann sicherlich gespannten Atmosphäre" (Spies/Beigel 1996) nicht dazu zwingen.

Soweit das Mitarbeitergespräch dazu führt, eine Klärung herbeizuführen, ob
• zu hohe körperliche Belastungen,
• schlechtes Arbeitsklima,
• Streit mit Kollegen,
• fehlende Arbeitsinhalte und/oder
• mangelnde Weiterbildung
dazu beitragen können, daß der Mitarbeiter fehlte, können hieraus Maßnahmen abgeleitet werden, diese Beeinträchtigungen abzustellen oder zumindest zu verringern.

Von Opel ist ein mustergültig zu nennender Ablauf in Gang gesetzt worden, soweit es um Belastungen am Arbeitsplatz und aufgrund des Arbeitsumfeldes gibt. Über die vom Mitarbeiter genannten Beeinträchtigungen soll im Verlaufe des Gesprächs ein sogenannter Problemkommunikationsbericht (PKB) ausgefüllt werden. Diese PKB „müssen in einer Frist von vier Wochen von den jeweils zuständigen Stellen bearbeitet werden, und ein entsprechendes Feedback an den auslösenden Mitarbeiter muß gegeben sein. Das stellt sicher, daß die Rückkehrgespräche auch zu konstruktiven Lösungen bei der Optimierung des Arbeitsumfeldes beitragen." (Spies/Beigel 1996, S. 144). Mit dem Mitarbeitergespräch beginnt die Frist von neun Monaten erneut zu laufen.

Stufe 3 - Personalgespräch

Dieses Gespräch findet statt, wenn der Mitarbeiter innerhalb der Frist von neun Monaten erneut fehlt. Auf dieser dritten Stufe soll der Mitarbeiter hingewiesen werden, daß weitere Abwesenheiten für ihn klare Konsequenzen haben werden. Die Symbolik verwendet nun den erhobenen Zeigefinger. Die verwendete Farbe ist rot, um dem Mitarbeiter zu signalisieren, daß er sein Fehlzeitenverhalten unverzüglich zu ändern hat. Das Gespräch findet unter Beteiligung des nächsthöheren Vorgesetzten statt. Sowohl bei diesem Gespräch als auch dem Mitarbeitergespräch kann der Mitarbeiter die Anwesenheit eines Betriebsratsmitglieds fordern.

Neben der Wiederholung von Fragen zur Arbeitssituation dient das Gespräch dazu, dem Mitarbeiter klarzumachen, daß er jetzt die letzte Chance zu einer Änderung seines Verhaltens erhält, bevor es zu tiefgreifenden, also arbeitsrechtlichen Konsequenzen auf Arbeitgeberseite kommt. Vom Mitarbeiter wird eine Prognose hinsichtlich zukünftiger Fehlzeiten erwartet und eine Stellungnahme, ob er sich der Folgen weiterer Fehlzeiten bewußt ist. Als Ergebnis soll eine sachliche und bestimmte Atmosphäre gegenüber dem Mitarbeiter erreicht werden, die verdeutlicht, daß dieses Gespräch die letzte Stufe vor dem Gespräch mit der Personalabteilung ist und daß er jetzt die letzte Chance zur Verhaltensänderung ergreifen oder verspielen kann.

Stufe 4 - Fehlzeitengespräch

Das Formular für diese Stufe hat als Symbol ein „Paragraphenzeichen", das auf arbeitsrechtliche Maßnahmen hinweisen soll. Als Farbe wurde schwarz gewählt. Wenn der direkte Vorgesetzte des von einer Abwesenheit zurückgekehrten Mitarbeiters feststellt, daß die Voraussetzungen für diese Gesprächsstufe gegeben sind, wird die Personalabteilung unterrichtet. Ihr wird der bisher angelegte Formularsatz übergeben. Die Personalabteilung lädt die notwendigen Teilnehmer ein, also den Mitarbeiter, den direkten Vorgesetzten und auf Wunsch des Mitarbeiters auch einen Vertreter des Betriebsrats, sowie gegebenenfalls auch Sachverständige, wenn diese zur Abklärung des Sachverhalts Wesentliches beitragen können. Die Gesprächsführung liegt beim Vertreter der Personalabteilung, der dem Mitarbeiter die arbeitsrechtlichen Möglichkeiten zur Kündigung erläutert.

Zahlenmäßiger Erfolg des Opel AVP

Das neu entwickelte Abwesenheitsverbesserungsprogramm hat sich aus Sicht von Opel als sehr erfolgreich erwiesen. Es wurde im Werk Rüsselsheim im

Mai 1995 eingeführt und hat dazu geführt, daß sich ab diesem Zeitpunkt die Fehlzeiten um monatlich zwei bis sogar gut drei Prozent verringerten. „So konnte der Jahresdurchschnitt 1995 trotz des schlechten Beginns sogar noch auf sieben Prozent gesenkt werden (im Vergleich zu acht Prozent im Jahr 1994). Bei Betrachtung einzelner Monate zeigt sich, daß sich die Fehlzeiten der Lohnempfänger im Werk Rüsselsheim durch das AVP um etwa 30 Prozent senken ließen. Ende 1996 unterschritt das Werk Bochum 6 Prozent (1995: 7,4%, davor bis zu 11%).

Dieses Ergebnis läßt folgende möglichen Schlußfolgerungen zu:
• Opel Rüsselsheim und Bochum hatten einen ungewöhnlich hohen Prozentsatz von Blaumachern.
• Die Führungskräfte und die für die Arbeitsplatzgestaltung Verantwortlichen hatten sich früher zu wenig dafür interessiert, welche Arbeitsplätze die Mitarbeiter krank machen, weil sie die Mitarbeiter eben nur als Arbeitsobjekte betrachteten.
• Das Opel AVP mit Ziehen der Angst-Karte könnte bewirkt haben, daß auch eine nicht unerhebliche Anzahl wirklich kranker Mitarbeiter sich immer wieder zur Arbeit begibt und damit vermutlich die Ausheilung der Krankheit verschleppt hat.
• Die Wirkung der Fehlzeitenreduzierung ist eine Kombination der ersten drei Faktoren.

Kritische Würdigung des Opel AVP
Die von Opel realisierte Idee einer systematisierten Gestaltung der Rückkehrgespräche ist gut. Sie kommt den Wünschen vieler Führungskräfte, insbesondere auf der Meisterebene, nach Rezepten zum Umgang mit ihren Mitarbeitern entgegen. Auf der finanziellen Seite ist auf dieser Ebene ein großer Erfolg in kurzer Zeit erreicht worden, der mit anderen Methoden nicht immer in gleicher Größenordnung in so kurzer Zeit und dann oft auch nur mit etwas größerem Aufwand zu erreichen ist. Doch was blieb vom Gewinn übrig?

Der Erfolg von Opel könnte zu einem großen Teil jedoch nur unternehmenstypisch sein, weil Opel offenbar einen größeren Anteil von Blaumachern hatte als andere Unternehmen. Des weiteren verwundert, daß Opel schon 1978 und erneut seit 1982 verstärkte Anstrengungen unternahm, um die Fehlzeiten zu reduzieren und sich erst ab 1995 systematisch bemühte, die Zahl der nicht ergonomischen Arbeitsplätze zu verbessern, die die Mitarbeiter krank machen. Solch eine wenig interessierte oder eher gleichgültige Einstellung zu den Bedürfnissen der Mitarbeiter, bei der die Führungskräfte ihre Verantwortung für die physische und psychische Gesundheit ihrer Mitarbeiter nicht wahrnehmen, mußte zwangsläufig eine Demotivation der Mitarbeiter zur Folge haben. Insgesamt ist jetzt jedoch das verstärkte Bemühen um eine bessere Arbeitsplatzgestaltung zu loben.

Die Motivationswirkung, die von dem AVP ausgehen soll, ist bei kritischer Betrachtung relativ gering anzusetzen. Motivierend wirkt nur die Verbesserung der Arbeitsplätze mit konsequenter Verfolgung durch die Problemkommunikationsberichte. Das sogenannte Motivationsgespräch enthält mit dem Anlegen des Formularsatzes eine Drohgebärde. Auf den Mitarbeiter hat sie folgende Wirkung: „Deine Bewährungszeit über neun Monate wird jetzt genau überwacht." Eine Drohung ist niemals motivierend. Diese Art Kontrolle verfestigt die bei Opel in Form hoher Fehlzeiten und in Form von Qualitätsproblemen offenkundig gewordene Mißtrauenskultur.

Mit den Erfolgen des AVP ist das Grundproblem der Mißtrauenskultur, die hohe Anzahl demotivierter Mitarbeiter, nicht behoben. Wenn sich die Protesthaltung demotivierter Mitarbeiter nicht durch Fehlzeiten äußern kann, so werden sich manche Mitarbeiter andere Formen der Protesthaltung suchen, zum Beispiel in gezielten und doch sehr subtilen Aktionen, die die Qualität beeinträchtigen. Das kann viel teurer sein als höhere Fehlzeiten, weil das die Entscheidungen von Kunden beeinflußt. Im Praxistest des ADAC (motorwelt, Heft 9/96, S. 24), bei dem acht Autos der Oberklasse der Baujahre 1993 bis 1995 getestet wurden, landete der Opel Omega auf dem letzten Platz. Im Vergleich zum ersten Halbjahr 1995 ist 1996 nach einer Veröffentlichung der FAZ die Zulassungszahl vom Opel Omega in Deutschland um etwa 50 Prozent zurückgegangen. Das könnte die Reaktion unzufriedener Kunden sein. Anstatt die Ursache anzugehen, bekämpft Opel wieder das Symptom. So heißt es in einem Bericht zur Pressekonferenz von Opel: „Das in jüngster Zeit stark in die Kritik geratene Qualitätsimage sollen 150 neu eingestellte Ingenieure verbessern helfen." (FAZ, 7.2.1997). Weil er bei der Lösung der Qualitätsprobleme nicht die notwendige Unterstützung erhalten habe, hat Jürgen Stockmar, bei Opel zuständig für die technische Entwicklung, nach nur zweieinhalbjähriger Vorstandstätigkeit das Handtuch geworfen. (FAZ vom 9.6.1997). Das eingeleitete Qualitätssicherungsprogramm gegen schlechte Verarbeitung, Rost usw. soll einen dreistelligen Millionenbetrag kosten. So dürfte am Ende von der Kostensenkung durch Fehlzeitenreduzierung wenig bis nichts übrig bleiben.

Der Opel AVP bietet kaum Lösungen für das Problem führungsbedingter Fehlzeiten an. Die meisten Mitarbeiter werden sich im Falle von Befindensbeeinträchtigungen oder Erkrankungen aufgrund von schlechter Mitarbeiterführung gegenüber ihrem Vorgesetzten nicht dazu äußern. Es ist kein Interesse der Unternehmensleitung zu erkennen, neben den vermuteten Blaumachern auch die Vorgesetzten auf den Prüfstand zu nehmen, die mit ihrem Führungsstil (der ein Leiten aber keine Führung ist) die Mitarbeiter krank machen. An rauhbeinigen Vorgesetzten psychisch erkrankende Mitarbeiter haben beim Opel AVP nur minimale Chancen, gesund zu bleiben oder gesund zu werden. Der Opel AVP scheint relativ einseitig (Ausnahme: Verbesserung der Ergonomie der Arbeitsplätze) auf Disziplinierung der Mitarbeiter ausgerichtet zu sein. Es ist deshalb auch keine Rede davon, daß der nächsthöhere Vorgesetzte die ihm zugeordnete Führungskraft, die in ihrem Bereich hohe Fehlzeiten aufzuweisen hat, ein „Vorgesetztengespräch" führt, um herauszufinden, warum und in welcher Weise dieser Vorgesetzte seine Mitarbeiter krank macht.

In anderen Betrieben ist durch den geplanten Tausch von Vorgesetzten herausgefunden worden, daß die Vorgesetzten mit hohen Fehlzeiten immer ihre Fehlzeiten mitnehmen. So berichtete Volkswagen, daß im Werk Kassel ein Meister mit hohen Fehlzeiten die Kostenstelle eines Kollegen mit sehr niedrigen Fehlzeiten übernahm, während der Meister mit den niedrigen Fehlzeiten dafür in die Kostenstelle mit den hohen Fehlzeiten wechselte. Nach einem halben Jahr hatte beide Meister wieder ihren alten Fehlzeitenstand. Die Kostenstelle mit den vorher niedrigen Fehlzeiten wies nun hohe Fehlzeiten auf und die Kostenstelle mit ursprünglich hohen Fehlzeiten hatte unter dem neuen Meister jetzt sehr niedrige Fehlzeiten.

Was streßbedingte Erkrankungen betrifft, gewinnt man den Eindruck, daß der AVP den einfachen Weg geht, tendenziell durch Auslösen von Angst vor Repressalien oder gar Entlassung auch psychosomatisch erkrankte Mitarbeiter zur Arbeitsaufnahme zu veranlassen. Das mag nicht unbedingt beabsichtigt sein. Doch die Wahrscheinlichkeit, daß diese Wirkung eintritt, ist relativ hoch. Mit solch einer - beabsichtigten oder unbeabsichtigten - Wirkung kann ein Unternehmen seiner Fürsorgepflicht gegenüber seinen Mitarbeitern wohl kaum gerecht werden.

Das von Opel gewählte Verfahren zur Fehlzeitenreduzierung zeigt keinen Ansatz, bereits bei der Einstellung von Mitarbeitern wirksam zu werden, also von vornherein aus der Bewerberzahl die Mitarbeiter auszuwählen, von denen eine hohe Grundmotivation als positive Einstellung zur Arbeit erwartet werden kann, sodaß sie in Zukunft selten fehlen werden.

Zusammenfassung der Vorteile und Nachteile des AVP

Vorteile des Opel AVP:

* Systematisierung und Durchführungskontrolle der Rückkehrgespräche von Vorgesetzten anhand der Dokumentation.
* Die Instrumentalisierung im Sinne von Rezepten und abzuarbeitenden Checklisten erleichtert den Vorgesetzten die Durchführung der Rückkehrgespräche .
* Der AVP strebt mit Maßnahmenplänen und Durchführungskontrollen eine Beseitigung unergonomischer Arbeitsplätze an.
* Die Visualierung macht die mit der Fehlzeitenreduzierung verbundenen Vorgänge und die Entwicklung der Fehlzeiten für alle transparent.
* Der AVP erreichte im Werk Rüsselsheim innerhalb von Mai bis Dezember 1995 dreißig Prozent Reduzierung der Fehlzeiten, vermutlich teilweise zu Lasten der Qualitätskosten.

Nachteile des Opel AVP:

* Vorgesetzte mit hohen Fehlzeiten ihrer Mitarbeiter werden nicht auf den Prüfstand genommen.
* Vorgesetzte, die zur Mitarbeiterführung ungeeignet sind, werden nicht von der Verantwortung für die Personalführung entbunden.
* Der AVP wirkt nur in geringem Umfang motivierend, beseitigt daher nur in geringem Umfange die Demotivation eines großen Teils der Mitarbeiter.
* Vom AVP geht nur ein geringer Einfluß aus, die von den Arbeitsbedingungen ausgelösten psychosomatischen Erkrankungen zu reduzieren oder darum Rücksicht zu nehmen.
* Das System des AVP läßt den Schluß zu, daß Erfolge bei der Fehlzeitenreduzierung überwiegend mit Auslösen von Angst und Druck auf kranke Mitarbeiter erzielt wird; die vorhandene Mißtrauenskultur wird verfestigt.
* Der Opel AVP zielt überwiegend auf das Verdrängen von Symptomen (hohe Fehlzeiten der Mitarbeiter), beseitigt jedoch im wesentlichen nicht die wirklichen Ursachen des Fehlens (Demotivation und arbeitsbedingte psychosomatische Erkrankungen) der Mitarbeiter.

5.4 Fehlzeitenreduzierung mit dem LIETZ-System

Das vom Verfasser erfolgreich praktizierte System wurde zuerst in einem
Kleinunternehmen entwickelt und dann auf größere Unternehmen übertragen.

Fehlzeitenreduzierung in einem Kleinunternehmen

Diese Methode der Fehlzeitenreduzierung wurde 1990/91 entwickelt, und
zwar eher zufällig als von vornherein beabsichtigt. Der Auslöser für die Entwicklung dieses Systems oder Prinzips war ein kleines Unternehmen der Prä-
zisionsteileherstellung, das 1987 von einer Industriestadt mittlerer Größe, der
Evangelischen Kirche und unter Mitbeteiligung der in dieser Stadt domizilie-
renden Geschäftsstelle der IG Metall gegründet worden war. Die Zielsetzung
war, Arbeitsplätze zur Beschäftigung von bisherigen Langzeitarbeitslosen zu
schaffen, die wieder in das Arbeitsleben integriert werden sollten. Unter
Langzeitarbeitslosen verstand man Arbeitslose, die älter als 50 Jahre waren
und die wenigstens eineinhalb Jahre lang ohne Arbeit waren.

Das Unternehmen bediente sich der damaligen Angebote des Arbeitsamts, das
79,5 Prozent aller Investitionen und in den ersten beiden Jahren dazu noch
sämtliche Kosten solcher neu gegründeter Unternehmen bezahlte, wenn 10
Jahre lang 50 Prozent der Arbeitsplätze mit Langzeitarbeitslosen oder schwer
vermittelbaren Arbeitslosen besetzt wurden. Die Initiatoren des neu gegründe-
ten Unternehmens glaubten mit der Entscheidung, daß hier Präzisionsteile ge-
fertigt werden sollten, eine gesunde Ausgangsbasis für das spätere eigenstän-
dige Bestehen des Unternehmens am Markt geschaffen zu haben. Bei der Beschaffung der computergesteuerten Maschinen für die Präzisionsteilefertigung
durch Drehen, Fräsen und Schleifen von Teilen in mittelgroßen Serien wurden
teilweise schlecht geeignete Maschinen ausgewählt. Dies waren für das Unternehmen, das wir mit dem Code-Namen PTF GmbH bezeichnen wollen, erhebliche Erschwernisse, in die Gewinnzone zu kommen.

Als weitere Erschwernis stellte es sich heraus, daß die vom Arbeitsamt ange-
botenen Arbeitskräfte alle minderqualifiziert waren. Sie hatten außer einer
Vorbildung in einem metallverarbeitenden Beruf (Schlosser, Mechaniker) keine speziellen Kenntnisse in der Präzisionsteilefertigung aufzuweisen und
mußten daher in Stufenplänen erst ausgebildet werden, damit sie die modernen Maschinen bedienen konnten. Der von der Stadt gestellte Geschäftsführer
als gelernter Speditionskaufmann brachte ebenfalls nicht die Eignung mit, ein
Unternehmen der Präzisionsteilefertigung zu leiten.

Als die zwei Jahre der vom Arbeitsamt gesetzten Karenzzeit zur Gewinnerzielung fast abgelaufen waren, bemühte sich der Oberbürgermeister dieser Stadt, einen Unternehmensberater zu finden, mit dessen Hilfe das Unternehmen wettbewerbsfähig und überlebensreif gemacht werden könne. Der Berater sorgte dafür, daß 1990 ein neuer Geschäftsführer gefunden wurde, dem man die erfolgreiche Führung dieses Unternehmens zutraute. Ebenso wurde nach kurzer Zeit der damalige technische Leiter des Unternehmens ersetzt.

Nach diesen dringend notwendigen personellen Veränderungen an der Spitze verfügte das Unternehmen 1990 über folgende Personalzusammensetzung:
5 Angestellte inklusive Geschäftsführer, davon
   2 deutsche Kurzfristarbeitslose
   1 arbeitsloser Rumäniendeutscher (Fertigungsmeister)
27 gewerbliche Mitarbeiter, davon
   4 Leistungsträger (ausgebildete CNC-Dreher und -Fräser)
   7 Rußlanddeutsche, DDR- und Polen-Flüchtlinge
  16 ehemals Langzeitarbeitslose bzw. schwer vermittelbare, davon keiner schuldlos arbeitslos geworden, meistens mit schweren familiären Problemen belastet. Etwa ein Drittel dieser gewerblichen Mitarbeiter hatte Probleme mit übermäßig hohem Alkoholgenuß am Arbeitsplatz.

Als das Unternehmen mit einem zweiten Fertigungsmeister 1990 in einen 2-Schichtbetrieb überging, zeigten sich nach kurzer Zeit bei den gewerblichen Mitarbeitern Fehlzeiten in Höhe von 11 Prozent. Das war für das Unternehmen sehr teuer, da für die modernen Maschinen meistens immer nur ein ausgebildeteter Mitarbeiter für jede Maschine und Schicht zur Verfügung stand. Fehlte ein Mitarbeiter, dann stand auch die CNC-Drehmaschine oder die NC-Fräsmaschine. Die Geschäftsleitung und der Berater stellten gemeinsam Überlegungen an, wie sie die Fehlzeiten reduzieren konnten. Im Verlaufe der nächsten Monate wurde ein Katalog an Maßnahmen erarbeitet und erfolgreich praktisch erprobt. Innerhalb von 18 Monaten wurden die Fehlzeiten von vorher 11 Prozent auf 2 bis 3 Prozent reduziert. Die vorher relative hohe Fluktuation ging nun gegen Null. Der Katalog an erfolgreichen Maßnahmen zur Fehlzeitenreduzierung soll nachstehend im einzelnen beschrieben werden.

Die erste wichtige Erkenntnis war, daß die Geschäftsleitung bei der Einstellung von Mitarbeitern, die vom Arbeitsamt angeboten wurden, anders vorgehen müsse als in der Vergangenheit.

Auswahl neu einzustellender Mitarbeiter

Bisher hatte man - wie das die meisten Unternehmen in Deutschland tun - neue Mitarbeiter „nach Aktenlage" eingestellt. Das heißt, man hatte sich von den Bewerbern die vorgelegten Arbeitsbestätigungen angesehen und je nach gegebener Auswahlmöglichkeit einen der Bewerber für den freien Arbeitsplatz eingestellt. Bei der Einstellung von Langzeitarbeitslosen und schwer vermittelbaren Arbeitslosen machte man die Erfahrung, daß ein Teil von ihnen überhaupt nicht arbeiten wollte. Das führte zu der Entscheidung, daß man sich von den Mitarbeitern wieder trennte, die auch nach mehreren freundlichen Gesprächen nicht bereit waren, sich mit ihren Fähigkeiten und ihrer Arbeitskraft voll einzubringen.

Um in Zukunft besser geeignete Mitarbeiter auswählen zu können, wurde eine Checkliste erarbeitet, die dazu diente, beim Einstellungsgespräch die Bewerber daraufhin zu überprüfen, ob sie überhaupt eine genügend große Grundmotivation mitbringen, tatsächlich arbeiten und auch gute Arbeit leisten zu wollen. Ein Muster solch einer Checkliste ist in Kapitel 5 zu finden.

Ein Unternehmen hat nicht viel Nutzen von neu eingestellten Mitarbeitern, die entweder am liebsten gar nicht arbeiten wollen oder aus Gründen der Existenzerhaltung ihre Arbeit nur als Mittel zum Zweck betrachten. Ihre Grundmotivation ist nicht die Arbeit, ist nicht das Nutzenbieten mit ihrer Arbeit, sondern sie wollen Geld mit dem geringsten Einsatz von Arbeit verdienen. Diese eingeschränkte Motivation zur Arbeit ist oft bei Teilzeitkräften festzustellen. Mit solchen Mitarbeitern bzw. Mitarbeiterinnen lassen sich selten gut funktionierende Teams bilden. Sie sind an ihrem Unternehmen und am Erfolg ihres Teams wenig bis gar nicht interessiert, da es ihnen doch nur um ihren Lohn geht. Unternehmen sollten möglichst davon absehen, Mitarbeiter/innen mit derart fehlender Grundmotivation einzustellen.

Einführung von neuen Mitarbeitern

Bei der Einführung neuer Mitarbeiter machen die meisten Unternehmen Fehler. Studien von Psychologen haben immer wieder gezeigt, daß die mangelhafte Einführung - kein Bemühen um schnelle soziale Integration - und das mangelhafte Anlernen neuer Mitarbeiter die wichtigsten Gründe dafür waren, daß diese bald in die „innere Kündigung" gingen. Eine detaillierte Anleitung zur Einführung neuer Mitarbeiter wird deshalb in Kapitel 5 gezeigt.

Anlernplan für neu eingestellte oder umgesetzte Mitarbeiter
Der nächste Schritt bestand in einem sorgfältigeren Anlernen neuer oder auf einen anderen Arbeitsplatz umgesetzter Mitarbeiter. In der Vergangenheit hatte man es bei der PTF GmbH genauso gehandhabt wie in den meisten deutschen Unternehmen, daß man neue oder umgesetzte Mitarbeiter nur relativ flüchtig eingearbeitet hatte. Man folgte eher dem Prinzip, die neuen Leute ins „kalte Wasser" zu werfen, in der Annahme, sie würden dann umso schneller schwimmen lernen. Daß die Mitarbeiter durch dieses falsche Verhalten Angst bekommen, in gewaltigen Streß geraten, ihren Aufgaben nicht gewachsen zu sein und dadurch vielfach häufiger krank werden, wurde auch in diesem Unternehmen anfangs nicht bedacht.

Mit dem Anlernplan wurde erreicht, daß sich der Meister zunächst Gedanken über die individuellen Lernfähigkeiten des anzulernenden Mitarbeiters machen muß, unabhängig davon, ob es ein neu eingestellter Mitarbeiter ist oder ob der Mitarbeiter an einen neuen und ihm nicht vertrauten Arbeitsplatz umgesetzt werden soll. Er muß gründlicher überlegen, in welchen kleinsten oder größeren Schritten der Mitarbeiter an die neue Aufgabe heranzuführen ist. Mit dieser Vorgehensweise verloren sich die Ängste der Mitarbeiter und steigerte sich ihre Zufriedenheit, weil sie bei kleinen Lernschritten schon Erfolgserlebnisse haben konnten. Das ermutigt und motiviert die Mitarbeiter, täglich gern zur Arbeit zu kommen. Ein Muster eines Anlernplans wird in Kapitel 5 gezeigt.

Mitarbeiter-Qualifikations-Bilanz
Ein Meilenstein des Maßnahmenkatalogs war die Entwicklung einer Mitarbeiter-Qualifikations-Bilanz (MQB), die für jeden gewerblichen Mitarbeiter zur Anwendung gebracht wurde. Die MQB besteht im wesentlichen aus drei Erhebungskategorien:
• Arbeiten mit Erfolgserlebnissen (Stärken des Mitarbeiters)
• Arbeiten ohne Erfolgserlebnisse (Schwächen des Mitarbeiters)
• Team-Beziehungen - Kommunikation im Team

Nachfolgend wird in Abbildung 9 ein Muster solch einer Mitarbeiter-Qualifikations-Bilanz gezeigt. Der Mitarbeiter wird bei seiner Arbeit Erfolgserlebnisse haben, wenn er Aufgaben durchführt, für die er umfassend oder noch ausreichend qualifiziert ist und die er wirklich gern ausführt oder denen er noch einigermaßen Freude abgewinnen kann. Er wird bei seiner Arbeit keine Erfolgserlebnisse haben können, wenn er Aufgaben zugewiesen bekommt, für die er zu wenig ausgebildet ist, für die er von seinen Fähigkeiten her zu wenig qualifiziert ist und die er ungern macht. Hier besteht dann auch häufig die Gefahr, daß er nicht entsprechend seiner individuellen Leistungsfähigkeit beurteilt wird, was seine Ängste und Frustration noch verstärkt und sensible Mitarbeiter oder solche mit geringem Selbstwertgefühl krank macht.

In der dritten Kategorie geht es um die Teambildung und Teambeziehungen sowie um die Kommunikation im Team. Es ist herauszufinden, mit welchen Kollegen der Mitarbeiter vorzugsweise zusammenarbeiten möchte, mit welchen er nötigenfalls auch noch zusammenarbeiten möchte und an welchen Kollegen er kein Interesse hat. Zwingt man ihn, mit Kollegen zusammenarbeiten zu müssen, die er nicht mag oder die ihn nicht mögen, dann quält er sich täglich mit starken Unlustgefühlen und Ängsten zur Arbeit und sehnt sich danach, einen Grund zu finden, nicht zur Arbeit gehen zu müssen. Aber auch wenn er zur Arbeit kommt, so ist erfahrungsgemäß seine Produktivität niedriger, wenn Kollegen in seiner Nähe sind, mit denen er sich nicht versteht, als wenn er mit Kollegen zusammenarbeiten darf, die er mag und die ihn mögen.

Im Falle der PTF GmbH hatten wir durch die MQB beispielsweise das Problem mit „Hans", einem sehr langsam arbeitenden Mitarbeiter, lösen können. Hans, 57 Jahre alt, stand bisher an einer CNC-Drehmaschine. Aber er bewegte sich stets so langsam beim Einlegen neuer Werkstücke und beim Gang zur Meßmaschine, daß von ihm keine große Produktivität erreicht wurde. Durch die MQB kamen wir darauf, daß seine große Stärke seine Präzision und Sorgfalt waren, mit der er jede Aufgabe erledigte. Wir mußten also für ihn eine Aufgabe finden, bei der diese Sorgfalt eine hohe Bedeutung hatte und seine Langsamkeit keine großen Nachteile hatte. Als geeignet erwiesen sich Arbeitsplätze mit einem sehr geringen Maschinenstundensatz. So stellten wir ihn dann an die Ständerbohrmaschine für kleine Nacharbeiten und ließen ihn grundsätzlich bei den Teilen alle Bohrungen auf Grate überprüfen, die von der Härterei zurückgekommen waren. In der Vergangenheit hatte es hier öfter Reklamationen der Kunden gegeben, weil die Grate nicht immer entfernt worden waren. Als Hans diese Arbeiten übernahm, gingen die Reklamationen fast völlig zurück.

Team-Bildung im Arbeitsprozeß

Eine weitere Maßnahme zur Fehlzeitenreduzierung war die Zusammenstellung von Arbeitsgruppen in den beiden Schichten, die von ihren Teambeziehungen her gut zusammenpassen. Man kann hierzu die Mitarbeiter befragen, was auch getan wurde. Doch am Ende funktioniert das nur nach dem Prinzip von „Versuch und Irrtum". Als man nach einiger Zeit die richtige Teamzusammenstellung gefunden hatte, zeigte sich bei allen Mitarbeitern eine größere Zufriedenheit.

Sauberkeit und Ordnung

Eine weitere Maßnahme war das Anstreben von möglichst großer Sauberkeit im Betrieb. Die damit zu erzielende Wirkung wird von vielen Unternehmen nicht verstanden. Mit dem Anstreben von Sauberkeit und Ordnung wird eine Beziehung zwischen dem Arbeitsplatz und dem Zuhause der Mitarbeiter hergestellt. Ein sauberer Arbeitsplatz mit Ordnung führt zu einer Bewußtseinsanhebung der Mitarbeiter, ist ein Beitrag zu höherer Lebensqualität und fördert auch das Qualitätsdenken der Mitarbeiter. Die japanischen Spitzenunternehmen, die sich das Toyota-Produktionssystem, das weltweit als Lean Management bekannt ist, zu eigen gemacht haben, sind in Bezug auf die Sauberkeit ihrer Fabrikhallen mustergültig, wie wir später erfahren haben. Auch ihnen geht es darum, die Lebensqualität und das Qualitätsbewußtsein ihrer Mitarbeiter damit zu fördern.

Positive Mitarbeiterführung

Ein sehr wichtiger Bestandteil des Maßnahmenbündels zur Fehlzeitenreduzierung war die Verbesserung der Mitarbeiterführung durch Geschäftsführung, technischen Leiter und Meister. Die Führungskräfte wurden unterwiesen, ihre Mitarbeiter im Äußeren und im Inneren zu achten, wie es im Kapitel über Motivation durch sinnorientierte Führung beschrieben wurde. Daraus ergibt sich auch die Hinwendung zu mehr Mitmenschlichkeit, Verständnis und Fürsorge bei Problemen der Mitarbeiter.

Eine andere Maßnahme, die bei Seminarteilnehmern zuerst nur ein Lächeln bis breitem Grinsen auslöst, wenn sie es ohne weitere Erklärung hören, ist der Hinweis, daß Führungskräfte sich morgens im Rahmen der Begrüßung ihrer Mitarbeiter für deren Kommen bedanken sollten. Sie glauben zunächst, daß sie beim Aussprechen des Danks jedem Mitarbeiter die Hand schütteln sollen oder diesen Dank laut aussprechen sollen. Doch so ist das Danken für das Erscheinen zur Arbeit natürlich nicht gemeint. Wirklich gemeint ist hierbei ein Danken für das Kommen des Mitarbeiters „in Gedanken". Also während der Meister seine Mitarbeiter morgens grüßt, beispielsweise mit „Guten Morgen", denkt er: „Ich danke dir, daß du heute gekommen bist" oder „Ich freue mich, daß du heute da bist und dich mit deiner Arbeit einbringst".

Dieses nur gedachte Danken ist ein „Senden eines Danks". Es kommt bei den angesendeten Mitarbeitern im Unterbewußtsein als Empfänger der Gedanken

Mitarbeiter-Qualifikations-Bilanz (MQB)

Name: verh. m. Fam./verh. o. Fam./alleinlebend: Betriebszugehörigkeit/Jahre:

Eingestellt für Arbeitsplatz/Aufgabe:

Arbeiten mit Erfolgserlebnissen

MA ist:
für welche Aufgaben gut qualifiziert?

MA macht:
welche Aufgaben wirklich gern?

welche Aufgaben noch mit etwas Freude?

für welche Aufgaben noch ausreichend qualifiziert?

Arbeiten ohne Erfolgserlebnisse

MA ist für welche Aufgaben zu wenig qualifiziert?

MA macht folgende Arbeiten ungern:

Wird der MA entsprechend seiner individuellen Leistungsfähigkeit eingesetzt und beurteilt?

- Weiterbildung für Aufgaben?

- Arbeitserweiterung (zusätzliche Aufgaben)?

- Arbeitsbereicherung (zusätzliche Verantwortung, Selbstkontrolle?

<u>Akzeptiert der MA</u>

- seine Zeitvorgabe?

- die Ergonomie seines Arbeitsplatzes?

- die Umfeldbedingungen seines Arbeitsplatzes?

Teambildung - Kommunikation

Zusammenarbeit mit welchen Kollegen/innen

- vorzugsweises Interesse?

- neutrales Interesse

- geringes Interesse?

MA lehnt Isolation am Arbeitsplatz ab, bevorzugt Teamarbeit?

MA arbeitet am liebsten allein?

Abbildung 9: Mitarbeiter-Qualifikations-Bilanz

an. Dieser gesendete Gedanke steigt dann vom Unterbewußtsein weiter bis ins Oberbewußtsein auf. Er erzeugt ein Gefühl der Gewißheit, willkommen zu sein, gebraucht zu werden, geschätzt zu werden, zuhause zu sein. Gerade bei labilen Mitarbeitern, wie beispielsweise bei den Langzeitarbeitslosen und schwer vermittelbaren Arbeitnehmern, die oft nur ein geringes Selbstwertgefühl haben, das durch Streitigkeiten in der Familie immer wieder belastet wird, wird durch das tägliche Danken in Gedanken erreicht, daß die Mitarbeiter gern zur Arbeit kommen und sich am Arbeitsplatz geborgen fühlen. Das hebt ihr Energieniveau an und steigert ihre Motivation für ihre Arbeit.

Information der Mitarbeiter

Von Bedeutung war auch die bessere Information der Mitarbeiter über die von ihnen abzuarbeitenden Aufträge und das erzielte Ergebnis. Es wurde in der Fabrikhalle eine Planungstafel aufgehängt, auf der die gerade laufenden Aufträge graphisch in Balkenform mit Kundenname, Stückzahl und zeitlichem Anfang und Ende dargestellt wurden mit Aufzeigen des jeweiligen Anschlußauftrags, der in gleicher Weise und insbesondere mit zeitlichem Anfang und Ende visualisiert wurde.

Es ist in allen Branchen allgemein bekannt, daß die Mitarbeiter dazu neigen, ihre Arbeit zu strecken, sofern sie nicht wissen, was sie an Arbeit erledigen müssen, wenn sie den gerade laufenden Auftrag abgearbeitet haben. Sehen sie jedoch den geplanten Anfang und das geplante zeitliche Ende eines Auftrags, dann neigen sie dazu, den Endtermin als sportliche Herausforderung zu betrachten, auch für sich selbst terminlich etwas Sicherheit zu schaffen, indem sie danach streben, einige Stunden früher fertigzuwerden. Diese vorzeitige Fertigstellung ist für sie ein Erfolgserlebnis, das ihr Energieniveau anhebt.

Visualisierung von Kennzahlen

Des weiteren wurde an einem Platz, der Besuchern in der Regel nicht zugänglich war, ein Plakat ausgehängt, auf dem monatlich der Soll- und Ist-Umsatz sowie die Soll- und Ist-Qualität dargestellt wurden. Nachdem die ersten Zahlen hierzu veröffentlicht wurden, zeigte sich zuerst nur etwas mehr als die Hälfte aller Mitarbeiter sehr daran interessiert. Sie freuten sich, wenn die Soll-Zahlen erreicht wurden und beratschlagten die möglichen Ursachen, wenn die Soll-Zahlen verfehlt wurden. Diese Information führte zu einem höheren Interesse an ihrer Arbeit, zu einer besseren Identifikation mit dem Unternehmen und damit zu einem höheren Engagement, Ziele zu erreichen. Mit der Zeit ließen sich weitere 30-40 Prozent der anfangs noch uninteressierten Mitarbeiter vom Engagement der Mehrheit mitreißen und beschäftigten sich ebenfalls mit den Soll-Ist-Vergleichen ihrer Arbeit und den daraus zu ziehenden Schlußfolgerungen.

Beeinflussung der Einstellung zur Arbeit durch Leitmotive
Als weiterer Schritt wurden die ersten Versuche unternommen, das Interesse der Mitarbeiter an ihrer Arbeit und an ihrem Unternehmen durch die Entwicklung einer Unternehmensphilosophie zu fördern. Der Berater gab zunächst einige Schlagworte zum Nutzenbieten für Kunden durch hohe Produktivität, hohe Qualität und gute Termineinhaltung vor. Es stellte sich jedoch heraus, daß sich schon die Führungskräfte mit der Sprache des Beraters nicht identifizieren konnten. Sie setzten daraufhin die vom Berater geäußerten Kerngedanken in ihre eigene Sprache um. Einige Kernsätze wurden auf große Papptafeln geschrieben, die dann im Betrieb an der Decke aufgehängt wurden.

Ergebnis der Fehlzeitenreduzierung im Kleinbetrieb
Das Ergebnis der vorstehend beschriebenen Maßnahmen zeigte sich darin, daß die Fehlzeiten von ursprünglich 11 Prozent innerhalb von 18 Monaten auf 2 bis 3 Prozent sanken. Die anfangs hohe Fluktuation, die für das Unternehmen sehr teuer war, weil die neu eingestellten, wenig qualifizierten schwer vermittelbaren Arbeitslosen erst jeweils umfassend in der Bedienung CNC-gesteuerter Maschinen geschult werden mußten, ging praktisch gegen Null.

Weitergabe des *LIETZ-Systems* durch Seminare
Im Verlaufe der folgenden Jahre wurde die Erfahrung mit der Fehlzeitenreduzierung nach dem LIETZ-System an interessierte Firmen in Form von Seminaren weitergegeben. Verschiedenen Unternehmen in der Größenordnung von 200 Mitarbeitern und mehr - zum Teil mit vielen Frauen und auch Ausländern - ist es damit gelungen, ihre Fehlzeiten gewerblicher Mitarbeiter von ursprünglich 8 bis 10 Prozent auf 3 bis 4 Prozent zu reduzieren. Da Angestellte in der Regel nur 2 bis 3 Prozent Fehlzeiten aufweisen, ergibt sich zusammen mit den für gewerbliche Mitarbeiter/innen niedrigen Fehlzeitenquoten von 3 bis 4 Prozent eine insgesamt sehr niedrige Fehlzeitenrate, die die Unternehmen nur gering belastet. Sofern die Seminare firmenintern durchgeführt wurden, war meistens auch der Betriebsrat mit Teilnehmern vertreten. Die Betriebsräte haben ohne Ausnahme dieses Programm stets gebilligt. Oft genug sagten sie, daß sie der Geschäftsleitung schon seit Jahren vorgeschlagen hatten, das Fehlzeitenproblem so zu lösen, wie es das *LIETZ-System* vorsieht, leider habe man nie auf sie gehört.

Erprobung der Fehlzeitenreduzierung mit dem LIETZ-System in einem mittelgroßen Unternehmen

Bei dem mittelgroßen Unternehmen handelte es sich um einen mittelständisch strukturierten Geschäftsbereich eines Konzernunternehmens, das zur gummiverarbeitenden Branche gehört. Kautschuk und Kunststoffe werden mit Hilfsstoffen auf Schwermaschinen - beispielsweise Knetern und Kalandern und mit Maschinen zur kontinuierlichen Vulkanisation oder auf einzelnen Vukanisierpressen - zu den einzelnen Produkten verarbeitet. Beschäftigt wurden anfangs 360 und später 370 gewerbliche Mitarbeiter/innen. Darunter waren viele Ausländer aus den verschiedensten Ländern, jedoch nur sehr wenige Frauen, weil die Arbeit mit dem Heben sehr schwerer Lasten verbunden ist.

Ausgangssituation und Analyse

Im Jahr 1992 lagen die Fehlzeiten der gewerblichen Mitarbeiter/innen einschließlich eines durchschnittlichen Bodensatzes von 1,5 bis 1,7 Prozent Dauerkranken bei durchschnittlich 12,1 Prozent. Mitte April 1993 begann die Beratungstätigkeit zur Fehlzeitenreduzierung.

In der Regel findet man in den verschiedensten Unternehmen immer folgende Fehlzeitenkategorien vor:

Kategorie	ca.-Anteil gewerblicher Mitarbeiter in %
"Nassauer" - Super-Egoisten	0,7 - 1,0
Demotivierte (innere Kündigung) mit und ohne kleine Befindlichkeitsstörungen	1,5 - 2,0
Unfälle - betriebliche und private	0,5 - 1,0
Psychosomatisch Kranke durch betriebliche und/oder private Einflüsse	3,0 - 4,0
Chronisch Kranke	1,0 - 2,0
Summe	6,7 - 10,0

Die Zielsetzung ist, die Demotivierten (weiche Blaumacher) wieder zu motivieren, damit sie gern zur Arbeit kommen, die Unfälle durch Freude an der Arbeit und damit durch konzentriertere Arbeit zu reduzieren sowie die Gesundheit der psychosomatisch Kranken durch positive zwischenmenschliche Beziehungen am Arbeitsplatz und durch weniger Stress und Hektik zu fördern, sodaß sie nicht mehr oder erheblich seltener erkranken. Bei den chronisch Kranken kann man in der Regel nichts mehr tun, sondern nur dafür sorgen, daß es zukünftig weniger chronisch Kranke gibt. Die harten Blaumacher, die „Nassauer", muß man mit größter Konsequenz mit Vertragsaufhebungen und notfalls auch mit Geldzahlungen aus dem Unternehmen entfernen.

Um das Ziel der Fehlzeitenreduzierung nicht zu sehr in den Vordergrund zu stellen und auch eingedenk der Tatsache, daß die Fehlzeiten ja nur ein Symptom sind, die Ursache jedoch das unbefriedigende Führungsverhalten der Vorgesetzten ist, das zu vielen Mißständen führt, erhielt das Programm den Namen: „Verbesserung der Zusammenarbeit - Gemeinsamer Erfolg".

Um einen besseren Überblick dafür zu gewinnen, welche Faktoren zu den hohen Fehlzeiten führen könnten, wurden vom Berater anfangs Analyse-Gespräche mit Gruppen von Führungskräften verschiedener Hierarchieebenen und mit Werkerinnen und Werkern geführt. Aus diesen Gesprächen ergaben sich Hinweise, die bei der nachfolgenden Schulung der Führungskräfte aller Ebenen berücksichtigt werden konnten.

Unter anderem stellte sich heraus, daß viele Führungskräfte nicht mehr mit dem enormen Druck fertigwurden, der ihnen in Form von immer neuen termingebundenen Projekten von der technischen Geschäftsführung auferlegt wurde. Hierbei wird oft von höheren Managementebenen die Tatsache ignoriert, daß durch Streß und Hektik abgehetzte Führungskräfte gar nicht mehr in der Lage sind, sich in menschlich wertvoller Form um ihre Mitarbeiter zu kümmern, also sie als Person zu „be-achten", Zeit für ihre Probleme zu haben und ihnen Wertschätzung zukommen zu lassen. Die gestreßten Führungskräfte kümmern sich statt dessen vorrangig nur um das eigene Zurechtkommen mit diesem Druck und den überhöhten Leistungsanforderungen. Sie sehen sich im Sinne einer eigenen Überlebensstrategie zu einem egoistischen und damit oft kurz angebundenen und rauhen Verhalten gegenüber den ihnen zugeordneten Führungskräften veranlaßt, die diese Verhaltensweisen und den Druck ihrerseits auf ihre Mitarbeiter übertragen. Die Mitarbeiter empfinden diese Verhaltensweisen als kränkend und werden krank.

Die Geschäftsführung wurde in einem der nachfolgenden Seminare auf die schädlichen Wirkungen einer totalen Überlastung der Führungskräfte aufmerksam gemacht. Nachdem hierzu die Einsicht erreicht war, wurde daraufhin kurzfristig ein Teil der termingebundenen Projekte zeitlich verschoben oder gar gestrichen, sodaß die auch bei bestem Willen nicht zu bewältigende Überbelastung der Führungskräfte abgebaut wurde und diese wieder befreit aufatmen konnten.

Welche beruflichen Probleme Auslöser von Krankheiten sein können, zeigt die nachstehende Abbildung 10. Abbildung 11 zeigt, in welcher Weise private Probleme Auslöser von Erkrankungen und von Fehlzeiten sein können.

Schulung

Die Beratung bestand im einzelnen darin, daß 72 Führungskräfte in 6 Gruppen zu je 12 Teilnehmern - vom technischen Geschäftsführer und seinen Hauptabteilungsleitern bis zu den Vorarbeitern/Schichtführern in der Produktion - in ganzheitlicher, sinnorientierter Mitarbeiterführung und speziell in der Reduzierung von Fehlzeiten umfassend geschult wurden. Vom kaufmännischen Bereich wurden nur die Führungskräfte im Versand, in der Verkaufsdisposition und in der Fertigungssteuerung geschult. Des weiteren wurden auch Vertreter des Betriebsrats zur Teilnahme an diesen Seminaren eingeladen. Die Schulung erfolgte im Intervalltraining, das heißt, daß die Führungskräfte an insgesamt 4 vollen Schulungstagen jeweils im Abstand von einem Monat an einem Tag geschult wurden.

Gruppencoachings

Im Anschluß an den 4-tägigen Schulungszyklus, der später für andere Kunden um einen fünften Tag erweitert wurde, erfolgten monatlich halbtägige Gruppencoachings. Die ursprüngliche Absicht war, daß jede geschulte Gruppe von Führungskräften später noch einmal monatlich einen halben Tag eine Auffrischung und Ergänzung des Schulungswissens erfahren und die Gelegenheit zum Erfahrungsaustausch erhalten sollte. Eine Veränderung des Führungsverhaltens von Führungskräften ist im allgemeinen nur über eine Veränderung des Bewußtseins, das heißt durch eine Veränderung des geltenden Werte-Konzepts und der sich selbst zugeschriebenen Identität möglich.

Jahrelang gepflegte und für nützlich gehaltene Denk- und Verhaltensprogramme sind zu ändern. Neue Denkweisen sind zu erlernen, die sich in effizienteren Verhaltensweisen äußern. So entsteht ein höherwertiges Selbstbild und damit teilweise auch eine neue Identität, soweit es den weitgehend spannungsfreien Umgang mit Menschen betrifft. Sehr oft fallen die Teilnehmer jedoch wieder in alte Denkprogramme und alte Verhaltensweisen zurück, weil diese

Aufgabe	Arbeitsplatz	Soziales Arbeitsumfeld
Überforderung:	fehlende Ergonomie,	Disharmonische Beziehungen
physisch: schwere Arbeit, Arbeits-Intensität (Akkord),	Unfallgefahren, Arbeitsplatz-wechsel ohne Routine, häufige org. Änderungen,	• zum Vorgesetzten durch Nichtachtung, Gleichgültigkeit ungerechte Behandlung, Machtmißbrauch
mental: notw. Konzentration zu hoch, zu kurze Anlernzeiten, selten Erfolgserlebnisse	Verärgerung, weil kein Mehr-lohn für höhere Belastung, Wechselschicht und ungün- stige Arbeitszeiten belasten	• zu den Arbeitskollegen durch Mobbing, Probleme mit Team-arbeit oder ständiger Anpassung an neue Arbeitskollegen bei flexiblem Einsatz,
psychisch: Ängste, den Anforderungen nicht gewachsen zu sein	**Ich - Selbstbild**	• Mißtrauenskultur im Unternehmen
Überbelastung:Hektik/Stress, Verantwortung belastet, Unklare Aufgabenstellung,	schwaches Selbstwertgefühl, keine klare Sinnorientierung	• Fehlende Arbeitsplatzsicherheit
Unterforderung		• keine Zukunftsperspektive

Fehlende Kompatibilitäten

◆ Fachspezifische Fähigkeiten passen nicht zu Anforderungen der Aufgabe

◆ Neigungen und Selbstbild passen nicht zur Aufgabe

◆ Fähigkeiten reichen nicht aus, gleichwertige positive Beziehungen zum sozialen Umfeld herzustellen

◆ Fehlende positive Lebenseinstellung (innere Stärke), um Stress-Situationen zu bewältigen

Abbildung 10: Auslöser von Erkrankungen aufgrund von beruflichen Problemen

noch stärker sind als die neuen Denkweisen. Oder die Teilnehmer glauben, schon richtig über ihre Mitarbeiter zu denken und erleben dann Enttäuschungen, sodaß sie meinen, das vom Berater aufgenommene neue Wissen würde sie am Ende doch nicht so erfolgreich machen, wie er es versprochen hatte.

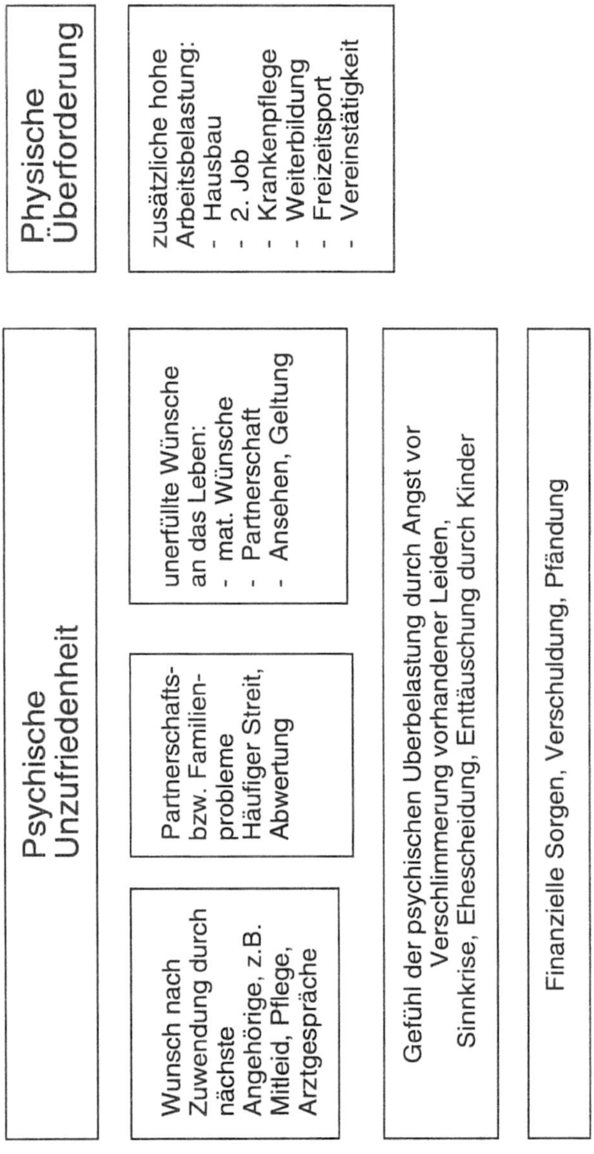

Physische Überforderung

zusätzliche hohe Arbeitsbelastung:
- Hausbau
- 2. Job
- Krankenpflege
- Weiterbildung
- Freizeitsport
- Vereinstätigkeit

Psychische Unzufriedenheit

unerfüllte Wünsche an das Leben:
- mat. Wünsche
- Partnerschaft
- Ansehen, Geltung

Partnerschafts- bzw. Familienprobleme Häufiger Streit, Abwertung

Wunsch nach Zuwendung durch nächste Angehörige, z.B. Mitleid, Pflege, Arztgespräche

Gefühl der psychischen Überbelastung durch Angst vor Verschlimmerung vorhandener Leiden, Sinnkrise, Ehescheidung, Enttäuschung durch Kinder

Finanzielle Sorgen, Verschuldung, Pfändung

Abbildung 11: Auslöser von Erkrankungen aufgrund privater Probleme

Im Gruppencoaching kann der Berater bei der Besprechung solcher Enttäuschungen den Nachweis führen, daß der Teilnehmer eine falsche Denkweise
für die richtige hielt und deshalb die Enttäuschung erlitt. Er kann ihm die
richtige Denkweise und Einstellung zu seinen Mitarbeitern vermitteln und den
Teilnehmer ermutigen, erneut positiv über seine Mitarbeiter zu denken und ihnen Vertrauen zu schenken, sodaß die Führungskraft positive Resultate erreicht. Natürlich gibt es auch Methoden, mit denen manchmal mit einem oder
mehreren Einzelcoachings sehr kurzfristig eine Verhaltensänderung von Führungskräften erreicht werden kann, aber nur, wenn diese es <u>wollen</u>.

Anstelle der bei sechs Gruppen von Führungskräften monatlich notwendigen
drei Tage für Gruppencoachings entschied sich der Kunde jedoch nur für zwei
Tage je Monat, sodaß die Führungskräfte nur in einem zeitlichen Abstand von
zwei bis drei Monaten erneut mit dem Führungsberater zusammentrafen.

Einrichtung einer Steuerungsgruppe
Eine vom Unternehmen gebildete Steuerungsgruppe, bestehend aus den zwei
Fertigungsleitern und drei Segmentleitern, hatte die Aufgabe, alle vom Bera-
ter aufgrund von Beiträgen der Teilnehmer in den Seminaren oder später beim
Gruppencoaching protokollierten Probleme aufzugreifen und zu einer einver-
nehmlichen Lösung zu bringen. Sie bekamen hierzu die Unterstützung vom
Betriebsleiter und Geschäftsführer.

Mitarbeiter-Qualifikations-Bilanz
Im Verlaufe des Schulungszyklus wurde eine Mitarbeiter-Qualifikations-Bilanz (MQB) für alle gewerblichen Mitarbeiter durchgeführt. Diese Erhebung
für alle Mitarbeiter - in einem Gespräch zwischen Meister und Mitarbeiter -
bringt drei wesentliche Vorteile mit sich:
*   Die MQB gibt einen generellen Motivationsschub, weil die Mitarbeiter
    durch die Befragung erfahren, daß ihr Management an ihrem Wohlergehen
    interessiert ist, indem es will, daß die Mitarbeiter weit überwiegend Sinn
    und Freude in ihrer Arbeit erleben sollen.
*   Viele Mitarbeiter, die bisher nur zu gern über ihren Arbeitsplatz gemeckert
    hatten, also unzufrieden waren, und die nun die Chance bekamen, ihren
    Wunsch nach einem Arbeitsplatzwechsel zu bekunden, erkannten nach
    reiflicher Überlegung, daß sie genau am richtigen Arbeitsplatz sind und
    fühlten sich jetzt sehr zufrieden.
*   Die MQB hilft dem Meister, genauer zu erkennen, welche Mitarbeiter sich
    an ihrem Arbeitsplatz nicht wohlfühlen, weil sie nicht im Bereich ihrer
    Stärken eingesetzt sind und/oder die spezielle Arbeit ungern machen und/

oder mit Kollegen zusammenarbeiten müssen, mit denen sie nicht harmonieren.

Am Ende zeigte sich, daß nur etwa 7 bis 8 Prozent der Mitarbeiter Interesse an einem Arbeitsplatzwechsel in der näheren Zukunft hatten. Wo immer es möglich war, wurden diese Wünsche sofort erfüllt. Da aber die mit einer Umsetzung verbundenen Schwierigkeiten schon bei Beginn der Erhebung der MQB den Mitarbeitern erklärt worden waren, hatten auch die meisten Mitarbeiter Verständnis dafür, wenn ihr Arbeitsplatzwunsch erst zu einem späteren Zeitpunkt erfüllt werden konnte. Ein extremes Erfolgserlebnis der Durchführung der MQB bestand darin, daß ein Mitarbeiter sich einen anderen Arbeitsplatz wünschte, von dem er wußte, daß er zwei Lohngruppen niedriger eingestuft war, daß er also deutliche Lohneinbußen hinzunehmen hatte. Er ließ sich davon nicht entmutigen, ging an diesen neuen Arbeitsplatz und zeigte dramatische Leistungssteigerungen.

Mängel bei der Umsetzung vorgeschlagener Maßnahmen
Die vorgeschlagene Verbesserung der Vorgehensweise bei der Auswahl neuer Mitarbeiter - beispielsweise die Prüfung der Grundmotivation zur Arbeit - und der Verbesserung der Einarbeitung dieser neuen Mitarbeiter wurde vom Kunden nur teilweise umgesetzt, was auch nach Jahren noch zu häufigen Reklamationen der Meister führte, die mit neu eingestellten und wenig geeigneten Mitarbeitern ihre Probleme hatten.

Auch die Umsetzung der vorgeschlagenen Maßnahme, möglichst weitgehend feste Teams zu bilden, gelang nur teilweise. Wo ein Meister dieses Prinzip konsequent einführte und die Mitarbeiter auch sinnorientiert führte, zeigten sich sehr schnell drastische Reduzierungen im Vergleich zu den bisherigen Fehlzeiten. Der ebenfalls vorgeschlagene Wettbewerb zur Verbesserung von Sauberkeit und Ordnung wurde zurückgestellt, weil man zunächst mit einem entsprechend sorgfältig angelegten Programm die Zahl der Arbeitsunfälle verringern wollte.

Das System der Führungsbriefe
Um die zeitlich größer als gewünschten Abstände zwischen den Treffen der bisherigen Schulungsteilnehmer mit dem Führungs- und Fehlzeitenberater bei den Gruppencoachings besser überbrücken zu können, wurde vom Berater das Instrument der Führungsbriefe geschaffen. Die Führungskräfte erhielten anfangs im Abstand von zwei Wochen und später im dreiwöchigen Abstand einen „Führungsbrief", auf dem auf einer Seite Papier Anregungen gegeben

werden, die tägliche Führungsarbeit zu verbessern. Über die Jahre entstanden so bisher insgesamt 48 Führungsbriefe, die bei einem zweiwöchigen Abstand - mit Aussetzen der Verteilung während des Betriebsurlaubs - einen Zeitraum von zwei Jahren bei einer prozeßbegleitenden Veränderung eines Unternehmens abdecken. Anschließend empfiehlt es sich, wieder bei Führungsbrief 1 erneut zu beginnen, da erfahrungsgemäß von dem aufgenommenen Wissen vieles wieder vergessen wird. Die Wiederholung führt dann eher dazu, daß die gelieferten Anregungen nun noch besser umgesetzt werden. Ein Muster dieser Führungsbriefe zeigt die nachstehende Abbildung 12.

Visualisierung von Kennzahlen, z.B. der Fehlzeiten

Weniger gut verlief die Umsetzung der vom Berater gewünschten Visualisierung von Leistungs-Kennzahlen je Abteilung, die nur in wenigen Kostenstellen erfolgte. Das Ziel der Visualisierung von Leistungs-Kennzahlen ist, den Mitarbeitern einer Kostenstelle oder Gruppe ihren Erfolgsbeitrag zu zeigen und ihnen damit Erfolgserlebnisse zu vermitteln. Des weiteren soll der normalerweise monotone Arbeitsalltag durch das Ziel jedes einzelnen Mitarbeiters, mit seiner Leistung den Unternehmenserfolg beeinflussen zu können, und durch den Stolz auf die verbesserten Leistungen der Kostenstelle oder der Gruppe interessanter gestaltet werden. Die Mitarbeiter sollen sich mit ihren Kollegen über die erreichten Ergebnisse austauschen können und solchermaßen durch mehr zielgerichtete Kommunikation einen höheren Grad an Dynamik und Gemeinsamkeit in ihrer Arbeit erleben. Es ist unverständlich, daß sich viele Unternehmen schwer tun, die Visualisierung von Kennzahlen einzuführen, um das Interesse ihrer Mitarbeiter an ihrer Arbeit zu steigern. Mit anfänglicher tatkräftiger Hilfe des Beraters wurde jedoch eine monatlich erstellte numerische Fehlzeitenstatistik grafisch umgesetzt und an alle Kostenstellenleiter verteilt. Bei der grafischen Darstellung der Fehlzeitenentwicklung in den einzelnen Kostenstellen wirkte sich auch positiv aus, daß wir auf der Grafik den Kostenstellenleitern das Ziel bekanntgegeben hatten. Zwei Muster von Fehlzeitengrafiken aus anderen Betrieben sind in Kapitel 5 zu finden.

Gruppencoachings

Alle die genannten Maßnahmen wurden durch die monatlich halbtägigen Gruppencoachings für vier Gruppen begleitet. Der Fehlzeiten- und Führungsberater wirkte hier als Referent und Beichtvater. Der Erfahrungsaustausch beim Gruppencoaching gestaltete sich über lange Zeit ziemlich zäh, da die Führungskräfte anfangs nicht bereit waren, über ihre Probleme mit Mitarbeitern zu sprechen. Insofern mußte ein den Gruppencoachings übergestülptes

Ganzheitliche, sinnorientierte Mitarbeiterführung
Führungsbrief 10

Haben Vorgesetzte Anspruch auf Achtung und Anerkennung durch ihre Mitarbeiter*?

Ein Vorgesetzter hat in der Regel mehr Verantwortung und mehr Kompetenzen als seine Mitarbeiter. Vorgesetzte werden von in der Hierarchie-Rangordnung höher eingestuften Chefs zum Leiter einer Gruppe, Abteilung oder eines Bereichs ernannt. Ihnen wird die Leitungs- und Führungsaufgabe für eine Anzahl von Mitarbeitern übertragen. Sie erhalten damit die Befugnis, ihren Mitarbeitern den Arbeitsplatz und die zu erfüllenden Aufgaben zuteilen und Arbeitsanweisungen erlassen zu dürfen. Ein Amtsinhaber hat nicht zwangsläufig auch das Recht, die Mitarbeiter zwingen zu können, ihn als Vorgesetzten anzuerkennen und zu achten. Es gibt keine Arbeitsverträge, in denen sich die Mitarbeiter zur Anerkennung ihrer Vorgesetzten verpflichten müssen.

Vorgesetzte wünschen sich in der Regel, als Chef (Amtsautorität), als Fachmann (Fachautorität) und als Vertrauensperson bzw. Führungspartner (Führungsautorität) anerkannt und respektiert zu werden. Das Wort „Autorität" wird vom Lateinischen „auctoritas" hergeleitet, was neben anderem soviel wie „Vorbild, Ermächtigung, Vollmacht" bedeutet. Autorität heißt somit, Vorbild zu sein, Vollmacht zu haben.

Führungskräfte können ihre Respektierung als Amtsautorität erzwingen. Denn die Mitarbeiter müssen ihre Anweisungen ausführen, weil sie sich sonst der Arbeitsverweigerung schuldig machen. Auf der hierarchischen Rangordnung steht der Vorgesetzte über ihnen und seine Mitarbeiter sind ihm nicht gleichberechtigt.

Als Fachmann wird ein Vorgesetzter nur anerkannt, wenn er bei den in seinem Verantwortungsbereich durchzuführenden Aufgaben über mehr Wissen und mehr Erfahrung verfügt als seine Mitarbeiter und wenn er damit seinen Mitarbeitern bei Problemen mit Rat und Hilfe zur Seite steht, also Hilfsbereitschaft vorlebt.

Als Vertrauensperson und Führungspartner kann der Vorgesetzte nur Anerkennung und Achtung erlangen, wenn er seine Mitarbeiter als ihm gleichwertige Person achtet, zu ihnen zwischenmenschliche Beziehungen herstellt und sich als ihr Dienstleister versteht. Echter Team-Geist entsteht nur, wenn ein Vorgesetzter sich zu seinen Mitarbeitern voll partnerschaftlich verhält, ihnen Wertschätzung zukommen läßt und tendenziell nur erster unter gleichen sein will. Er muß durch „Persönlichkeit" überzeugen!

Wie erhalten Führungskräfte die Anerkennung ihrer Mitarbeiter?

* sich als Vorbild die Achtung und das Vertrauen ihrer Mitarbeiter erwerben

* durch Aufbau positiver zwischenmenschlicher Beziehungen, z.B. echtes Interesse am Wohlergehen der Mitarbeiter haben, Glaubwürdigkeit beweisen

* sich Zeit für ihre Probleme nehmen, durch Zuhören

* = Mitarbeiterin

Abbildung 12: Muster eines periodisch verteilten Führungsbriefs

124

Programm geschaffen werden, in dessen Rahmen sich dann einzelne Führungskräfte zu den Problemen äußern konnten, die sie mit ihren Mitarbeitern oder Vorgesetzten hatten. Zu diesen Gruppencoachings wurde vom Berater ein Protokoll geschrieben, das von der Steuerungsgruppe zu bearbeiten war. Im wesentlichen ging es um störende Verhaltensweisen von Vorgesetzten, Probleme mit Arbeitsprozessen, Unzufriedenheit mit nicht ergonomischen Arbeitsplätzen, unterschiedliche Anwendung der Betriebsordnung, Lohnungerechtigkeiten usw.

Mit Hilfe gezielter Gruppencoachings konnten des weiteren Schnittstellenprobleme gelöst werden. So trafen sich beispielsweise Führungskräfte aus der Produktion mit ihren Kollegen, die für die Ingenieurtechnik zuständig waren, um über ihre gegenseitigen Erwartungen zu sprechen und den Erfüllungsgrad der gestellten Erwartungen in Prozent zu benennen und auf Rückfrage näher zu spezifizieren. Dabei gab es hin und wieder auch das AHA-Erlebnis, daß die eine Seite an die andere Erwartungen hatte, die der anderen Seite überhaupt nicht bekannt waren. Mit dieser Methodik wurden die Schnittstellenprobleme auch zwischen Produktion und Entwicklung, Produktion und Fertigungssteuerung usw. gelöst. Ein Muster des verwendeten Formulars, das auf einem Flipchart nachgebildet und zur Befragung der beiden Abteilungen als Lieferant und Kunde benutzt wurde, findet sich in Kapitel 5.

Die nachstehende Aufstellung zeigt eine Auswahl der in den Gruppencoachings behandelten speziellen Themen für die Seminarteilnehmer:
• Wie gehen wir mit neuen und unbequemen (oder kritischen) Mitarbeitern um?
• Informationsverhalten untereinander - Wo funktioniert es nicht?
• Sorgfältiges Anlernen von Mitarbeitern - Wie können wir es besser machen?
• Organisatorisch-sachliche Abläufe mit evtl. negativem Einfluß auf die Zusammenarbeit oder die zwischenmenschlichen Beziehungen.
• Wie erleben Sie als Führungskraft und zugleich als Mitarbeiter das Führungsverhalten Ihrer Vorgesetzten?
• Topgruppe: Welches Verhalten von uns empfinden Führungskräfte als belastend?
• Analyse der Situation von unzufriedenen Mitarbeitern.
• Verhalten und Gespräche für schwierige Situationen üben.
• Was wissen wir von unseren Mitarbeitern mit hohen Fehlzeiten? Konkrete Fälle.

- Welche direkten Auswirkungen haben Fehlzeiten Ihrer Mitarbeiter auf Ihre tägliche Arbeit? Welche Anforderungen und Ziele ergeben sich daraus für die Führungskräfte?
- Weibliche Mitarbeiter der „Sortierung" wegen Konflikten: Wie gehen wir miteinander um? Was ist unser Ziel?
- Topgruppe: Führungsfähigkeit und Partnerschaftsfähigkeit gehören zusammen. Welches sind die Voraussetzungen für Beziehungsfähigkeit und eine harmonische Partnerschaft?
- Einzelne Mitarbeiter mit hohen Fehlzeiten: Gibt es aus Ihrer Sicht evtl. Ursachen, die Ihre Gesundheit am Arbeitsplatz beeinflussen könnten?
- Wie erreichen Führungskräfte das Vertrauen ihrer Mitarbeiter?
- Topgruppe: Wie gewinnen Führungskräfte Souveränität?

Die Gruppencoachings (nach den Grundseminaren) wurden über einen Zeitraum von etwa 15 Monaten monatlich durchgeführt und dann nur noch alle zwei Monate.

Mitarbeiter-Befragung zum Führungsverhalten ihrer Vorgesetzten

Für das Ziel, die Fehlzeiten zu senken, war eine Befragung der Mitarbeiter/innen zum Führungsverhalten ihrer Vorgesetzten sehr förderlich. Die erste Befragung der Mitarbeiter fand etwa 9 Monate nach Beginn des Fehlzeitenreduzierungsprogramms statt, die zweite leider erst ein Jahr später.

Wer das Führungsverhalten der Führungskräfte verbessern will, muß sich das als ein echtes und wichtiges Ziel vornehmen. Und wer ein Ziel hat, muß in periodischen Abständen messen, ob und inwieweit das angestrebte Ziel erreicht worden ist. Seltsamerweise haben die meisten Unternehmen den Wunsch, daß die Führungskräfte ihre Mitarbeiter effektiver führen, damit die Mitarbeiter nicht demotiviert sind, damit nicht so viele Mitarbeiter in die innere Kündigung gehen. Doch sie machen aus ihrem Wunsch kein konkretes Ziel. Und falls das eine oder andere Unternehmen ein Ziel daraus macht, so bleibt es für alle Führungskräfte sehr unverbindlich, weil der Zielerreichungsgrad niemals gemessen wird. Es gibt sogar Unternehmen, in denen sich Topmanagement und Führungskräfte ihrer angeblich guten Unternehmenskultur rühmen und dennoch - oder deshalb - eine panische Angst haben, ihr Führungsverhalten von ihren engsten Mitarbeitern beurteilen zu lassen. Noch größer sind die Hemmnisse, die Werker/innnen zum Führungsverhalten ihrer direkten Vorgesetzten zu befragen.

In dem vorgestellten Praxisfall des gummiverarbeitenden Betriebs waren alle diese Hemmungen und Ängste nicht vorhanden. Man wollte das Führungsverhalten verbessern und darüber die Zufriedenheit und das Wohlbefinden der Mitarbeiter fördern. Zumindest beteiligte sich die Produktion mit allen Führungskräften bis zur Hierarchiestufe der Fertigungsleiter an dieser Befragung sowie die Meister der Reparatur- und Instandsetzungsabteilung, insgesamt 39 Führungskräfte.

Die erste Befragung der Mitarbeiter erfolgte mit einem Fragebogen, der acht Fragen enthielt. Bei der zweiten Befragung verwendeten wir einen verbesserten Fragebogen mit insgesamt 10 Fragen. In Kapitel 5 wird ein Fragebogen mit 12 Fragen gezeigt. Während bei der ersten Befragung die Beteiligungsquoten der Mitarbeiter noch relativ niedrig lagen - mit einer Bandbreite von 38 bis 100 Prozent und einem Schwerpunkt bei 61 bis 70 Prozent -, erhöhte sich bei der zweiten Befragung die Beteiligungsquote auf 68 bis 100 Prozent. Das bedeutet, daß in den Kostenstellen, wo anfangs die Beteiligung aus Gründen des Mißtrauens noch sehr niedrig lag, in der Zwischenzeit ein Teil des Mißtrauens abgebaut wurde, sodaß mehr Mitarbeiter bereit waren, sich an der Beurteilung des Führungsverhaltens ihrer Vorgesetzten zu beteiligen.

Bei der zweiten Befragung ließen sich sogar 47 Führungskräfte ihr Führungsverhalten von ihren Mitarbeitern bewerten. Die Durchführung der Befragung und die Art der vorgenommenen Auswertungen werden im Kapitel 5 im einzelnen erläutert. An dieser Stelle sei nur gesagt, daß die Ergebnisse für jede bewertete Führungskraft grafisch dargestellt wurden und daß für jeden über eine Punktzahl eine Führungs-Qualitäts-Ziffer (FQZ) in Prozent errechnet wurde. Es konnten maximal 100 Prozent erreicht werden. Diese 100 Prozent wurden als „sehr gutes Führungsverhalten" bezeichnet. Den Führungskräften wurde mitgeteilt, daß die Geschäftsleitung sich wünscht, daß bei der ersten Befragung jeder mindestens 71 Prozent als Führungs-Qualitäts-Ziffer (FQZ) erreichen soll. Diese Prozentzahl bedeutet bei unserem System, das mit 7 Bewertungsklassen arbeitet, ein „geringes positives Führungsverhalten". Als späteres Ziel wurde eine FQZ von 86 Prozent angestrebt. Diese Zahl würde in dem System von 7 Bewertungsstufen bedeuten, daß ein „mittleres (= gutes) positives Führungsverhalten" erreicht werden soll.

Als Ergebnis der beiden Befragungen ist festzustellen, daß beim ersten Durchgang - für 39 Führungskräfte - das Verhalten der Führungskräfte mit durchschnittlich 79,3 Prozent und beim zweiten Durchgang - für 47 Führungskräfte - ebenfalls mit durchschnittlich 79,3 Prozent bewertet wurde. Das

Ergebnis bedeutet, daß im Durchschnitt aller beurteilten Führungskräfte ein guter Mittelwert zwischen geringem und mittlerem positivem Führungsverhalten erreicht wurde.

Aus einer flüchtigen Betrachtung der beiden Ergebnisse könnte man darauf schließen, daß im Verlaufe eines Jahres keine weitere Verbesserung im Sinne einer Entwicklung der Führungskräfte stattgefunden hat. Das ist jedoch nicht der Fall gewesen. Es hat in der Tat erhebliche Verschiebungen gegeben. Führungskräfte, die bei der ersten Befragung noch Spitzenwerte von 92 bis 96 Prozent erreicht hatten, fielen beim zweiten Mal etwas zurück, während die Führungskräfte, die beim ersten Mal schlecht abgeschnitten hatten, sich beim zweiten Mal bis auf zwei Ausnahmen deutlich verbessert haben. Auch im Mittelfeld von 75 bis 86 Prozent gab es leichte Verschiebungen nach oben und nach unten. Bei der zweiten Befragung nahmen zusätzlich und erstmals 8 Führungskräfte teil, von denen einige sehr niedrig bewertet wurden, was dazu beitrug, daß der Gesamtdurchschnitt der FQZ nicht angestiegen ist.

Wer solche Zahlen zum ersten Mal liest, mag denken, daß die hier erreichten Durchschnittszahlen für das Führungsverhalten von Führungskräften relativ niedrig liegen. Das ist jedoch nicht der Fall. Bei diesen Befragungsergebnissen macht sich bereits bemerkbar, daß die Führungskräfte und offenbar auch deren Mitarbeiter überwiegend der Meinung sind, daß sich durch die Trainings in sinnorientierter Führung die Zusammenarbeit im Betrieb deutlich verbessert hat. Befragungen in anderen Betrieben haben ergeben, daß sich die durchschnittlich erreichten FQZ zwischen 63 bis 72 Prozent bewegen. In diesen Unternehmen finden wir stark ausgeprägte Mißtrauenskulturen und ein erhebliches Gegeneinander zwischen Geschäftsleitung und den nächsten Führungsebenen bis hinunter zu den Werkern und Werkerinnen.

Selbstbild und Fremdbild der obersten Führungskräfte
Da sich bei dem gummiverarbeitenden Betrieb die Ebene der Technischen Geschäftsleitung mit ihren Hauptabteilungsleitern nicht an der Befragung ihrer Mitarbeiter zur Beurteilung ihrer Führungsfähigkeiten beteiligt hatte, wurde später ein anderer Weg gewählt, ihnen ihre Führungsfähigkeit zu spiegeln.

Wir wählten dazu die Vorgehensweise von Selbstbild und Fremdbild. Der technische Geschäftsführer schätzte sein Verhalten anhand eines Fragebogens mit 13 Fragen selbst ein und die ihm direkt unterstellten Führungskräfte der Ebene der Hauptabteilungsleiter spiegelten ihm mit ihren Bewertungen je Frage, die zu einem Durchschnitt verarbeitet wurden, das Fremdbild. In gleicher Weise schätzten sich die Hauptabteilungsleiter zu den 13 Fragen selbst ein und die ihnen nachgeordneten Führungskräfte gaben ihre Bewertung als Fremdbild ab. Selbstbild und Fremdbild wurden bei der Auswertung grafisch gegenübergestellt. Die Ergebnisse wurden mit den in dieser Form bewerteten Führungskräften vom Berater in Vier-Augen-Gesprächen kommentiert. Bei größeren Abweichungen zwischen Selbst- und Fremdbild und auch bei weitgehender Übereinstimmung aber von beiden Seiten erkannten Defiziten im Verhalten wurden natürlich Hilfen zu notwendigen Verhaltensveränderungen gegeben.

Abbildung 13 zeigt den Fragebogen, mit dem die Ebene der Hauptabteilungsleiter die Geschäftsführung beurteilte. Mit gleichen Frageinhalten beurteilte die Führungsebene unterhalb der Hauptabteilungsleiter ihre Vorgesetzten.

Coachings von Werkerinnen und Werkern
In diesem Programm zur Reduzierung der Fehlzeiten wurde zwar die primäre Fokussierung auf das Verhalten der Führungskräfte gelegt, was sich auch als sehr erfolgreich erwies. Es wurde jedoch immer wieder durch Gespräche mit Werkern ergänzt, die häufig krank waren.

Auseinandersetzungen zwischen Werkerinnen
Ein besonderer Fall waren die Auseinandersetzungen in einer Gruppe von Werkerinnen. Eine ausländische Werkerin und ihre deutschen Kolleginnen hatten plötzlich Probleme miteinander und rannten ständig zum Meister und Segmentleiter, um sich über die jeweils andere Seite zu beschweren. Als die Vorgesetzten der ständigen Gepräche überdrüssig waren, baten sie den Berater, die Probleme in einem Gruppencoaching zu lösen.

Die eingeladenen Damen zeigten sich hocherfreut, daß man ihnen diese aus ihrer Sicht „Vorzugsbehandlung" zukommen ließ. Sie waren auch sehr bereitwillig, über die Probleme zu sprechen, die sie miteinander hatten. Im Gespräch war man sich schnell einig, daß der Egoismus jedes einzelnen die vorhandenen Probleme verursacht hatte. Jede der Damen sah ein, daß sie sich mit egoistischem Verhalten das Leben nur unnötig schwer machten. Man einigte sich auf verschiedene Maßnahmen, die das Miteinander und die Kollegialität besser förderten. Sechs Wochen später wurde in einem zweistündigen Treffen erneut nach der Situation gefragt. Das Erfreuliche war, daß die gemeinsam gefundenen Maßnahmen mit Erfolg umgesetzt wurden und daß inzwischen wieder Ruhe und Frieden eingekehrt waren.

Einstellung der Geschäftsführung zu ihren Führungskräften und Mitarbeitern? Einschätzung durch die Führungskräfte - Bitte Zutreffendes ankreuzen				
Frage - Wie zutreffend ist sie? (GF= Geschäftsführung)	trifft voll nicht zu	trifft eher nicht zu	trifft eher zu	trifft voll zu
1. Die GF würdigt die Leistungen der Mitarbeiter als wertvoll und nicht als selbstverständlich.				
2. Die GF anerkennt bevorzugt die weit überwiegenden positiven statt negativen Ergebnisse der Mitarbeiter.				
3. Die GF belohnt konsequent erfolgreiche Arbeit und stille Fleißarbeit anstelle einer ungerechten Belohnung von „Radfahrertum" und Selbstdarstellung.				
4. Offenheit, ehrliche Meinung, auch Kritik an der GF, ist für alle Mitarbeiter ohne persönliche Nachteile möglich.				
5. Die GF verhält sich erkennbar deutlich mitarbeiterorientiert (bietet Sinn/Freude an der Arbeit). Sie pflegt ein Miteinander und beweist echte Fürsorglichkeit.				
6. Die GF informiert umfassend aktuell über alle die Mitarbeiter berührenden Vorgänge (Ziele, Maßnahmen), um Identifikation mit dem Unternehmen zu erreichen.				
7. Die GF macht die Mitarbeiter bei Zielsetzungen von Betroffenen zu Beteiligten, läßt sie als Partner mitwirken.				
8. Die GF will, daß wichtige Bedürfnisse der Mitarbeiter (z.B. freier Tag) angemessen (fürsorglich) berücksichtigt werden, trotz dringender Liefertermine.				
9. Die GF schafft durch eigene Glaubwürdigkeit (Offenheit, Ehrlichkeit) gegenseitiges Vertrauen.				
10. Die GF setzt Vertrauen in die Fähigkeiten und das Engagement der Mitarbeiter. Sie überträgt den Mitarbeitern weitgehend Selbstverantwortung.				
11. Die GF achtet die Mitarbeiter als „gleichwertige" Menschen. Sie behandelt sie respektvoll und höflich und spricht auch so von ihnen.				
12. Die GF vermittelt Mitarbeitern den Sinn ihrer Arbeit.				
13. Mit kluger Strategie strebt die GF überdurchschnittliche Gewinne an und bietet Gewinnbeteiligung.				

Abbildung 13: Beurteilung der Geschäftsführung durch die nächste Führungsebene

Mitarbeiter mit hoher Unfallhäufigkeit

In einem anderen Fall hatten wir es mit einem Mitarbeiter zu tun, der als „Unfallmechaniker" verschrien war, weil er alle vier bis sechs Wochen einen Unfall hatte. Aus diesem Grunde hatte der Betriebsleiter angeordnet, daß er an seinem ursprünglichen Arbeitsplatz nicht mehr arbeiten durfte, an dem er sich jedoch wohlfühlte und weiterarbeiten wollte. Nachdem er acht Wochen lang keinen Unfall hatte, setzte sich sein Schichtführer in einem Gruppencoaching dafür ein, daß er wieder an seinen alten Arbeitsplatz zurückkehren durfte. Der Berater überzeugte den Betriebsleiter, sodaß der bisher zu vielen Unfällen neigende Werker wieder an seinen alten Arbeitsplatz zurückkehren durfte. Kurze Zeit später erlitt er erneut einen Unfall und der Berater fühlte sich blamiert. Es wurde nun ein Gespräch mit diesem „Profi-Unfaller" geführt. Alle denkbaren Ursachen, die für sein unfallträchtiges Verhalten in Frage kommen könnten, wurden im einzelnen besprochen. Bei jeder denkbaren Möglichkeit schloß der Mitarbeiter diese als Ursache aus. Das Coaching wurde schließlich nach mehreren Stunden ergebnislos abgebrochen. Das Erstaunliche war jedoch, daß der Mitarbeiter fortan keine Unfälle mehr hatte. Durch das Caoching ist in ihm wohl etwas berührt worden, was zu einer veränderten Einstellung zu seiner Arbeit führte.

Leistungssteigerung von Werkern

Tatsächlich hat das Ergebnis von Gruppen- oder Einzelcoachings mit Werkern häufig eine Veränderung von deren Einstellung zur Arbeit zur Folge. So berichtete ein Meister, der einen türkischen Mitarbeiter, den er als unbequem erlebt hatte, zu einem Gruppencoching mit dem Thema „Umgang mit unbequemen Mitarbeitern" mitgenommen hatte, später, daß dieser Mitarbeiter seine Leistungen ganz deutlich gesteigert habe und er mit ihm auch besser auskäme. Ähnliche Ergebnisse wurden bei anderen Werkern erreicht.

Krank durch Probleme mit Kollegen und Vorgesetztem

Wie sehr die Leistung und Zufriedenheit vom Vorgesetzten und Kollegen abhängen, zeigte der Fall von dem spanischen Mitarbeiter P. Er war schon viele Jahre in Deutschland und sprach hervorragend Deutsch. Von dem Meister der Kostenstelle, in der er zunächst viele Jahre lang gearbeitet hatte, wurde er gut beurteilt, weil er trotz schmächtiger Figur die dort gegebene schwere Arbeit gut gemeistert hatte und auch mit den Kollegen gut ausgekommen war. Sein Vorgesetzter hätte ihn auch gern behalten. Als P an einem doppelten Leistenbruch operiert werden mußte, war den Verantwortlichen klar, daß er die bisherige schwere Arbeit nicht mehr machen konnte. Er wurde in eine andere Kostenstelle mit leichterer Arbeit versetzt, die allerdings zwei Lohngruppen niedriger bewertet war. Hier zeigte sich, daß der etwas großsprecherisch auftretende P Anpassungsprobleme hatte, daß seine Teamfähigkeit nur unter guten Bedingungen ausreichte.

In dieser neuen Kostenstelle wurde er von den dortigen Kollegen verspottet, weil er nun weniger verdiente als zuvor und als sie, die aufgrund ihrer höherwertigeren oder körperlich anstrengenderen Arbeit höher entlohnt wurden. P wehrte sich auf seine Art, indem er seine Kollegen ebenfalls herabsetzte. P stellte fest, daß sein Schichtführer große Führungsdefizite hatte und fühlte sich von diesem nicht geachtet, so wie er seinerseits seinen Schichtführer nicht achten konnte. Die ständigen gegenseitigen Beschimpfungen zwischen den Kollegen während der Pausen und die Probleme mit dem Vorgesetzten führten dazu, daß P Kreislaufstörungen mit Schwindelgefühlen bekam und häufiger krank war. Seine Fehlzeiten ließen sich nur reduzieren, indem man für ihn einen anderen Arbeitsplatz suchte, an dem es die geschilderten Belastungen nicht gab.

Hohe Kosten durch ungeeignete Führungskraft
Der Betriebsleiter hätte den ungeeigneten Schichtführer längst von der Führung von Mitarbeitern entbinden müssen. Denn der Schichtführer griff nicht ein, als seine Mitarbeiter den ihm zugewiesenen P anpöbelten. Als schwacher Vorgesetzter war es ihm wichtiger, von seinen Mitarbeitern einigermaßen geduldet zu werden. Außerdem störte es ihn sicherlich, daß ihn P nicht anerkannte. Insofern war es ihm wohl recht, daß P von den anderen dafür „bestraft" wurde.

Die Vorgesetzten des Schichtführers hätten diesen gern von seinem Posten abberufen, wenn ein Ersatz verfügbar gewesen wäre. Sie hatten es jedoch versäumt, rechtzeitig geeigneten Führungsnachwuchs heranzubilden. Hinzu kam, daß der Betriebsleiter meinte, aus Respekt vor seinem erst kürzlich in Pension gegangenen Vorgänger, der diesen Schichtführer in diese Position berufen hatte, diese Ernennung nicht rückgängig machen zu können. Mit solchen Fehlentscheidungen bei der Ernennung bewährter Fachkräfte zu Führungskräften, obwohl diese überhaupt keine Führungseigenschaften haben, haben sich übrigens die meisten Unternehmen in eine schwierige Situation gebracht. Ungeeignete Führungskräfte kosten die Unternehmen sehr viel Geld, weil sie die Mitarbeiter demotivieren und zum Teil krank machen. Dabei sind die Kosten aufgrund von innerer Kündigung und Streitereien unter Kollegen sowie der Protesthaltung gegenüber dem Vorgesetzten in Form von Qualitätsproblemen und Maschinenstillständen viel höher als die Kosten aufgrund verursachter Fehlzeiten.

Mißverständnisse, Egoismen und Nichtachtung zwischen Kollegen
Ein Coachinggespräch wurde anberaumt, weil sich die jüngeren Maschinenführer einer Extruder-Anlage, die wechselseitig mit einem älteren „Abnehmer" der aus dem Extruder kommenden Profile zusammenarbeiteten, über diesen älteren Kollegen ständig beschwerten. Sie warfen ihm vor, sich zu wenig um die Qualität des Produkts zu kümmern und sich in den Zwischenpausen von der Anlage zu entfernen, ohne zu sagen, wohin er gehe. Die Betriebsleitung beklagte, daß der 58 Jahre alte Abnehmer - nennen wir ihn A - häufig krank war und vermutlich auf eine vorzeitige Invalidierung hinarbeite.

Das in Gegenwart des Meisters mit einem der Maschinenführer - nennen wir ihn M - und dem Abnehmer A geführte Coaching-Gespräch brachte folgendes zu Tage. M erwartete, daß A laufend die Oberfläche und Breite des aus dem Extruder kommenden Profils prüft, was dieser jedoch viel zu selten tat. Denn A glaubte, daß der M für die Qualität des Profils verantwortlich sei, weil er diesen häufiger die aus dem Mundstück kommende Breite messen sah. Als wir dem A erklärten, daß M nur anfangs die Breite messe und die Oberfläche beobachte, dann aber andere Aufgaben zu erfüllen habe und vom Prozeß her allein A für die Prüfung der Qualität voll verantwortlich sein könne, sah das A sofort ein. Er fragte nur, warum ihm denn das keiner vorher gesagt habe. M klagte weiterhin darüber, daß A nur eine Kunststoffunterlage in den Karton legen würde, in die die aufgerollten Profile kommen, obwohl er der Meinung sei, daß es aus Qualitätsgründen besser zwei Unterlagen sein sollten. Dem widersprach A, weil es bei nur einer Unterlage noch keine Beanstandung gegeben hatte. Um jedoch den Bedenken seines Kollegen M Rechnung zu tragen (um ihn „glücklich" zu machen), erklärte sich schließlich A bereit, zukünftig zwei Unterlagen einzulegen.

Was das Verschwinden von A während der Zwischenpausen anging, so zeigte sich, daß M und P in der Lage waren, den Ablauf während der bezahlten Essenspause so zu organisieren, daß die Maschine - rechtzeitig vorher voll geladen - dabei ohne Unterbrechung weiterlief, indem abwechselnd immer einer der beiden die Profile abnahm und verpackte. Seltsamerweise war der M nicht in der Lage, für die Kurzpausen von nur 10 bis 15 Minuten Dauer den Ablauf in gleicher Weise zu organisieren, also den Extruder mit der entsprechenden Menge von Mischung vollzuladen, damit die Maschine nicht leerlief. Er und die anderen Maschinenführer ärgerten sich nur darüber, daß sie keinen

Zugriff auf A hatten, während dieser eine Kurzpause in Anspruch nahm, obwohl die Maschinenführer sich viel öfter zwischendurch Raucherpausen erlaubten. Sie nahmen es auch dem strengen Nichtraucher A übel, daß er sich nicht zu ihnen in den „verstänkerten" Raucherpausenraum setzte.

Aber auch A hatte Probleme mit M. Er beklagte sich seinerseits, daß M ihn zu Schichtbeginn nie grüße. M verteidigte sich zuerst damit, daß er morgens noch müde sei. Auf den Einwand von M, daß er auch bei der Spätschicht nicht grüße, rechtfertigte sich M damit, daß er von Natur aus maulfaul sei. A konterte, daß auch dann, wenn er den jüngeren M zuerst grüße, dieser den Gruß nicht erwidern würde, was M damit erklärte, daß er oft zu sehr in seine Arbeit vertieft sei. Ein weiterer Klagepunkt von A war, daß M ihm nie sage, welche Aufträge in der Schicht zu fahren seien. M wies darauf hin, daß ja die Aufträge auf dem Tisch lägen, sodaß sich A informieren könne. A sagte dazu, daß er dann immer noch nicht wisse, in welcher Reihenfolge die Aufträge abgearbeitet würden. Für ihn sei das wichtig, weil er aus dem Wissen über die Reihenfolge der Aufträge sich gedanklich den Ablauf des Arbeitstages besser vorstellen können und sich auch Gedanken machen könne, wann ihm welche Zwischenpausen möglich seien.

Im Prinzip zeigte das Gespräch, daß es eine Reihe von Mißverständnissen zur Verantwortung, den unterschiedlichen Vorstellungen zur Zusammenarbeit und zu den Bedürfnissen jedes einzelnen gab. Die jungen Maschinenführer wollten die Zusammenarbeit mit dem viel älteren A - die Integration von A in die Gruppe - nur zu ihren Bedingungen haben, ohne sich Gedanken zu machen oder einzufühlen, daß auch A seine Bedürfnisse erfüllt sehen wollte. A's vorhandene Neigung zum Einzelgänger - vielleicht auch als Generationenproblem - wurde dadurch verstärkt. Die Maschinenführer hatten den A nicht geachtet (erkennbar an ihrem Verhalten), was diesen veranlaßte, sofort das Weite zu suchen, sobald er es aufgrund einer Pause tun konnte. Dies empfanden die Maschinenführer wiederum als Mißachtung.

Insgesamt erbrachte das Gespräch eine Klärung der gegenseitigen Bedürfnisse und eine Aufklärung von Mißverständnissen. M nahm sich vor, A zukünftig zu achten und auf seine Bedürfnisse einzugehen. Es waren letztlich nur „Kleinigkeiten", die beiden Parteien das Leben schwer gemacht hatten. Der aufgestaute Frust fiel nur durch die steigenden Fehlzeiten vom A auf. Das Coachinggespräch hatte beiden geholfen, ihre Probleme zu lösen. Beide Parteien zogen am Ende glücklich von dannen. Die Fehlzeiten von A gingen dadurch deutlich zurück.

Ergebnisse der Fehlzeitenreduzierung mit dem LIETZ-System

Das Programm zur Fehlzeitenreduzierung, das zugleich die Motivation der Mitarbeiter positiv beeinflußt, begann Mitte April 1993. Bis zum Ende des Jahres 1993 konnten die Fehlzeiten der gewerblichen Mitarbeiter/innen um 3,5 Prozentpunkte reduziert werden, ohne daß auf kranke Mitarbeiter Druck ausgeübt wurde. In 1994 wurden die Fehlzeiten um 0,4 Prozentpunkte, in 1995 um 0,8 Prozentpunkte und in 1996 um weitere 0,3 Prozentpunkte reduziert. In dem verbleibenden Sockel als durchschnittliche Fehlzeiten waren 1,5 bis 1,7% Dauerkranke enthalten.

Wie die Abbildung 14 zeigt, ergaben sich aus den deutlichen Fehlzeitenreduzierungen erhebliche Einsparungen für den Kunden, denn die Aufwendungen des Kunden für die externe Beratung (nur 8,5 Monate im ersten Jahr) waren

Jahr	ø Fehlzeiten in % bei 360 gewerblichen MA	Gesamtkosten in DM bei 800 DM je Tag Fehlzeit	Beraterkosten in DM	Kosteneinsparung in DM
1992	12,1	9.060.480	0	0
1993	8,4	6.289.920	100.000	2.670.560
1994	8,0	5.990.400	110.000	2.960.080
1995	7,2	5.391.360	70.000	3.599.120
1993-95			270.000	9.229.760

Abbildung 14: Tabelle Einsparungen durch Fehlzeitenreduzierung

im Verhältnis hierzu sehr gering. Durch den Übergang zu nur noch zweimonatlich stattfindenden Gruppencoachings im Verlaufe des zweiten Jahrs der Beratung konnten die Beraterkosten niedrig gehalten werden.
Werden die vom RKW ermittelten oder geschätzten Kosten von DM 800 je Tag Fehlzeiten zugrundegelegt, so ergaben sich über einen Zeitraum von drei Jahren für den Kunden Einsparungen in Höhe von mehr als neun Millionen Mark. Das Programm zur Fehlzeitenreduzierung hat dadurch insgesamt eine hervorragende Rendite abgeworfen. Von 1993-1995 stieg die Zahl der gewerblichen Mitarbeiter auf 370 an. 1996 wurden weitere Mitarbeiter eingestellt. Der Rückgang der Fehlzeiten ist also nicht auf die Furcht vor Entlassungen zurückzuführen. Auch wenn man niedrigere Beträge als Kosten je Tag

Fehlzeiten annimmt, bleibt noch eine sehr hohe Rendite als Amortisation der Investition übrig. Vom Kunden wurde daher auch bestätigt, daß sich das Programm mit etwa dem 15 bis 20fachen Ertrag rentiert habe, da ja nicht nur die Kosten für die Lohnfortzahlung und die Reduzierung der indirekten Kosten in Höhe von etwa 120 Prozent zusätzlich zu den Kosten der Lohnfortzahlung zu berücksichtigen seien. Es haben sich in diesem Zeitraum auch die Kosten für die Qualität deutlich verringert und die Produktivität hat sich zusätzlich durch geringere Maschinenstillstände erhöht.

Nehmen wir beispielsweise an, daß das Unternehmen je gewerblichem Mitarbeiter 445.000 DM Pro-Kopf-Umsatz macht, so ergäbe sich daraus ein Jahresumsatz von rund 160 Millionen DM. Werden bei diesem Umsatz die Qualitätskosten durch bessere Motivation der Mitarbeiter von beispielsweise 6 Prozent stufenweise auf 4 Prozent vom Umsatz gesenkt, so ergibt das allein im Jahr 1995 eine Einsparung von 3,2 Millionen DM. Rechnet man diese Einsparungen in die bisherige Tabelle der Einsparungen ein, so ergibt sich folgendes Ergebnis, dargestellt in Abbildung 15.

Auf der Basis unserer Annahmen führte somit die Reduzierung der Fehlzeiten mit Reduzierung der Qualitätskosten bis zum Jahr 1995 zu einer Verbesserung der Umsatzrendite um 4,2 Prozent gegenüber 1992.

Jahr	ø Fehlzeiten in % bei 360 gew. MA	Gesamtkosten bei DM 800 je Tag Fehlzeit	Beraterkosten in DM	Kosteneinsparung in DM durch Fehlzeiten-Reduzierung	Senkung der Qualitäts-Kosten 93: 0% 94: 1% 95: 2%	Gesamte Einsparung von Kosten in DM
1992	12,1	9.060.480	0	0	0	0
1993	8,4	6.289.920	100.000	2.670.560	0	2.670.560
1994	8,0	5.990.400	110.000	2.960.080	1.600.00	4.560.080
1995	7,2	5.391.360	70.000	3.599.120	3.200.00	6.799.120
93-95			280.000	9.229.760	4.800.00	14.029.760
96	6,8	auf Berechnung der Kosteneinsparungen 96 wurde verzichtet				

Abbildung 15: Kosteneinsparung durch Reduzierung von Fehlzeiten und Qualitätskosten

Welche zusätzlichen positiven Auswirkungen eine durch das Fehlzeitenreduzierungsprogramm erreichte Verringerung der Maschinenstillstandszeiten hat,
soll am nachfolgenden Beispiel gezeigt werden. Durch eine erhöhte Motivation der Mitarbeiter steigen die Nutzungsgrade des Maschinenparks von vorher
90% auf 95% der technisch möglichen Nutzungszeit. Betragen die Kosten für
den Materialeinsatz und für Fremdleistungen 35 Prozent vom Umsatz, so beträgt die Wertschöpfung 65 Prozent vom Umsatz. Bei unserer Rechnung müssen 360 Mitarbeiter in der Produktion mit ihrer Wertschöpfung die eigenen
Kosten und die Kosten von Entwicklung, Verwaltung, Vertrieb und Arbeits-
vorbereitung sowie Fertigungssteuerung usw. miterarbeiten. An 95 Prozent
des gesamten Produktionsausstoßes sind Maschinen beteiligt. Die durch einen
durchschnittlich erhöhten Maschinennutzungsgrad verbesserte Wertschöpfung
zeigt die nachstehende Abbildung 16.

Maschinen-Nutzungsgrad in %	x Wertschöpfungs Anteil in %	x Maschinenanteil an Produktion in %	= Wertschöpfung der Produktion in %
90	65	95	55,6
95	65	95	58,7
Erreichte Verbesserung			3,1

Abbildung 16: Erhöhung der Wertschöpfung durch erhöhten
Maschinennutzungsgrad

Die Verbesserung der Wertschöpfung um diese 3,1 Prozent verursacht keine
weiteren Personalkosten, sondern nur die mit erhöhten Maschinenlaufzeiten
verbundenen Energiekosten, sodaß der mögliche Mehrumsatz - vorsichtig gerechnet - zu einer Erhöhung der Umsatzrendite um etwa 2,5 Prozent führen
dürfte. Zusammen mit den schon aufgrund der Senkung der Fehlzeiten- und
Qualitätskosten erzielten Verbesserungen von 4,2 Prozent ergibt sich dadurch
eine Gesamtverbesserung der Umsatzrendite bis 1995 in Höhe von insgesamt
6,7 Prozent.

Im Vergleich mit anderen Methoden ist es erstaunlich, daß die beträchtlichen
Fehlzeitenreduzierungen mit dem *LIETZ-System* ohne systematische Rückkehrgespräche und ohne Druck auf Führungskräfte und Mitarbeiter erzielt
wurden. Es wurden in diesem Unternehmen nur gelegentliche Rückkehrge-

spräche von einem für die Personalarbeit verantwortlichen Mitarbeiter geführt. Die Absicht der Personalabteilung, formularisierte Rückkehrgespräche führen zu wollen, bei denen das Gesprächsergebnis vom Mitarbeiter per Unterschrift bestätigt werden sollte, wurde vom Betriebsrat nicht unterstützt.

5.5 Fehlzeitenreduzierung mit SinO-PEP®

Unternehmen, die den mehrjährigen Weg der Fehlzeitenreduzierung über eine Veränderung der Führungs- und Leistungskultur im Unternehmen nicht gehen wollen, können seit kurzem auch den schnellen Weg mit dem Sinn-Orientierten Pflicht-Erfüllungs-Programm (SinO-PEP®) beschreiten.

Die Vorgehensweise des instrumentalisierten SinO-PEP®

A. Das System ist dem Betriebsrat des Unternehmens vorzutragen, damit seine Unterstützung für die Einführung und Umsetzung erreicht wird.

B. Die Meister und Vorarbeiter (Schichtführer) und ihre Arbteilungsleiter lernen in einem zweitägigen sinnorientiertem Führungstraining, welches Führungsverhalten und welche Arbeitsbedingungen Mitarbeiter krank machen oder Disziplinverstöße als Protesthaltungen auslösen und wie sie ihre Mitarbeiter besser motivieren. Das macht sie natürlich nicht perfekt in effektiver Mitarbeiterführung, aber sie können danach besser führen als bisher.

C. Etwa drei bis vier Wochen später wird dieser Personenkreis in der Anwendung der instrumentalisierten Stufen zur Fehlzeitenreduzierung bei Rückkehrgesprächen und zur Abstellung von Disziplinverstößen (beispielsweise zu lange oder zu häufige Pausen, Nichteinhaltung von Anweisungen zur Qualität und Arbeitssicherheit) geschult.

D. Nachdem die Führungskräfte etwa einen Monat lang die ersten Erfahrungen bei Rückkehrgesprächen und bei Disziplinverstößen gemacht haben, erhalten sie einen Tag lang ein Vertiefungstraining im Rahmen eines Erfahrungsaustauschs.

E. Allen häufig kranken Mitarbeiterinnen und Mitarbeitern wird angeboten, zweimal je einen halben Tag innerhalb von 8 Wochen an einem Gruppencoaching teilzunehmen, bei dem sie lernen, ihre streßbedingten Belastun-

138

gen psychisch besser zu verarbeiten. Für das Unternehmen fallen dadurch je nach Unternehmensgröße und Zahl der häufig kranken Mitarbeiter alle zwei Monate ein bis zwei Tage Gruppencoaching an.

Die 5 Stufen des Sinn-Orientierten Pflicht-Erfüllungs-Programms (SinO-PEP©)

1. Willkommensgespräch

   Kommen Mitarbeiter/innen von einer Krankheit zurück, so führt der direkte Vorgesetzte das Rückkehrgespräch als „**Willkommensgespräch**". Es wird hierbei kein Formularsatz zur Kontrolle eröffnet.

2. Mitarbeiter-Beratungs-Gespräch

   Bei einer zweiten Erkrankung innerhalb 9 Monaten - festgestellt von der Personalabteilung - wird der Vorgesetzte von dieser aufgefordert, das Rückkehrgespräch als „**Mitarbeiter/in-Beratungs-Gespräch**" zu führen. Das Ziel ist, anhand der Checkliste gemäß Abbildung 17 die möglichen arbeitsbedingten Ursachen für die bisherigen Erkrankungen zu erforschen und Maßnahmen zu deren Abstellung festzulegen. Mit diesen Maßnahmen soll letztlich die Gesundheit des Mitarbeiters gefördert werden. Im Falle eines ersten Disziplinarverstoßs sind die Ursachen für die darin liegende Protesthaltung des Arbeitnehmers zu ergründen und Maßnahmen zur Abstellung der Auslöser für die Protesthaltung festzulegen. Das Gespräch ist jetzt erstmals formularmäßig zu dokumentieren.

   Im Beratungs-Gespräch wird der Mitarbeiter auf das angebotene Gruppencoaching für häufig kranke Mitarbeiter und die Schulungs-Angebote der Krankenkassen verwiesen.

3. Mitarbeiter-Gruppencoaching

   Für häufig kranke Arbeitnehmer wird innerhalb von zwei Monaten zweimal für jeweils einen halben Tag ein **Mitarbeiter-Gruppencoaching** während der bezahlten Arbeitszeit durchgeführt. Dieses Gruppencoaching soll ihnen helfen, mit den streßbedingten Arbeitsbelastungen besser fertigzuwerden. Außerdem können die Teilnehmer/innen über Arbeitsbelastungen berichten, deren Bedeutung von ihren Vorgesetzten bisher vernachlässigt wurde oder wo Maßnahmen zur Abstellung von zu hohen Arbeitsbelastungen bisher zu zögerlich umgesetzt wurden.

4. Toleranz- und Ermahnungs-Gespräch

   Fällt der Mitarbeiter innerhalb eines Zeitraums von neun Monaten zum dritten Mal durch eine länger als einen Tag dauernde Erkrankung auf, so ist von dem direkten Vorgesetzten zusammen mit dem nächsthöheren

Gespräch mit Mitarbeiterin bzw. Mitarbeiter mit hohen Fehlzeiten

Name: Datum:

Was ist vermutliche Krankheitsursache? Wie kann die Gesundheit gefördert werden?

Mögliche Ursachen	Ergänzende Hinweise zur möglichen Ursache	Maßnahme zur Förderung der Gesundheit des Mitarbeiters
1. Ängste, den Anforderungen nicht gewachsen zu sein:	Qualifikation nicht ausreichend? Ungenügend angelernt? Notwendiges Mitdenken/Mitplanen überfordert?	
2. Überforderung körperlich:	Körperlich zu schwere Arbeit? Zu hohe Arbeitsintensität? Arbeitsplatz ist nicht ergonomisch, verursacht einseitige Belastungen?	
3. Überforderung mental:	Zu hohe anhaltende Konzentration notwendig? Zu kurze Anlernzeit - fehlende Routine, deshalb Unsicherheit? Zu selten Erfolgserlebnisse?	
4. Psychische Überforderung	Überbelastung durch Streß und Hektik? Macht Aufgabe ungern? Verantwortung zu hoch, sie belastet? Isolation? Häufig unklare Aufgabenstellung? Zu häufiges Umsetzen auf anderen Arbeitsplatz?	
5. Psychische Belastung aus der Arbeit	Durch Unterforderung? Zu häufige organisatorische Änderungen? Wechselschicht mit ungünstigen Arbeitszeiten? Leidet unter ungerechter Lohneinstufung?	
6. Psychische Belastung durch Menschen	Wünscht sich mehr Anerkennung seiner Arbeit? Wünscht sich mehr Anerkennung und Wertschätzung seiner Person? Leidet unter ungerechter Behandlung? Fühlt sich von Kolleg/innen nicht ge-/beachtet? Leidet unter egoistischem Konkurrenzverhalten?	
7. Allgemeine psychsiche Belastungen	Findet keinen Sinn in der Arbeit? Fehlende Arbeitsplatzsicherheit? Sieht keine Zukunftsperspektive? Sieht keine Entwicklungsmöglichkeiten für sich? Hat Probleme mit Alkohol oder Medikamenten? Schwaches Selbstwertgefühl, traut sich wenig zu? Übermäßige Anstrengungen/Belastungen im Privatbereich/Freizeit - sollten reduziert werden	Mitarbeiter ist verantwortlich für Erhaltung seiner Gesundheit!

Abbildung 17: Checkliste zur Ursachenklärung für Fehlzeiten

140

Vorgesetzten mit dem Mitarbeiter ein „Toleranz- und Ermahnungs-Gespräch" zu führen. Das Ziel dieses Gesprächs ist erneut eine Maßnahmenüberprüfung, in welcher Weise die Gesundheit des Mitarbeiters gefördert werden kann. Wenn der Mitarbeiter das Angebot von für ihn kostenlosen Gruppencoachings nicht wahrgenommen hatte, ist jetzt die Frage nach der Prognose zu stellen, also ob die bisherigen Krankheiten ausgeheilt oder ob weitere Erkrankungen zu erwarten sind. Im Falle von Disziplinverstößen ist zu prüfen, warum die bisherigen Maßnahmen nicht erfolgreich waren und ob weitere Maßnahmen mehr Erfolg versprechen. Sowohl Mitarbeiter mit Fehlzeiten wie auch die mit Disziplinverstößen sind freundlich zu ermahnen auch ihrerseits alle Anstrengungen zu unternehmen, ihre Pflichten aus dem Arbeitsvertrag zu erfüllen. Im Falle von Disziplinverstößen ist auch zu prüfen, ob nicht bereits eine schriftliche Abmahnung angebracht ist.

5. Personal-Gespräch

Bei der vierten Erkrankung innerhalb von 9 Monaten und beim dritten Disziplinverstoß in dieser Zeit ist mit dem Mitarbeiter bzw. der Mitarbeiterin ein „Personal-Gespräch" wegen fehlender Vertragserfüllung zu führen. Dieses Gespräch ist von dem Abteilungsleiter der Personalabteilung unter Teilnahme des direkten Vorgesetzten und nächsthöheren Vorgesetzten des betroffenen Arbeitnehmers zu leiten. Das Ziel ist zu prüfen, ob der Mitarbeiter bzw. die Mitarbeiterin die Fähigkeit und den Willen hat, seinen bzw. ihren Arbeitsvertrag zu erfüllen. Wenn diese Voraussetzungen nicht gegeben sind, sollten vom Unternehmen arbeitsrechtliche Maßnahmen eingeleitet werden.

Die Einleitung arbeitsrechtlicher Maßnahmen im Falle von häufig kranken Arbeitnehmern mag von manchen Führungskräften, Betriebsräten und natürlich den betroffenen Mitarbeitern als ungerecht angesehen werden. Das ist jedoch nicht der Fall. Unternehmen haben die Aufgabe, sich in einem globalen Wettbewerb mit anderen Unternehmen wirtschaftlich zu behaupten, also eine gute Verzinsung des eingesetzten und volkswirtschaftlich knappen Kapitals zu erwirtschaften. In einem bestimmten vom Gesetzgeber festgelegten Rahmen haben sie auch eine Fürsorgepflicht für ihre Mitarbeiter wahrzunehmen. Wirtschaftsunternehmen sind jedoch nicht verpflichtet, alle Schicksalsschläge ihrer Mitarbeiter finanziell auszugleichen, indem sie ihnen im Falle von häufiger Krankheit den Lohn für Nichtleistung, für eine Nichterfüllung des Arbeitsvertrags, bezahlen. Für den finanziellen Ausgleich von Schicksalsschlägen ist die Arbeitslosenversicherung, die Arbeitslosenhilfe und die Sozialfürsorge zuständig, für die die Gesamtheit aller Arbeitnehmer im Sinne einer Solidarhaftung eintritt. Der einzelne Betrieb wäre überfordert, wenn ihm zu einem großen Teil diese Lasten aufgebürdet würden. Er würde damit die Gesamtzahl der Arbeitsplätze aller im Unternehmen Beschäftigten gefährden.

Der Vorteil dieser instrumentalisierten Rückkehrgespräche nach Erkrankungen und Mitarbeiter-Gesprächen nach Disziplinverstößen liegt darin, daß ein Zwangsablauf vorgesehen ist, der für alle Betroffenen vorhersehbar ist. Die Vorgesetzten, die sich bisher vielfach davor gescheut haben, mit Mitarbeitern Rückkehrgespräche und Gespräche bei Disziplinverstößen zu führen, werden mit Checklisten unterstützt und es wird kontrolliert, daß sie diese Gespräche führen. Sie können nun nicht mehr nach vielen Monaten eigener Versäumnisse in Bezug auf eine konsequente Haltung die Versetzung oder Entlassung von Mitarbeitern fordern, weil sie so häufig krank sind, daß sie ihre Arbeit nicht schaffen oder weil die Arbeitsmoral in ihrer Kostenstelle durch häufige Disziplinverstöße von einzelnen Mitarbeitern gesunken sei.

Das SinO-PEP unterscheidet sich vom Opel AVP dadurch, daß die sinnorientierte Führung von Mitarbeitern und die Beratung und Hilfe für Mitarbeiter mit Krankheiten und Disziplinverstößen im Vordergrund stehen. Das Pflichterfüllungsprogramm ist in eine sinnorientierte Umgebung eingebettet. Hohe Fehlzeiten und Disziplinverstöße werden als Symptome für tieferliegende Ursachen angesehen. So wie ein Fieber nicht die Krankheit selbst ist sondern nur das Symptom, so stehen hohe Fehlzeiten und Disziplinverstöße als Zeichen der Demotivation und Depression sowie als Protesthaltungen auch nur für Ursachen, die weit überwiegend im Führungsverhalten des jeweiligen Vorgesetzten oder im Betriebsklima liegen und nur relativ selten auf besondere Arbeitsbedingungen (beispielsweise fehlende Ergonomie) oder private Einflüsse zurückgehen.

Das SinO-PEP läßt sich im übrigen sehr flexibel handhaben. Bestimmte Erkrankungen aufgrund von Betriebsunfällen oder Schwangerschaft oder lebensbedrohliche Erkrankungen (z.B. Krebs) werden von den instrumentalisierten Gesprächen 2 bis 4 ausgeschlossen. Das Mitarbeiter-Beratungs-Gespräch kann in bestimmten Fällen auch mehrmals geführt werden, wenn der Vorgesetzte das verantwortet. Das käme in Frage, wenn häufig kranke Mitarbeiter an dem Mitarbeiter-Coaching teilnehmen. Hier sollte man Geduld haben und auch in Einzelfällen mehr als die zweimalige Teilnahme am Mitarbeiter-Gruppencoaching zulassen, denn Einstellungsveränderungen zur Arbeit oder zur gesünderen Lebensweise brauchen ihre Zeit.

Unternehmen, die das Konzept des SinO-PEP nicht anwenden, benutzen häufig mit Erfolg die Abbildung 17 zur Führung von Rückkehrgesprächen mit wieder gesundeten Mitarbeitern.Hierzu erhalten sie eine Anleitung, wie sie solche Gespräche einfühlsam durchführen können.

Das SinO-PEP kann natürlich auch jederzeit um eine weitgehende Schulung der Führungskräfte in sinnorientierter Führung mit anschließenden Gruppencoachings erweitert werden, wie sie im Rahmen des *LIETZ-Systems* durchgeführt werden. Unternehmen, die ihre in der Regel vorhandene Mißtrauenskultur in eine Vertrauenskultur verwandeln, sind immer erfolgreicher als gleich gelagerte Wettbewerber, die diesen Weg nicht gehen. Neueste Methoden und Techniken können heute sehr schnell kopiert werden. Bewußtseinsveränderungen der Mitarbeiter, die eine positive Einstellung zu höherer Leistung und zu einer reibungsfreien Zusammenarbeit zum Inhalt haben, sind von Wettbewerbern nicht kopierbar und von diesen zeitlich nicht mehr aufzuholen, wie unter anderem das Beispiel der heimlichen Gewinner, der 500 erfolgreichsten mittelständischen Unternehmen in Deutschland gezeigt hat. Eine Untersuchung der Kienbaum-Unternehmensberatung zeigte, daß Unternehmen mit einer Vertrauenskultur eine vierfach höhere Rendite haben als andere Unternehmen.

Zusammenfassung - *LIETZ-System*

Die Fehlzeitenreduzierung nach dem *LIETZ-System* wurde in einem kleinen Unternehmen mit 32 Mitarbeitern erarbeitet, das die Hälfte aller Arbeitsplätze mit Langzeitarbeitslosen oder schwer vermittelbaren Arbeitslosen besetzen mußte. Trotz dieser enormen Erschwernisse konnten die Fehlzeiten innerhalb von 18 Monaten von 11 Prozent auf 2 bis 3 Prozent reduziert werden.

Das gleiche Konzept, nur etwas erweitert, wurde auf andere Unternehmen angewandt. Im Beispiel des beschriebenen Unternehmens der Gummiverarbeitung mit etwa 370 gewerblichen Mitarbeitern wurden anfangs mehr als 70 Führungskräfte in einem Intervalltraining von 4 mal 1 Tag über 4 Monate verteilt in Fehlzeitenreduzierung und sinnorientierter Mitarbeiterführung geschult. Daran schlossen sich anfangs monatliche und später zweimonatliche halbtägige Gruppencoachings an, in denen Themen zur Fehlzeitenreduzierung und Mitarbeiterführung vertieft und Erfahrungen ausgetauscht wurden. Das *LIETZ-System* wirkt durch die lange Zeit der Zusammenarbeit mit den Führungskräften und durch die damit erreichte Veränderung des Führungsverhaltens auch positiv auf die Motivation der Mitarbeiter ein. Als Folge davon arbeiten die Mitarbeiter mit erhöhtem Qualitäts- und Kostenbewußtsein. Die Qualitätskosten und die Maschinenstillstandszeiten sinken. Das erhöht letztlich die Produktivität und reduziert die Kosten.

Bereits nach 9 Monaten in 1993 wurden 3,5 Prozentpunkte Fehlzeitenreduzierung erreicht. Durch Fortsetzung des Programms bis 1996 wurde ohne Druck auf die Führungskräfte eine Fehlzeitenreduzierung von fünf Prozentpunkten im Vergleich zur Ausgangssituation erreicht. Allein von 1993 bis 1995 wurde eine Einsparsumme von total 14 Millionen DM erreicht. Die Umsatzrendite wurde durch die Fehlzeitenreduzierung und die damit zusätzlich erreichte Verringerung von Qualitätskosten und Maschinenstillstandszeiten um insgesamt mehr als 6 Prozent verbessert. Als vorteilhaft für die Reduzierung von Fehlzeiten hat sich auch immer wieder das Knapphalten des Personalstands ausgewirkt. Mehr Arbeit zu haben als Köpfe, hält die Fehlzeiten niedrig.

Mit dem verkürzten Fehlzeitenreduzierungsprogramm SinO-PEP können solche großen Einsparungen wie beim *LIETZ-System* nicht erwartet werden, weil dieses Verfahren nur eine relative kurze Schulung der Führungskräfte vorsieht, Verhaltensweisen zu vermeiden, die Fehlzeiten verursachen und die arbeitsplatzbedingten Verursacher von Fehlzeiten aufgrund fehlender Ergonomie abzustellen. Hier dominiert ein eher mechanistischer Ansatz, der bei den Führungskräften nicht die Bewußtseins- und Verhaltensveränderungen hervorrufen kann mit deutlicher Beeinflussung der Motivation aller Mitarbeiter wie das eher langfristig angelegte *LIETZ-System*. Der kostenmäßige Aufwand für die Durchführung des SinO-PEP ist dagegen relativ gering. Die zu erwartenden Reduzierungen bei den Fehlzeiten liegen je nach Ausgangslage bei 1 bis 3 Prozent und bieten somit ebenfalls eine hohe Rendite der Investition.

Die Fehlzeitenreduzierung nach dem *LIETZ-System* oder dem SinO-PEP - wie auch bei jedem anderen System oder Vorgehen - kann nur dann erfolgreich sein, wenn die Fehlzeitenreduzierung ein klar definiertes Ziel aller beteiligten Führungskräfte ist, wenn also entsprechende Anforderungen an sie gestellt werden. Geschäfts- und Betriebsleitung müssen voll hinter solch einem Programm stehen und für die konsequente Durchführung der einzelnen Schritte sorgen sowie sich ständig für die Fortschritte interessieren. Der gewünschte Erfolg kann auch nur eintreten, wenn von der Geschäftsleitung nicht gleichzeitig Maßnahmen zur Kürzung der Einkommen der Werkerlöhne getroffen werden, die zwangsläufig demotivierend wirken. Es sollten auch keine Maßnahmen erfolgen, die eine Verunsicherung oder Mißtrauenshaltung hervorrufen. Wichtig für einen Erfolg bei der Fehlzeitenreduzierung ist auch, dieses Ziel nicht vorrangig wegen der Kostenersparnis zu verfolgen. Dann kann es schlecht gelingen. Das Hauptziel muß der Fürsorgegedanke gegenüber den Mitarbeitern sein. Die Geschäftsleitung muß ein großes Interesse daran haben, den Mitarbeitern Sinn und Freude in ihrer Arbeit zu ermöglichen.

Es ist bedauerlich, daß viele Unternehmen die Möglichkeit des in Kapitel 2.7 erwähnten Mitarbeiter-Betreuungsprogramms nicht nützen. So manche Mitarbeiter kommen mit den Anforderungen der Arbeit und des familiären und gesellschaftlichen Umfelds nur schlecht zurecht. Wenn sie in diesen Fragen praktische Ratschläge bekommen können, so fördert das ihre Gesundheit und ihr Engagement für die Arbeit.

6. Checklisten und Anleitungen, Materialien

In diesem Kapitel sollen den Lesern Hilfsmittel zur Verfügung gestellt werden, die Kosten der Fehlzeiten ihres Unternehmens zu berechnen und diese Fehlzeiten zu reduzieren, wobei auch die in Kapitel 5 beschriebene Mitarbeiter-Qualifikations-Bilanz benutzt werden sollte.

6.1 Fragebogen als Gesprächsleitfaden beim Einstellungsgespräch mit neuen Mitarbeitern

Wer gewerbliche Mitarbeiter einstellen will und vorher nicht die Grundmotivation dieser Mitarbeiter zur Arbeit im Einstellungsgespräch prüft, handelt fahrlässig. Viele Unternehmen stellen neue Mitarbeiter nur nach Aktenlage ein, also auf der Basis der vorgelegten Arbeitsbestätigungen und verlassen sich darauf, daß sich die Eignung oder Nichteignung später in der Probezeit herausstellen werde. Die Erfahrung hat gezeigt, daß dies in den meisten Fällen nicht der Fall ist. Zum Teil können sich neu eingestellte Arbeitnehmer lange Zeit verstellen, also ihre wahre Einstellung am Anfang in ihrer Arbeit nicht zum Ausdruck kommen lassen. Zum anderen Teil können negativ eingestellte neue Mitarbeiter die Entwicklung einer positiven Unternehmenskultur und eines positiven Betriebsklimas behindern, indem sie ihre negative Einstellung auf ihre Kollegen übertragen.

Eine schlechte Arbeitsmotivation neuer Mitarbeiter und ihre negative Einstellung zu erwünschten überdurchschnittlichen Leistungen wird von den Meistern aufgrund von Arbeitsüberlastung und Desinteresse während der Probezeit oft übersehen, zumal die Probezeit bei Arbeitern meist nur vier Wochen beträgt. Soweit befristete Arbeitsverhältnisse abgeschlossen werden, hat sich gezeigt, daß auch diese oft keine Hilfe sind, die innere Einstellung von Mitarbeitern zu ihrer Arbeit zu erkennen. Dies gilt insbesondere dann, wenn die Meister - in großen Kostenstellen - nur selten Kontakt mit ihren Mitarbeitern haben oder wenn die Personalabteilung ohne Rücksprache mit dem zuständigen Meister die Befristung in ein Dauerarbeitsverhältnis umwandelt, weil zwischenzeitlich keine Beanstandungen bekannt wurden. Zumindest ist es ein teures Verfahren, die Grundmotivation zur Arbeit und Eignung neuer Mitarbeiter erst während der Arbeit herausfinden zu wollen! Natürlich ist auch ein strukturiertes Einstellungsgespräch kein Wundermittel. Es grenzt jedoch die Fehlentscheidungen bei der Einstellung, insbesondere bei gewerblichen Mitarbeitern, sehr stark ein.

Nachstehend wird solch ein Fragebogen als Gesprächsleitfaden gezeigt, wie er für die Bauindustrie entworfen wurde. Sinnvoll ist es, daß sich jedes Unternehmen seinen eigenen Gesprächsleitfaden entwickelt.

Beim Einstellungsgespräch sollte der Verantwortliche der Personalabteilung möglichst den Meister (oder Polier bzw. Bauleiter) dazunehmen, in dessen Arbeitsgruppe der neue Mitarbeiter später arbeiten soll. Es sollte auch ein Betriebsrat dabei sein. Vor Beginn des Gesprächs ist dem Bewerber mitzuteilen, daß er die Fragen nicht beantworten müsse, die ihm nicht gefallen.

Im Gespräch sollen möglichst auch Fragen gestellt werden, die einen Einblick erlauben, inwieweit dem Bewerber eine gute Arbeitsleistung als Teil seiner Identität wichtig ist und welche Einstellung er zur Verwendung von Geld hat. Es soll möglichst vermieden werden, Mitarbeiter einzustellen, die mit ihrem Geld nicht vernünftig umgehen können, also dazu neigen, sich stark zu verschulden, sodaß dann der Betrieb die Belastung aus Pfändungsbeschlüssen zu tragen hätte und sich mit einem demotivierten Mitarbeiter abquälen muß, dem das ihm verbleibende und nicht gepfändete Geld nicht ausreicht, so zu leben, wie er es gerne möchte und wie es die Kollegen tun können. Wenn ein Bewerber auf bestimmte Fragen keine Antwort geben möchte, so lassen sich auch daraus Erkenntnisse gewinnen. Ein gut geleitetes Unternehmen sollte auf keinen Fall Bewerber einstellen, bei denen Zweifel an einer guten Grundmotivation zur Arbeit bestehen.

Wer sich an der Art der Fragen dieses Fragebogens erregt, sollte bedenken, daß es nicht die Aufgabe eines Unternehmen ist, Menschen Arbeit zu geben. Die Notwendigkeit zur Bereitstellung von Arbeitsplätzen und Einstellung von Mitarbeitern ergibt sich, wenn ein Unternehmen erfolgreich ist und Wachstum hat. Es liegt nicht im Interesse der erfolgreich arbeitenden Mitarbeiter eines Unternehmens, daß neue Mitarbeiter eingestellt werden, die einen unzureichenden Arbeitswillen haben oder sonstige Schwierigkeiten machen könnten, wodurch der Erfolg des Unternehmens geschmälert wird. Manche Fragen wiederholen sich teilweise in anderer Form. Dies dient der Rückkopplung, ob sich der Bewerber noch daran erinnert, was er schon vorher zum Ausdruck gebracht hat.

Es wird empfohlen, sich nach vorstehendem Muster einen auf die Belange des Unternehmens abgestimmten strukturierten Gesprächsleitfaden zu erstellen. Dann kann man diesen Leitfaden entsprechend den gesammelten Erfahrungen leicht ständig noch verbessern und neuen Situationen anpassen.

Formularisierte Einstellungsfragebögen bedürfen der Zustimmung des Betriebsrats. Es empfiehlt sich daher, den Fragebogen nur für die Vorbereitung des Gesprächs zu benutzen, die Fragen aber frei zu stellen, ohne Benutzung einer Unterlage.

Einstellungsgespräch mit Bewerbern

1. Mindestanforderungen für gesuchten Mitarbeiter

z.B. für einen Bauarbeiter   Soll   Ist

Vorbildung

Ausbildung

optimale Berufserfahrungen

noch nützliche Berufserfahrungen

körperliche Konstitution, Belastbarkeit

Denkvermögen, Verstand
Zuverlässigkeit

Nichtraucher/Raucher

2. Prüfung der Arbeitsmotivation
Warum wollen Sie arbeiten? Was bedeutet Ihnen Arbeit?

Warum wechseln Sie die Arbeitsstelle?

Warum wollen Sie gerade diese angebotene Arbeit?

Was versprechen Sie sich davon?

Welche Bedürfnisse wollen Sie sich durch Arbeit erfüllen?

Für wen arbeiten Sie? Wem kommt das verdiente Geld zugute?

Wem fühlen Sie sich verpflichtet? Für wen tragen Sie freiwillig und gern die

Verantwortung zum Lebensunterhalt?

Lassen Sie sich in Ihren finanziellen Entscheidungen beeinflussen? Von wem?

Was brauchen Sie alles (z.B. eingerichtete Wohnung, Auto),
um zufrieden und glücklich zu sein? Was fehlt noch?

Was bedeuten Ihnen geordnete finanzielle Verhältnisse?

Wurden oder werden zur Zeit Teile Ihres Lohns gepfändet?

Planen Sie Ihre Ausgaben, die Verwendung Ihres Einkommens?
Wer plant?

Wie weit entfernt ist Ihr Wohnsitz von unserem Betrieb?
Mit welchen Verkehrsmitteln wollen Sie von Ihrem Wohnsitz zum Arbeits-
platz gelangen?
Welche Zeitdauer müssen Sie für Hin- und Rückweg einplanen?
Welche monatlichen Kosten werden Ihnen für Hin- und Rückweg entstehen?

3. Einstellung zu Vorgesetzten
Wie kamen Sie bei Ihrer letzten Arbeitsstelle mit Ihrem
Vorgesetzten zurecht?

Was ist für Sie ein guter Vorgesetzter?
Was erwarten Sie von Ihrem Vorgesetzten?

4. Beziehungen zu Kollegen (Kolleginnen)
Wie kamen Sie auf Ihrer letzten Arbeitsstelle mit Kollegen zurecht?
Was war gut? Was war nicht gut?

Wie sollte Ihrer Meinung nach die Zusammenarbeit mit den Kollegen sein?

Was bringen Sie in die Zusammenarbeit ein?

5. Was ist für Sie Leistung?
Unter welchen Voraussetzungen können Sie viel leisten?

6. Welche Arbeiten machen Sie am liebsten?
Wann haben Sie Freude an Ihrer Arbeit?

7. Mit welchen Menschen arbeiten Sie am liebsten zusammen?
Welche positiven Eigenschaften haben diese Menschen?

Wodurch unterscheiden sie sich von Menschen, mit denen Sie nicht gern zusammenarbeiten würden?

8. Unter welchen Bedingungen können Sie keine guten Leistungen erbringen?

9. Was sind Ihre Stärken?
fachlich
als charakterliche Qualitäten

10. Kennen Sie Ihre Defizite (Schwächen)?
Was können Sie nicht so gut, was machen Sie nicht so gerne?

Mit welchen charakterlichen Eigenschaften haben Sie manchmal Probleme?
Z.B. Offenheit, Ehrlichkeit, Glaubwürdigkeit, Verläßlichkeit, Pünktlichkeit, Sauberkeit, Ordnung, Rechthabenwollen, Besserwisserei, Sturheit usw.?

11. Wie wurden bisher Ihre Leistungen von Vorgesetzten beurteilt?

12. Wie beurteilen Sie selbst Ihre Leistungen in der Vergangenheit?

13. Was haben Sie sich an guten Vorsätzen für die Arbeit am neuen Arbeitsplatz vorgenommen?

14. Wie stark sind Sie bei der Verwirklichung von guten Vorsätzen?

15. Wovon hängt Ihrer Meinung nach der Erfolg unseres Unternehmens im Wettbewerb ab?

Was wollen Sie an Ihrem Arbeitsplatz einbringen, um den Erfolg unseres Unternehmens zu fördern?

6.2   Einführung neuer Mitarbeiter im Betrieb

Bei der Einführung neuer Mitarbeiter im Betrieb wird oft der Fehler gemacht, daß der Neue nur sehr schwer soziale Kontakte aufbauen kann, weil er sofort an einen zu besetzenden Arbeitsplatz gestellt wird, an dem er umgehend eine Leistung zu erbringen hat. Nachstehend wird eine erfolgreiche Vorgehensweise geschildert, die sich in vielen Unternehmen bewährt hat.

1 bis 2 Tage vor Arbeitsaufnahme (MA = Mitarbeiter/in)

1. Mit einem erfahrenen, verständnisvollen und hilfsbereiten MA vereinbaren, daß er eine Art „Patenschaft" für den „Neuen (die Neue)" übernimmt, um den Neuen in das Team und in das Unternehmen zu integrieren.

2. Information der Abteilung, daß ein neuer MA mit Namen: .... am .... seine Arbeit aufnimmt, daß er folgende Aufgaben hat:
   ....

   Wenn möglich, sollten auch - in vorheriger Abstimmung mit ihm - einige persönliche Daten, wie z.B. Alter, Ausbildung, frühere Tätigkeit usw. genannt werden, um die Kontakte mit ihm zu erleichtern und um die Fremdheit (Unsicherheit - was weiß man schon von ihm?) frühzeitig zu verringern.

3. Bitte an alle MA, dem Neuen zu helfen, sich zurechtzufinden, gute Arbeit leisten zu können und sich in der Abteilung wohlzufühlen.

Einführung des neuen MA am 1. Arbeitstag

1. Am ersten Arbeitstag des Neuen sollte er von seinem Vorgesetzten allen Mitarbeitern der Arbeitsgruppe bzw. Abteilung vorgestellt werden und falls notwendig auch den Kollegen von anderen Abteilungen, mit denen er zusammenarbeiten soll. Außerdem sollte er den Betriebsrat kennenlernen.

2. Es hat sich übrigens als sehr hilfreich erwiesen, einen neuen Mitarbeiter nicht nur mit den Arbeitskollegen bekanntzumachen, sondern ihm möglichst die wichtigsten Abteilungen zu zeigen, also einem neuen Produktionsmitarbeiter beispielsweise den gesamten Produktionsablauf zu zeigen, damit er versteht, welchen Sinn seine Arbeit hat und in welchem Zusammenhang sie mit allen Produktionsprozessen steht. In sehr großen Unternehmen wird es zu aufwendig sein, einem neu eingestellten Mitarbeiter diese Information über die Produktionsprozesse in Form einer

Besichtigung zu geben. Hier zeigt man den Ablauf der Produktionsprozesse an einer Schautafel, die sinnvollerweise auch die Zwischenpro-
dukte als Materialien oder Fotos zeigen sollte.

3. Unterweisung in den Vorschriften zur Arbeitssicherheit. Des weiteren alle
   Dinge erklären und gegebenenfalls zeigen, die für ihn außerhalb der Arbeit wichtig sind, wie z.b. Umgang mit der Stempelkarte, Frühstücks-
   beschaffung, Pausenraum, Kantine, Pausen, Werksarzt usw. Möglichst
   alle unnötigen Unsicherheiten beim Neuen abbauen!

4. Der Pate sollte sich bemühen, den Neuen in seine Arbeitsgruppe so einzuführen, daß schnell soziale Kontakte geschaffen werden.

5. Die Einarbeitungszeit und der jeweilige Schwierigkeitsgrad der Aufgabenstellung sollten so bemessen sein, daß der Neue sie mit seinen Fähigkeiten sicher und gut bewältigen kann, damit er durch Erfolgserlebnisse
   ermutigt wird.

6. Der Pate und Vorgesetzte beobachten den Neuen, um seine Stärken und
   Schwächen kennenzulernen.

7. Dauereinsatz möglichst nur bei Aufgaben/Arbeiten, die den individuellen
   Stärken des MA entsprechen, wo er Freude an der Arbeit hat bzw. gern
   mit Kollegen zusammenarbeitet. Gegebenenfalls fehlende oder unzurei-
   chende Qualifikation durch Schulung verbessern.

8. Der MA muß bei seiner Arbeit erkennen können, ob seine Arbeit qualita-
   tiv und quantitativ den Anforderungen entspricht, braucht also sofortige
   Rückinformation, z.B.:
   - Qualitäts-Muster zum optischen Vergleich mit seiner Arbeit muß am
     Arbeitsplatz sein oder
   - falls erforderlich die Einhaltung von Zeichnungsmaßen über eine
     Meßvorrichtung sicherstellen
   - notwendige Quantität in der Zeiteinheit - er muß wissen:
     - Vorgabe (erwartete Leistung) in Stück je Minute oder Stunde oder
       die
     - Gesamtstunden für die Losgröße.

9. Nach Ablauf etwa der halben Probezeit besprechen der Vorgesetzte und
   der Pate mit dem Neuen, wie sie seine Arbeit und sein Verhalten einschät-

zen. Sie legen dar, ob und in welchem Umfang der Neue die Erwartungen des Unternehmens erfüllt. Genauso wird auch der Neue gefragt, ob seine Erwartungen vom Unternehmen erfüllt wurden. Diese Bilanz zur „Halbzeit" gibt beiden Parteien die Möglichkeit, die vorhandenen und berechtigten Erwartungen zukünftig besser zu erfüllen.

10. Fehler-Toleranz leben!
Wer Perfektion fordert, entmutigt die MA. Wichtig ist, daß aus jedem Fehler gelernt wird und der Fehler möglichst kein zweites Mal gemacht wird. MA sind zum Qualitätsbewußtsein zu ermutigen. Toyota fordert von seinen MA z.b. die »Besessenheit zur Qualität«.

11. Möglichst die Selbständigkeit und Selbstorganisation des MA entwickeln und fördern, also auch seine Mitsprache und sein Mitplanen zulassen und fördern. Nur so entsteht hohe Mitarbeiterproduktivität!

6.3 Anlernen neuer Mitarbeiter

Das Anlernen neu eingestellter Mitarbeiter oder bei der Umsetzung an einen anderen Arbeitsplatz geschieht in den meisten Unternehmen in der Regel nicht zufriedenstellend. Die Vorgesetzten machen sich zu wenig Gedanken darüber, in welcher Weise es die Mitarbeiter psychisch belastet, wenn sie sich ihrer Aufgabe nicht voll gewachsen fühlen.

Das nachfolgende Muster eines sehr allgemein gehaltenen Anlernplans gibt einige Hinweise, wie ein Anlernplan gestaltet werden sollte.

Zweckmäßiges Anlernen neuer Mitarbeiter
MA = Mitarbeiterin, Mitarbeiter

1. Was muß ein neuer MA in meiner Abteilung vom Unternehmen wissen?

    • Wer ist unser Unternehmen?

    • Was ist der Zweck unseres Unternehmens?

    • Für wen wollen wir dasein?

    • Was ist unser Ziel?

    • Wie sind wir organisiert?

2. Was muß sie/er von unserer Arbeit wissen?

    • Wo stehen wir innerhalb der Unternehmensorganisation? Wie ist unsere Abteilung/Kostenstelle/Gruppe organisiert?

    • Wer sind unsere Kunden?

    • Welche Aufgaben hat unsere Abteilung/Gruppe? Wie organisieren wir unseren Tagesablauf?

    • Welche Teilziele hat unsere Abteilung/Gruppe?

    • Was macht unsere Arbeit erfolgreich? Was gibt uns in unserer Arbeit Sinn?

3. Wen muß sie/er von unserer Abteilung kennen?

4. Was sind die Stärken des Neuen?   Wofür eignet er sich am besten? Wo fällt es ihm leicht, gute Leistungen zu erbringen?

    Angaben aus dem Einstellungs-Gespräch verwenden

5. Welche Arbeiten macht sie/er gern? Welche Arbeiten zieht sie/er anderen vor?

6. Welcher MA soll Pate des Neuen sein, der ihm hilft, in der Gruppe heimisch zu werden?

7. Wie lange (Tage, Wochen) soll die Einlernzeit etwa dauern? Welche Arbeiten soll sie/er in dieser Zeit kennenlernen? Erst wenn sie/er eine Arbeit gut und zuverlässig ausführen kann (Routine !) darf ein Wechsel zur nächsten Arbeit erfolgen.

    1. Tag:
    2. Tag:
    3.-5. Tag:

    2. Woche:

8. Welche Aufgaben soll der Neue am Anfang übernehmen, bei denen er Erfolgserlebnisse haben kann (individuelle Leistungsfähigkeit)?

154

Klarheit: Was wird von ihr/ihm erwartet? Akzeptiert sie/er unsere Leistungsanforderungen?

9. Mit wem soll sie/er zusammenarbeiten?

Wer kontrolliert die Arbeit des Neuen und gibt ihm Rückmeldung, ob er die Erwartungen erfüllt?

Woran und wie kann der Neue selbst erkennen, ob seine Arbeit unseren Erwartungen entspricht?

10. Wie setzt sich die Anlernzeit ab der 3. Woche fort?

Welche Aufgaben hat er jetzt zu übernehmen?

11. An welchem Tag (ca. Hälfte der Probezeit) prüfe ich mit dem Paten, ob der Neue für uns geeignet ist, ob er unsere Leistungsanforderungen (Menge, Qualität, Termin, Zuverlässigkeit) erfüllt, ob sie/er menschlich-charakterlich in unser Team paßt?

12. Was sage ich dem Neuen als Zwischenergebnis seiner Probezeit? Welche Stichworte notiere ich für das Gespräch?

• Was finden wir positiv an ihr/ihm? Was hat sie/er gut gemacht?

• Was sollte sie/er noch verbessern?

• Was ist negativ (nicht akzeptabel)?

• Wie wird ihre/seine Kooperation (sachlich) und ihre/seine Teamfähigkeit beurteilt? Was ist positiv?

• Was ist noch zu verbessern?

13. Was muß die/der Neue noch lernen?

Welche Aufgaben geben wir ihr/ihm, mit welchen vereinbarten Zielsetzungen?

Welchen zeitlichen Ablauf sehen wir vor?

1. Aufgabe / Zielsetzung

2. Aufgabe / Zielsetzung

14. Wer gibt sofort eine Rückmeldung in Bezug auf das Arbeitsergebnis?

6.4 Stellen- und Aufgabenbeschreibung für Meister

Immer wieder ist festzustellen, daß in Unternehmen für Führungskräfte verschiedener Ebenen keine Aufgaben- oder Stellenbeschreibung besteht. Neuerdings wird von manchen Management-Gurus sogar gefordert, für Führungskräfte keine Aufgaben- oder Stellenbeschreibungen zu erstellen, weil diese die Tätigkeit der Führungskraft zu sehr einengen würde. Bei dieser Forderung haben die Verfechter dieser Idee jedoch einen Typus Führungskräfte vor Augen, der in der Realität sehr selten anzutreffen ist. Wenn die Führungskräfte nicht genau wissen, welche Anforderungen an sie gestellt werden, wie können sie ihre Arbeit konzentriert darauf ausrichten, die Erwartungen ihrer Vorgesetzten zu erfüllen? An was wollen sie und ihre Vorgesetzten den Erfolg ihrer Tätigkeit messen? Nachstehend wird ein Muster einer solchen Aufgabenbeschreibung dargestellt.

Stellen- und Aufgabenbeschreibung für Meister
der Firma........................ GmbH & Co KG

Meister für den Bereich (Bezeichnung mit Kostenstellen-Nrn.):

Stelleninhaber: Herr

1. Dem Stelleninhaber obliegt die Leitung der vorstehend genannten Fertigungsbereiche und die effektive Führung der zugeordneten Mitarbeiterinnen und Mitarbeiter

   „Leitung" beinhaltet die sachlich zweckmäßige Strukturierung und Organisation der betrieblichen Prozesse und deren laufende Optimierung. Unter der effektiven „Führung" der Mitarbeiter ist eine sinnorientierte Gestaltung der Beziehungen zu den Mitarbeitern zu verstehen, damit die Mitarbeiter gern zur Arbeit kommen, sich am Arbeitsplatz wohlfühlen und sich mit ihren Fähigkeiten voll engagieren, um ihre Arbeit auf einem ständig steigenden Niveau zu optimieren und unseren Kunden den von diesen gewünschten Nutzen zu bieten. Vom Stelleninhaber wird erwartet, daß er seine MitarbeiterInnen achtet, sich um Gerechtigkeit bemüht, sich das Vertrauen der MitarbeiterInnen erwirbt, sich Zeit für die Probleme der MitarbeiterInnen nimmt.

2. Der Stelleninhaber ist in seiner Funktion dem Betriebsleiter direkt unterstellt; bei Abwesenheit des Betriebsleiters ist er dem Geschäftsführer für die technischen Bereiche berichtspflichtig.

3. Vertretung im Falle der Abwesenheit: durch den zuständigen Vorarbeiter: Herrn ....

4. Allgemeine Zielsetzung der Stelle
Der Stelleninhaber der genannten Fertigungsbereiche soll dafür sorgen, daß die MitarbeiterInnen die ihnen übergebenen Aufträge zu niedrigsten Kosten in der geforderten Qualität und zum geforderten Termin erfüllen.

5. Kriterien zur Messung der Aufgabenerfüllung und Leistung
Die Aufgabenerfüllung und Leistung des Stelleninhabers wird zusätzlich zu den vorstehend genannten allgemeinen Kriterien an den vom Betriebsleiter <u>jährlich neu festzulegenden quantifizierten Zielen</u> gemessen, deren Erfüllung im monatlichen Soll-Ist-Vergleich auf der Pinwand der Kostenstelle visuell darzustellen ist.

Zielgrößen sind bei Nutzung der vorhandenen Mittel:
5.1. Verminderung der Kosten für Ausschuß und Nacharbeit
5.2. Produktivitätserhöhungen durch Reduzierung der Rüstzeiten und Beschleunigung von Arbeitsprozessen
5.3. Reduzierung der durchschnittlichen Fehlzeiten der MitarbeiterInnen auf 4 Prozent
5.4. Beschleunigung der Durchlaufzeiten in der Fertigung
5.5. Einhaltung der Fertigstellungstermine
5.6. Die Mitarbeiter im Verantwortungsbereich ermutigen, möglichst viele Verbesserungsvorschläge einzureichen. Ziel: mindestens 2 Verbesserungsvorschläge je MitarbeiterIn/Jahr, die sich innerhalb eines Jahres amortisieren

6.5 Kennzahlen

Um Leistungen oder das Erreichen von Zielen periodisch zu messen, verwendet man Kennzahlen. Hier muß jeder Betrieb für seine Bedürfnisse die geeig-

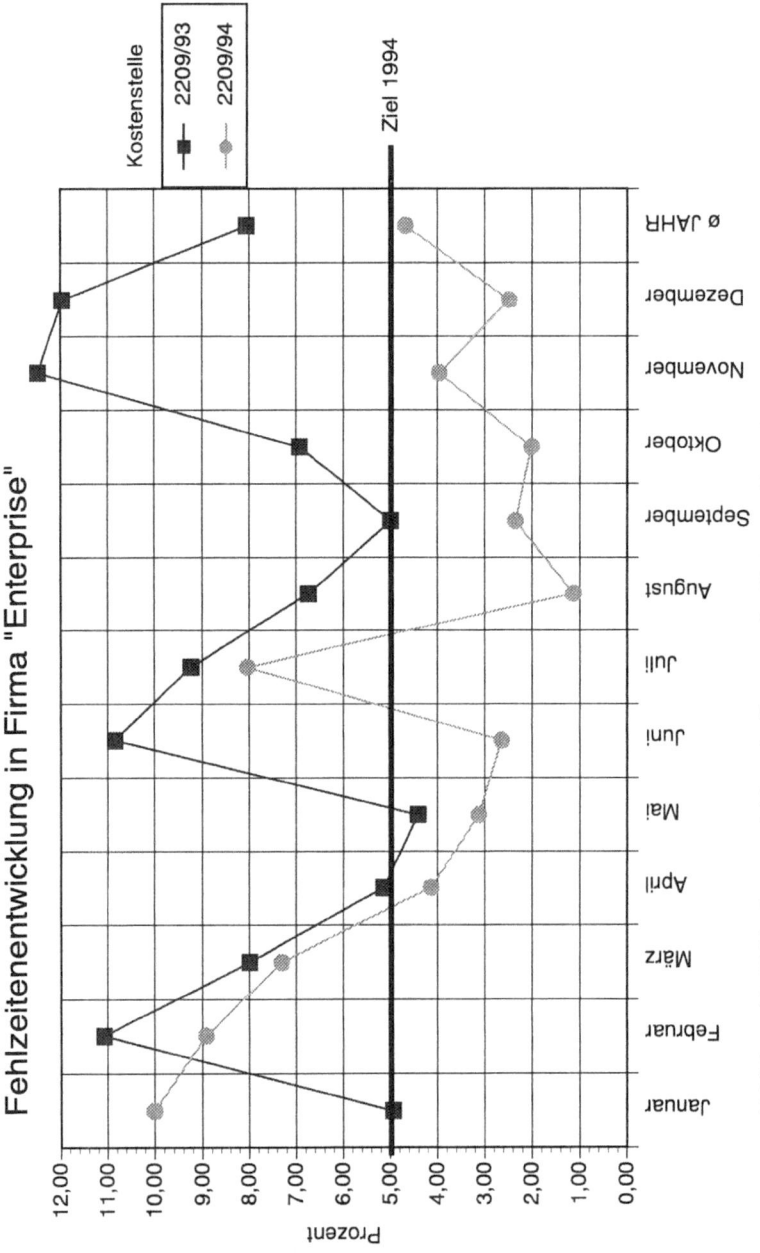

Abbildung 18: Fehlzeitenentwicklung in Kostenstelle 2209 von 1993 bis 1994

158

neten Kennzahlen selbst finden. Nachstehend wird in Abbildung 18 ein Beispiel gezeigt, in welcher Weise die Fehlzeiten grafisch dargestellt werden
sollten, die dann auch an die Leiter der Kostenstellen zu verteilen sind. Es hat
sich erwiesen, daß es auf die Entwicklung der Fehlzeiten in den einzelnen
Kostenstellen eine größere Wirkung hat, wenn die Grafik ein Ziel zeigt, das
von den Führungskräften im betreffenden Jahr zu erreichen ist. Bei der Abbildung 18 für die Kostenstelle 2209 hatte der zuständige Meister in 1993
nicht mehr an den sinnorientierten Führungstrainings teilgenommen, weil er
Ende 1993 in Rente ging. Anfang 1994 übernahm ein junger Meister die Kostenstelle, der die Führungstrainings mitgemacht hatte. Innerhalb weniger
Monate reduzierte er den Krankenstand seiner 30 Mitarbeiter unter die Ziel-
marke. Ausreißer, wie sie der Monat Juli zeigt, können dabei immer wieder
mal vorkommen.

Anstelle der gezeigten Darstellung in Linienform kann die Grafik auch in

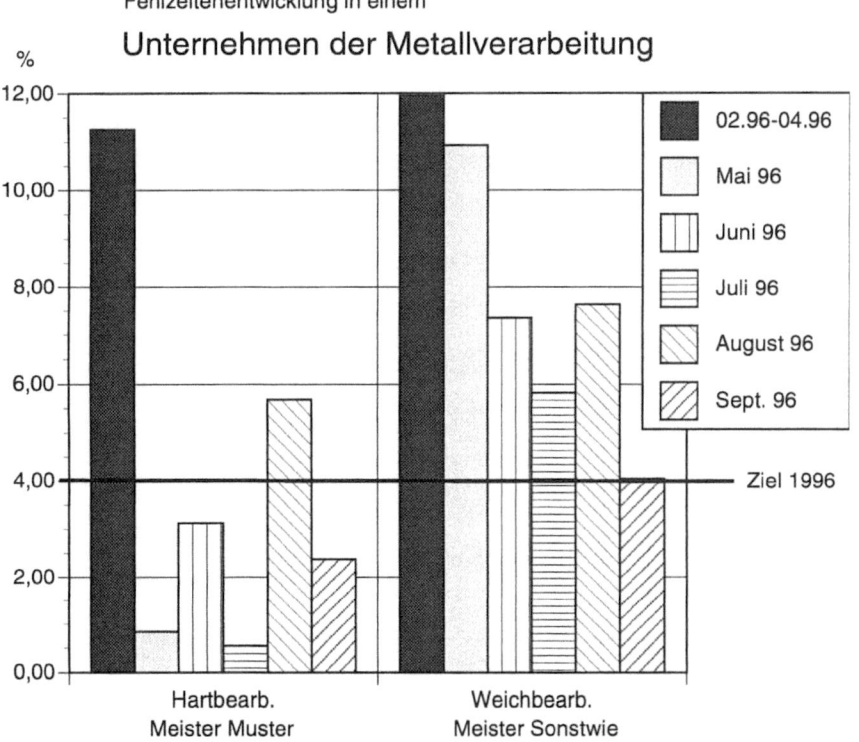

Abbildung 19: Vergleich der Fehlzeitenentwicklung für 2 Meisterbereiche

Balkenform erfolgen und mehrere Kostenstellen und Perioden im Vergleich zeigen.

Der Vergleich mit anderen Kostenstellen spornt die Kostenstellenleiter mit hohen Fehlzeiten an, auch ihre Fehlzeiten auf das Ziel-Niveau oder auf das niedrigere Niveau ihrer Kollegen zu bringen. Einen Vergleich zwischen zwei Meistereien, den Meistern „Muster" und „Sonstwie" zeigt die Abbildung 19.

Es wird empfohlen, im Interesse der Motivation der Mitarbeiter und ungestörter Beziehungen zum Betriebsrat, die Fehlzeitengrafiken nicht im Betrieb auszuhängen, sondern nur an die Kostenstellenleiter zu verteilen. Anders ist die Situation zu betrachten, wenn man mit Kennzahlen die Auswirkung von Fehlzeiten aufzeigt. So kann man die Entwicklung der Fehlzeiten auch laufend mit den Soll- und Ist-Leistungen der Kostenstelle vergleichen. Diese Grafik kann dann in der Kostenstelle ausgehängt werden, damit die Mitarbeiter erkennen können, in welcher Weise die Produktivität ihrer Kostenstelle zu einem erheblichen Teil von den Fehlzeiten abhängig ist. Idealerweise sollte dazu eine Grafik kommen, die über Kennzahlen die anderen Einflüsse auf die Produktivität zeigt, beispielsweise die Einflüsse von Ausschuß, Nacharbeit, Maschinenstillständen. Die nachstehende Abbildung 20 zeigt den Zusammenhang von Fehlzeiten und Produktivität. Es ist wichtig, den Mitarbeitern solche Zusammenhänge aufzuzeigen, ohne dabei oberlehrerhaft den Zeigefinger zu erheben oder Druck auszuüben. Das Ziel muß sein, daß die Mitarbeiter in sich den Wunsch erwecken, eine möglichst hohe Produktivität zu erreichen.

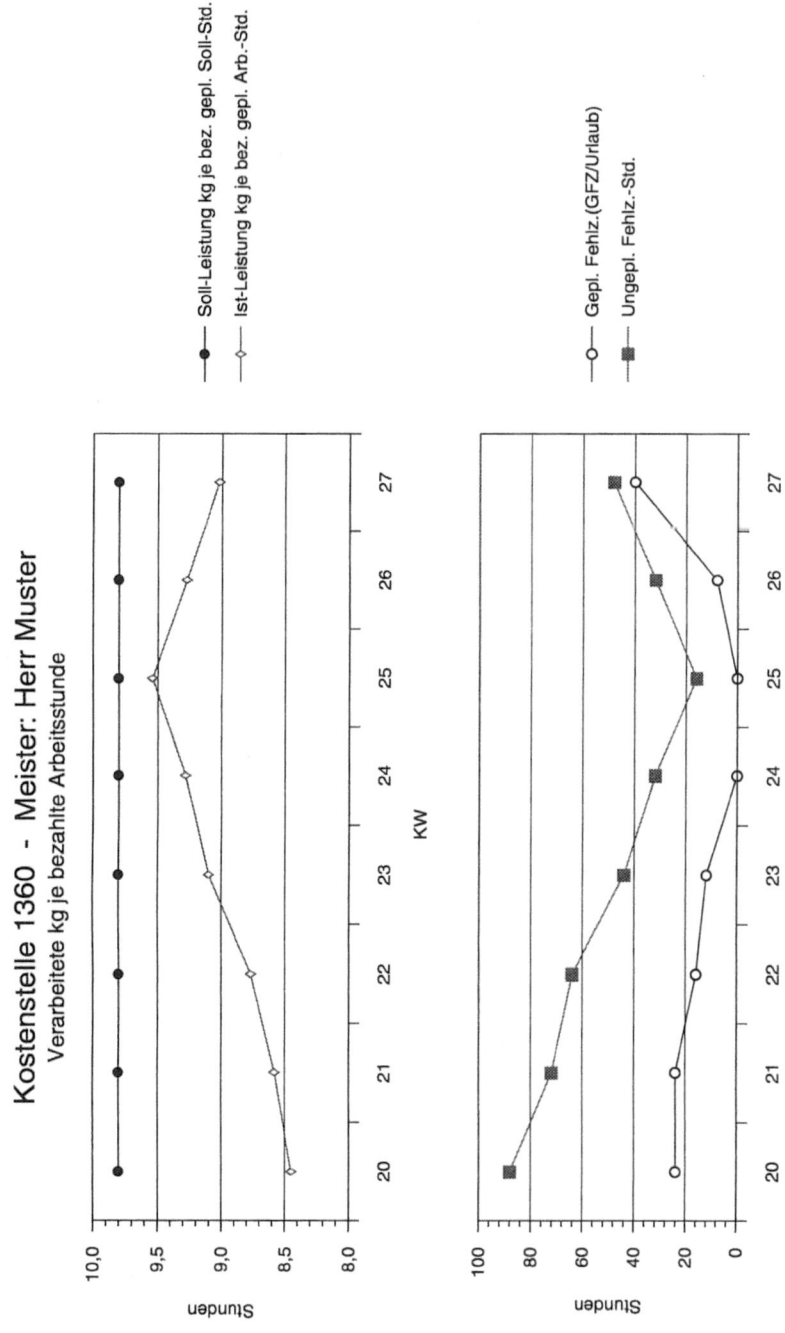

Abbildung 20: Produktivitätsverluste durch geplante und ungeplante Fehlzeiten-Stunden

6.6 Befragung der Mitarbeiter zum Führungsverhalten ihrer Vorgesetzten

Wer als Unternehmer oder Topmanager das Ziel hat, daß seine Führungskräfte ihre Mitarbeiter effektiv führen, also in ihnen Begeisterung für die Erledigung ihrer Aufgaben wecken sollen, muß die Zielerreichung auch messen. Anderenfalls haben sich die meisten Unternehmen eher mit einer größeren Zahl demotivierter statt motivierter Mitarbeiter abzufinden.

Die bisherigen Erfahrungen mit offenen Gesprächen oder Befragungen der Mitarbeiter sind überwiegend nicht positiv. In den meisten Unternehmen gibt es keine durchgängig gute Unternehmenskultur, die eine volle Offenheit fördert und sicherstellt, daß kein Mitarbeiter deshalb Nachteile zu erleiden hätte. Befragungen der Mitarbeiter zum Führungsverhalten sind daher vorzugsweise anonym durchzuführen. Nachstehend wird in Abbildung 21 das Muster einer Einladung der Mitarbeiter zur Befragungsaktion und in Abbildung 22 ein Fragebogen gezeigt, der vielfach für die Befragung von Mitarbeitern verwendet wurde.

Abbildung 21

September 1996

Mitarbeiterbefragung zum Führungsverhalten ihrer Vorgesetzten

Sehr geehrte Mitarbeiterinnen und Mitarbeiter,

Eine leistungsorientierte Arbeit ist uns allen wichtig. Sie sichert unsere Existenz, wenn wir gemeinsam auf unseren Märkten erfolgreich sind, wenn wir also unseren Kunden einen höheren Nutzen bieten als unsere Mitbewerber. Die entscheidenden Erfolgsfaktoren sind die Motivation, der richtige Einsatz und das Wohlbefinden unserer Mitarbeiter. Das alles hängt in starkem Maße von der Qualität des Führungsverhaltens unserer Führungskräfte ab.

Die Aufgabe unserer Vorgesetzten ist es, die Arbeit richtig zu organisieren und den Mitarbeiterinnen und Mitarbeitern zu helfen, daß sie ihre Arbeit als sinnvoll und erfolgreich erleben können. Arbeit muß auch Freude machen. Mitarbeiterinnen und Mitarbeiter müssen sich als Mensch (Person) voll geachtet fühlen und Vertrauen zu ihrem Vorgesetzten haben können.

Es liegt im Interesse unserer Führungskräfte, daß sie wissen wollen, ob sie nach Ihrer Ansicht und Ihren Erfahrungen ihre Aufgabe richtig erfüllen. Es liegt aber auch in Ihrem Interesse als MitarbeiterIn. Wir bitten Sie deshalb, mit dem beiliegenden Fragebogen das Führungsverhalten Ihrer Vorgesetzten zu beurteilen und den ausgefüllten Fragebogen im verschlossenen Kuvert abzugeben.

Sollten Sie Fragen zu einer der Aussagen zum Führungsverhalten oder zum Text dieser Mitteilung haben, so bitten Sie Ihre/n KollegenIn oder Ihren Vorgesetzten, Ihnen Ihre Frage zu beantworten.

Die MitarbeiterInnen der Fertigung bekommen zusammen mit dem Briefumschlag jeweils einen Fragebogen für ihren Vorarbeiter und Meister sowie für ihren Abteilungsleiter, deren Name dann auf einem der Fragebögen steht. Wir wissen, daß wir Ihnen mit mehreren Fragebögen etwa 15-20 Minuten Arbeit zumuten und hoffen auf Ihr Verständnis. Bitte nehmen Sie die Fragebögen mit nach Hause und denken Sie in Ruhe darüber nach, wie Sie jeden Vorgesetzten erleben und bewerten wollen. Bitte schreiben Sie nicht Ihren Namen auf den Fragebogen, sondern nur die Kostenstelle, falls diese nicht auf dem Fragebogen steht, damit wir die Beteiligungsquote je Kostenstelle feststellen können.

Bitte werfen Sie den ausgefüllten Fragebogen im verschlossenen Briefumschlag in die Urne (neben der Stempeluhr) in ihrem Werk. Die gesammelten Briefumschläge werden von der Geschäftsleitung **ungeöffnet** zur Auswertung an den von ihr beauftragten Führungsberater, Herrn Jürgen H. Lietz aus Würzburg gegeben, damit die Vertraulichkeit der Befragung gewahrt bleibt.

Jeder von Ihnen für ihren Vorgesetzten nicht abgegebene und nicht bewertete Fragebogen wird als Mangel an Interesse gewertet, Ihrem Vorgesetzten eine Rückmeldung zu seinem Führungsverhalten zu geben. Wenn Sie Ihrem Vorgesetzten wirklich helfen wollen, so geben Sie einen sorgfältig und überlegt ausgefüllten Fragebogen ab, damit Ihr Vorgesetzter aus der Auswertung erkennen kann, was er richtig macht und was er noch verbessern muß. Das kommt Ihnen in der Zusammenarbeit zugute.

Für Ihre Mitwirkung bei dieser Befragung danken wir Ihnen.

Mit herzlichen Grüßen

Mitarbeiter bewerten das Führungsverhalten ihrer Vorgesetzten - anonym								
Abgabetermin:	Abt./Kostenstelle:								
Vorgesetzte/r:	Bitte ankreuzen als Bewertung								

Aussagen zum Führungsverhalten	-3	-2	-1	0	+1	+2	+3
1. Ich arbeite gern mit meinem Vorgesetzen zusammen. Die Arbeit mit ihm macht mir Freude.							
2. Ich werde von meinem Vorgesetzten als gleichwertige Person geachtet. Ich bin so wertvoll wie er.							
3. Bei Entscheidungen berücksichtigt er meine Erfahrungen und meine Meinung und prüft sie ernsthaft. Er vermeidet es, autoritär Anweisungen zu geben, wie es ihm paßt.							
4. Zu meinem Vorgesetzten habe ich Vertrauen. Ich traue seiner Offenheit und Ehrlichkeit. Ich kann mich auf ihn verlassen.							
5. Bei Fehlern und Problemen kann ich mit dem Verständnis und der Hilfe meines Vorgesetzten rechnen. Er nimmt sich die hierfür notwendige Zeit							
6. Bei Arbeitsfehlern ist die Kritik meines Vorgesetzten konstruktiv und hilfreich, statt abwertend und verletzend							
7. Mein Vorgesetzter verfolgt bei seiner Mitarbeiterführung eine klare Linie mit Festigkeit und Konsequenz. Er ist für mich berechenbar und nicht launenhaft.							
8. Mein Vorgesetzter bemüht sich um ständige Produktivitätserhöhungen, damit sich unser Unternehmen im Wettbewerb behaupten kann und unsere Arbeitsplätze gesichert werden							
9. Mein Vorgesetzter ist fürsorglich. Er bemüht sich, daß ich mich trotz hoher Leistungsanforderungen bei meiner Arbeit wohlfühle							
10. Für meine Arbeit bekomme ich immer alle notwendigen Informationen							
11. Mein Vorgesetzter gibt mir das Gefühl, daß meine Leistung anerkannt wird und daß er mich mit meinen Fähigkeiten braucht							
12. Mein Vorgesetzter ist für Verbesserungsvorschläge stets aufgeschlossen und fördert neue Ideen							

Bewertungsbedeutung: -3 = stark negatives Verhalten; -2 = mittleres negatives Verhalten; -1 = geringes negatives Verhalten; 0 = kann mich nicht entscheiden; +1 = geringes pos. Verhalten; +2 = gutes positives Verhalten; +3 sehr gutes positives Verhalten.

Abbildung 22: Fragebogen zur Mitarbeiterbefragung

Herr "Muster"

Mitarbeiterbefragung Juni 1996

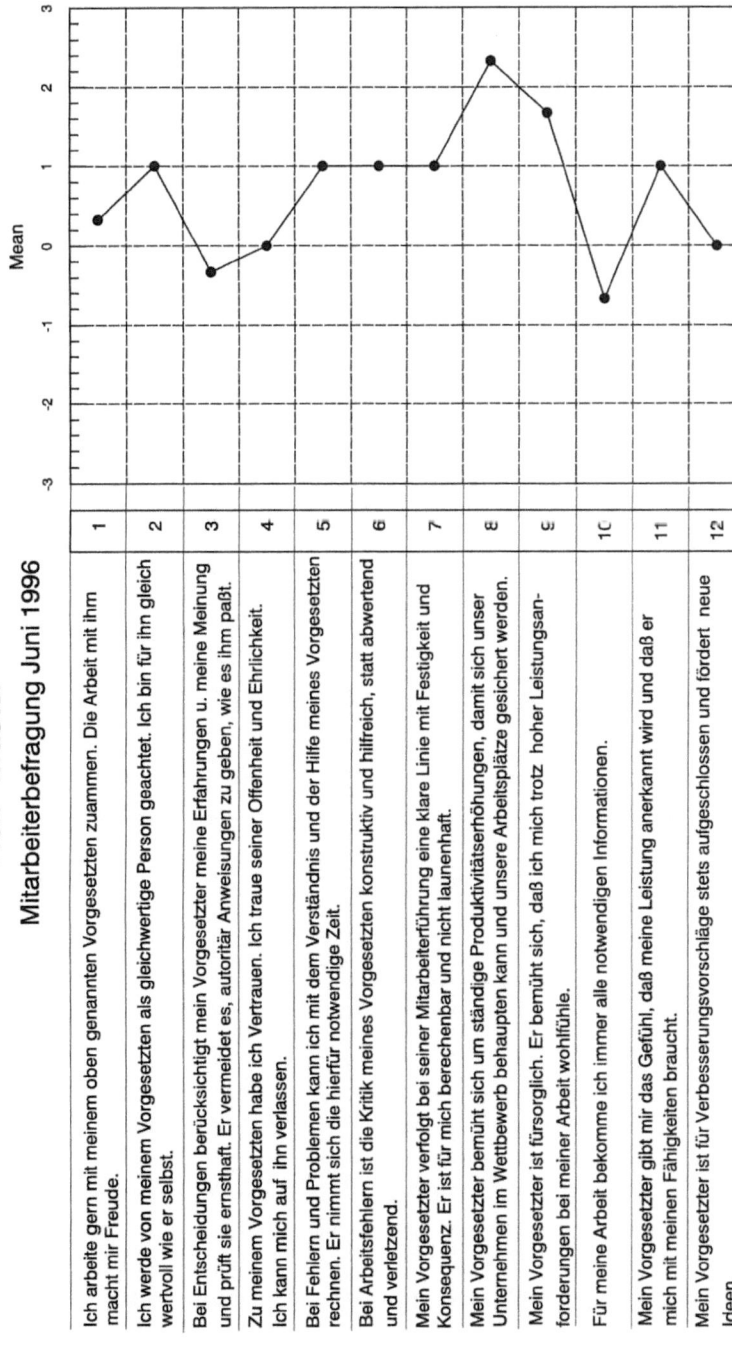

Abbildung 23: Bewertung des Führungsverhaltens von Herrn Muster

Die Auswertung der von Mitarbeitern ausgefüllten Fragebogen sollte möglichst in Form einer Grafik dargestellt werden. Ein Beispiel für eine Führungskraft mit dem angenommenen Namen „Muster" zeigt die nachstehende Abbildung 23.

Firma Nirgendwo
Punktebewertung des Führungsverhaltens von Führungskräften

Einzelbewertungen -3 bis +3 und jeweils + 4 Punkte ergibt eine Skala von 1-7

Frage	maximale Punkte	**Herr Muster** Punkte für Skala -3/+3	Einzelwerte plus 4 Summe Punkte (Skala 1-7)
1	7	0,33	4,33
2	7	1,00	5,00
3	7	-0,33	3,67
4	7	0,00	4,00
5	7	1,00	5,00
6	7	1,00	5,00
7	7	1,00	5,00
8	7	2,33	6,33
9	7	1,67	5,67
10	7	-0,67	3,33
11	7	1,00	5,00
12	7	0,00	4,00
Summe	84 = 100 %		56,33

Führungs-Qualitäts-Ziffer (FQZ) = 67,1 %

Abbildung 24: FQZ von Herrn Muster

Die grafische Darstellung erlaubt einen schnellen Überblick, wo eine Führungskraft ihre Stärken und Schwächen im Führungsverhalten hat.

Die grafische Darstellung des Führungsverhaltens vom Herrn „Muster" wird ergänzt um seine errechnete Führungs-Qualitäts-Ziffer (FQZ). Da man mit den Bewertungen -3 bis +3 keine Prozente errechnen kann, müssen die einzelnen Bewertungen durch Hinzufügen von + 4 auf eine positive Zahl gebracht werden. Die FQZ zeigt im Vergleich zu theoretisch möglichen 100% die von der Führungskraft tatsächlich erreichte Prozentzahl. Diese Zahl ist eine Meßgröße für das von den Mitarbeitern bewertete Führungsverhalten ihrer Führungskraft. Natürlich ist diese Meßgröße nicht als absolut genaue Zahl zu verstehen. Es ist eine Trendgröße, die erst im Vergleich mit den Auswertungen der etwa 6 bis 12 Monate später erneut durchgeführten Mitarbeiterbefragungen eine wirkliche Bedeutung erhält. Die nachstehende Abbildung zeigt ein Beispiel für die Errechnung der FQZ.

6.7 Umgang mit Führungskräften, welche die Erwartungen der Vorgesetzten nicht erfüllen

Eine alte Führungsregel besagt: Jeder Vorgesetzte hat auf längere Sicht immer die Mitarbeiter, die er verdient, die seinem Denken und Verhalten entsprechen! So gesehen, müßte jeder Vorgesetzte akzeptieren können, daß er immer wieder Führungskräfte als Mitarbeiter hat, die seinen Anforderungen nicht oder weitestgehend nicht entsprechen. Dennoch ist dieser Zustand für ihn unbefriedigend. Nachstehend wird ein Katalog abgestufter Maßnahmen vorgestellt, mit denen Vorgesetzte das Problem nicht erfüllter Anforderungen durch Mitarbeiter lösen können.

A.   Wie können Vorgesetzte die Situation verbessern?

1.   Nicht geeignete oder weniger gut geeignete Mitarbeiter nicht einstellen oder nicht zu Führungskräften befördern.

2.   Sich konsequent von wenig geeigneten oder ungeeigneten Mitarbeitern während der Probezeit trennen

Wenn die Trennung von Mitarbeitern nicht möglich ist, kann der Vorgesetzte sich bemühen, durch eine entsprechende „Führungs-Technik" (Klarheit, Festigkeit, Konsequenz) Veränderungen herbeizuführen. Eine weitere und weitestgehend sehr erfolgreiche Vorgehensweise ist, die Mitarbeiter zu verändern, die seinen Vorstellungen nicht genügen, indem er selbst sich verändert.

B.   Veränderung der Einstellung von Mitarbeiter und Vorgesetztem

1.   Verändern der Situation durch Gespräche

1.1. Klarheit schaffen über
a)   bisherigen Leistungsstand (als Nutzen)
b)   ab sofort an ihn gestellte (neue) Anforderungen - dargestellt in einer Aufgabenbeschreibung
c)   gemeinsame Klärung mit Mitarbeiter, ob er die neu an ihn gestellten Anforderungen erfüllen kann und will.
d)   wenn der Mitarbeiter die neuen Anforderungen akzeptiert, ihm aber bestimmte Fähigkeiten fehlen, ist ein Weiterbildungsprogramm zu vereinbaren, das dem Mitarbeiter die notwendigen Fähigkeiten vermittelt

1.2. Vereinbarung über regelmäßiges Sichtbarmachen der Leistungen des Mitarbeiters und regelmäßige Rückmelde-Gespräche, bis eine den Anforderungen entsprechende Leistung (als Nutzen) erreicht ist

1.3 Mitarbeiter akzeptiert die neuen Anforderungen nicht

1.3.1 Im Gespräch herausfinden, warum der Mitarbeiter glaubt, die neuen Anforderungen nicht akzeptieren zu können

a) Sind sie ungerechterweise höher als bei Kollegen auf gleicher Ebene? Dann liegt schlechtes Führungsverhalten des Vorgesetzten vor.

b) Glaubt der Mitarbeiter, die neuen Anforderungen nicht erfüllen zu können, weil ihm fachliche Fähigkeiten fehlen und er Angst vor der Weiterbildung hat? Er vermutet z.B. Lernschwierigkeiten. Lösung: Dafür sorgen, daß eine positive Lernsituation mit Lernen in kleinen Schritten geschaffen wird. Einzel-Coaching anbieten.

c) Dem Mitarbeiter fehlen Führungsfähigkeiten (Umsetzung ethischer Verhaltensweisen), aber er glaubt, diese nicht lernen zu können; er glaubt, seine Denk- und Verhaltensweisen nicht ändern zu können. Hinter jedem Glauben, etwas nicht zu können (obwohl es möglich erscheint), steht ein „Nicht-wollen". Versuchsweise: Einzel-Coaching anbieten.

1.3.2 Aufgabe des Vorgesetzten ist, den Mitarbeiter zu ermutigen, daß er das Potential hat, auch die erhöhten Anforderungen zu erfüllen. Der Vorgesetzte muß dem Mitarbeiter die Angst vor einer Blamage, Imageverlust, Autoritäts- und Machtverlust nehmen und ihm Hilfen (Weiterbildung, Coaching) anbieten, um schrittweise in die neuen Anforderungen hineinzuwachsen.

2. Wenn ein Mitarbeiter die an ihn gestellten Anforderungen nicht erfüllt oder nicht erfüllen will und auch nicht die benötigten Qualfikationen erwerben will, dann liegt dem oft zugrunde, daß die Beziehung zum Vorgesetzten beschädigt oder gar zerstört ist.

Wenn der Vorgesetzte sein Fühlen, Denken (seine Einstellung) über den Mitarbeiter und damit sein Verhalten ändert, zum Beispiel den Mitarbeiter im Äußeren und Inneren achtet (Gleichwertigkeit der Person anerkennt), ihn Wertschätzung erleben läßt und sich für vergangenes Fehlverhalten ehrlich entschuldigt, so wird der Mitarbeiter nach etwa 3-4 Monaten seine Einstellung zum Vorgesetzten positiv verändern. Er wird gegenüber an ihn gestellten neuen Anforderungen zugänglicher sein.

3. Der Vorgesetzte hat sich etwa ein halbes Jahr lang intensiv um den Mitarbeiter bemüht, um sein Vertrauen zu gewinnen und um eine positive Beziehung der Achtung, Gleichwertigkeit und Wertschätzung herzustellen. Der Mitarbeiter lehnt jedoch weiterhin eine Veränderung seines nicht zufriedenstellenden Leistungsverhaltens strikt ab.

Er sollte dann kurzfristig von seiner jetzigen Aufgabe entbunden werden, womit für seine Kollegen ein Signal gesetzt wird, daß absichtliche Minderleistung nicht toleriert wird. Ihm sollte eine geringer bewertete Aufgabe zugewiesen werden, die seinem niedrigen Leistungsverhalten und Leistungswillen entspricht.

6.8 Konsequente Personalpolitik statt Inkonsequenz

Wenn Unternehmen hohe Fehlzeiten haben, dann liegt es oft mit daran, daß eine konsequente Personalpolitik fehlt. So findet man häufig in den Betrieben folgende Inkonsequenzen:
- Fehlende Selektion von Bewerbern mit notwendiger Grundmotivation,
- ungenügende Einführung neuer Mitarbeiter am Arbeitsplatz,
- fehlendes Anlernen neuer Mitarbeiter nach Plan, mit genügend Geduld,
- kein planmäßiger Einsatz der Mitarbeiter nach Stärken und Neigungen,
- keine planmäßige Qualifizierung von Mitarbeitern zu flexibler Verwendung
- keine Springer-Tätigkeit mit angemessener Höherentlohnung,

- Entlohnungsgrundsätze beinhalten oft Ungerechtigkeiten
  - bei flexibler Verwendung,
  - bei körperlich erschwerten Arbeitsbedingungen,
- bei Mitarbeitern mit Alkoholproblemen
  - oft keine Ursachenforschung,
  - oft keine konsequente Rehabilitation,
- bei Mitarbeitern mit hohen Fehlzeiten fehlen oft:
  - Rückkehrgespräche und Ursachenerforschung,
  - Abstellen erkannter Ursachen,
  - Umsetzen auf Arbeitsplätze mit geringerer Beanspruchung,
  - Umsetzen auf Arbeitsplätze mit geringerer Entlohnung,
  - sich von bewußten Minderleistern trennen, auch gegen evtl. Widerstand des Betriebsrats,
- Auswahl neuer Führungskräfte vorrangig aufgrund von Fachkompetenz anstelle von Führungseigenschaften,
- An Führungskräfte werden keine detaillierten Anforderungen hinsichtlich Leiten und Führen gestellt und ihr Ergebnis wird nicht gemessen und mit dem geforderten Nutzen verglichen.
- Zulassen einer geringen Qualität bei der Mitarbeiterführung; zu geringe Führungsleistung zieht keine Konsequenzen nach sich,
- Zulassen einer Mißtrauenskultur. Symptome: Kein Teamgeist, viele Mitarbeiter mit innerer Kündigung,
- Zulassen von gegenseitigem Anpöbeln und Abwerten der Mitarbeiter untereinander und einer Fäkalsprache,
- häufiger Wechsel der Zusammensetzung von Arbeitsgruppen und Schichten gegen den Wunsch der Mitarbeiter,
- Ungerechtigkeiten bei der Arbeitseinteilung
  - Höherbelastung der guten Mitarbeiter; sie müssen ständig die schwierigen Aufträge erledigen, ohne einen höheren Lohn für ihren höheren Nutzen bzw. die höhere Beanspruchung zu erhalten,
  - Zulassen von Bevorzugungen einzelner Mitarbeiter bei der Schichteinteilung
- zögerliches Beheben von Problemen, die zu höherer Arbeitsbelastung der Mitarbeiter führen
- Umgang mit Verbesserungsvorschlägen - wirkt z.T. nicht positiv, weil
  - oft nur Hygiene-Faktoren (Gefälligkeit), weil Führungsdefizite vorhanden
  - nicht oder zu spät umgesetzt, auch wenn Prämie schon bezahlt
- mangelhafte Informationspolitik - schlecht informierte Mitarbeiter

- Mangel an Achtung, wenn Mitarbeiter durch Chefs ständig in der Pause gestört werden
- unzuverlässige aber sehr qualifizierte Mitarbeiter mit einer Einkommens-erhöhung motivieren wollen
- Disiziplinlosigkeiten dulden
- Unsauberkeit (z.B. verschmutzte Toiletten) dulden
- Unordnung dulden

6.9 Auswahl von internem Führungskräfte-Nachwuchs

Immer noch wird in den meisten Unternehmen der Führungskräfte-Nach-wuchs fast ausschließlich oder zumindest weit überwiegend nach seinen Fachkenntnissen ausgewählt. Es gibt nur wenige Unternehmensleitungen, die ganz konsequent das Prinzip vertreten: «Charakter kommt vor Fachkenntnis-sen». Diese Unternehmen wissen aber aus Erfahrung, daß es viel leichter ist, Mitarbeitern zu helfen, das notwendige Fachwissen zu erwerben, als einen negativen Charakter zum Positiven zu verändern.

Die Auswahl von Führungskräfte-Nachwuchs vorrangig nach Führungs-eigenschaften scheitert oft daran, daß Fachvorgesetzte und Personalleitung sich zu wenig Gedanken über die geforderten Charaktereigenschaften ma-chen. Nachstehend wird auf fünf Seiten eine Hilfe geboten, die Führungs-eigenschaften (nicht die fachlichen Fähigkeiten) einer zukünftigen Führungs-kraft zu bewerten. Manche Fragen werden bewußt in ähnlicher Form wieder-holt, um in der Vergangenheit gewonnene Eindrücke besser verarbeiten zu können. Der Fragenkatalog ist auch geeignet, Führungskräfte, die für eine Höherbeförderung ausersehen sind, erneut auf praktisch bewiesene Führungs-fähigkeiten hin zu bewerten, um fundiert beurteilen zu können, ob die Füh-rungskraft in der für sie vorgesehenen höheren Position überhaupt fähig ist, die Effektivität und Effizienz von Mitarbeitern wirksam zu fördern. Nachdem heute kein Vorgesetzter mehr über alle fachlich notwendigen Fähigkeiten verfügen kann, sind die Fähigkeiten, Mitarbeiter so zu "führen", daß sie ihre Energien und Fähigkeiten voll in ihre Arbeit einbringen, von wesentlich grö-ßerer Bedeutung als reines Fachwissen.

Beurteilungsverfahren zur Auswahl von internem Führungskräfte-Nachwuchs

0	1	2	3	4

Bisher beobachtete Eigenschaften, Beurteilung: 1 = ausgeprägt negativ, 2 = mehr negativ als positiv, 3 = mehr positiv als negativ, 4 = ausgeprägt positiv, 0 = weiß keine Antwort. Nicht benutzte Fragen streichen.

A. im Verhältnis zum direkten Vorgesetzten:

1. Braucht, erwartet Anweisungen, Anleitung, ist unselbständig, wartet auf Entscheidungen
2. nimmt berechtigte Kritik an, verbessert seine Arbeit
3. wehrt sich konstruktiv gegen unberechtigte Kritik
4. egoistische Einstellung, denkt nur an seinen eigenen Vorteil
5. ganz oder weitgehend fehlende egoistische Einstellung, z.B. sehr hilfsbereit, stellt bei Aufforderung zu Überstunden eigene Interessen zurück
6. dienert vor hierarchisch Höherrangigen, redet ihnen zum Munde, Anpasser-Typ
7. denunziert Kollegen, macht sie schlecht
8. macht andere Vorgesetzte schlecht, zieht über sie her
9. Jährliche Leistungsbeurteilung: akzeptiert sie eher gleichgültig oder rechtfertigt sich, sucht Ausflüchte für nicht erreichte Ziele oder nutzt sie für ein konstruktives Gespräch mit eigener Zielsetzung und Selbstverantwortung.
10. pflegt Offenheit zum Vorgesetzten
11. ist ihm gegenüber ehrlich
12. Ist um konstruktive, partnerschaftliche Zusammenarbeit bemüht, um die Arbeit des Vorgesetzten zu unterstützen

B. im Verhältnis zu Kollegen und allgemein:

1. Pflegt Offenheit
2. ist ehrlich
3. behält in schwierigen Situationen den Überblick, kann sich entscheiden, wägt das Für und Wider ab (4) oder ist unsicher, ängstlich, zweifelnd, zögerlich (1)

Summe der Punkte dieser Seite

Beurteilungsverfahren zur Auswahl von internem Führungskräfte-Nachwuchs

	0	1	2	3	4
4. steht zu seinen Entscheidungen, auch gegen Kritik anderer					
5. will Macht über andere ausüben (1) oder ist ganz auf partnerschaftliche Zusammenarbeit (4) aus					
6. informiert vollständig und bereitwillig von sich aus Kollegen/Mitarbeiter					
7. drückt sich klar und verständlich aus, läßt sein Wollen klar erkennen, bemüht sich um volle Klarheit, weiß was er will					
8. ist zuverlässig, glaubwürdig, bei der Einhaltung von Zusagen/Vereinbarungen, in der Ausführung von Aufgaben					
9. hat das Vertrauen der Kollegen/Mitarbeitern					
10. verhält sich egoistisch (1) oder fast nicht egoistisch, stellt eigene Interessen zurück, ist hilfsbereit, gefällig, ohne gleich an seinen eigenen Vorteil zu denken (4)					
11. steht voll hinter seiner Arbeit, hält Disziplin					
12. sein Selbstwertgefühl ist instabil, schwach (1) oder stark (4), ist stark abhängig von Motivierung (Fremdsteuerung) durch andere, z.B. von Lob und Anerkennung (1) oder davon nicht abhängig (4)					
13. kann Kritik von Kollegen annehmen und sie konstruktiv umsetzen					
14. ist freundlich, höflich, vermeidet die Fäkalsprache					
15. will besser sein als andere, will mehr Geltung, mehr Ansehen als andere erreichen (1 oder 2), stellt sich gern über andere (= Abwertung)					
16. vermittelt anderen das Gefühl der Zuneigung/Akzeptanz als Person, unabhängig von ihrer Leistung					
17. zwingt anderen seinen Willen auf (1 oder 2)					
18. wirkt sympathisch					
19. spricht von Kollegen/Mitarbeitern fast immer positiv (anerkennend, lobend, wohlwollend, verständnisvoll) und verhält sich so.					
20. zeigt Wertschätzung für alle Kollegen/Mitarbeiter, achtet sie, sieht sie als gleichwertig zu sich an					
Summe der Punkte dieser Seite					

Beurteilungsverfahren zur Auswahl von internem Führungskräfte-Nachwuchs

	0	1	2	3	4
21. bringt andere dazu, sich ihm freiwillig unterzuordnen, ihn freiwillig zu unterstützen (4)					
22. hat Vertrauen zu Kollegen/Mitarbeitern (4) oder ist mißtrauisch (1)					
23. Kollegen benutzen ihn als Beschwerdeführer, Forderungsvertreter - er läßt sich von ihnen aufhetzen, mißbrauchen, steht schnell allein da.					
24. wird bei Beschwerden von Kollegen voll unterstützt, sie stehen hinter ihm als Führer, fallen ihm nicht in den Rücken, er wirkt überzeugend					
25. entmutigt, hemmt, begrenzt Kollegen/Mitarbeiter, schwächt (1) oder stärkt ihr Selbstwertgefühl, fördert sie, ermutigt sie (4)					
26. bevorzugt manche Kollegen/Mitarbeiter, benachteiligt damit andere oder bemüht sich um Gerechtigkeit					
27. kann bessere Ideen anderer annehmen und in seine Arbeit übernehmen, ist lernfähig					
28. wertet Kollegen/Mitarbeiter häufig ab, redet davon, daß er zuviele schlechte Kollegen/Mitarbeiter hat, verleumdet sie gelegentlich					
29. tritt bescheiden und zurückhaltend auf					
30. kann andere gut überreden/überzeugen					
31 Kollegen möchten ihn gern als Vorgesetzten haben, weil sie sich bei ihm gut aufgehoben fühlen					
32. wirkt großsprecherisch, angeberhaft, mit geringer Leistung (1), angeberhaft mit hoher Leistung (2-0)					
33. hört anderen geduldig und aufmerksam zu					
34. ist einseitig bei seinen Urteilen, starke Neigung zu Vorurteilen oder sehr subjektiv (1) oder bemüht sich um angemessene, objektive Beurteilung und Gerechtigkeit					
35. zeigt Überheblichkeit					
36. neigt gegenüber anderen zu frustrierender Härte (1) oder Weichheit, neigt zu Inkonsequenz (1) oder zu Festigkeit mit Konsequenz und Berechenbarkeit (4)					
37. besitzt Ausdauer, Zähigkeit, Geduld, gibt nicht so schnell auf					
Summe der Punkte dieser Seite					

Beurteilungsverfahren zur Auswahl von internem Führungskräfte-Nachwuchs

	0	1	2	3	4
38. hat klare praktikable Vorstellung von notwendigen Maßnahmen					
39. kann die Fähigkeiten, die Stärken und Schwächen, die Neigungen und Abneigungen von Kollegen Mitarbeitern zutreffend einschätzen, zutreffend, beurteilen					
40. pflegt Sauberkeit und Ordnung am eigenen Arbeitsplatz					
41. vermittelt klare Ziele, Wünsche, Aufgabendefinition an andere; die anderen wissen genau, was von ihnen gewollt wird					
42. respektiert das So-sein und Anders-sein von Kollegen/Mitarbeitern, soweit es die Arbeitseffizienz nicht beeintrachtigt					
43. gibt anderen regelmäßig in positiver Weise Feedback in bezug auf die Aufgabenerfüllung					
44. hat Verständnis für abweichende Meinungen/Einstellungen					
45. verhält sich fair zu anderen					
46. schürt Neid, Mißgunst unter Kollegen/Mitarbeitern					
47. stellt zu hohe Anforderungen (1) oder realistische (4) Anforderungen an andere					
48. verhält sich kooperativ, fördert die Zielerreichung					
49. beteiligt Kollegen/Mitarbeiter bei notwendigen Entscheidungen					
50. beteiligt Kollegen/Mitarbeiter bei der Suche nach Problemlösungen, diskutiert mit ihnen verschiedene Wege zur Zielerreichung, prüft von ihnen vorgeschlagene Alternativen ohne Vorurteile, ernsthaft					
51. reagiert gelassen, ruhig und überlegt in Problemsituationen oder neigt zu hektischer, nervöser Reaktion					
52. fördert Konflikte oder läßt Konflikte unter Kollegen/Mitarbeitern zu , fördert Mobbing von Kollegen/Mitarbeitern, beteiligt sich daran oder läßt es zu					
Summe der Punkte dieser Seite					

Beurteilungsverfahren zur Auswahl von internem Führungskräfte-Nachwuchs

	0	1	2	3	4
69. ist kleinlich (1) oder großzügig (4) gegenüber Kollegen/Mitarbeitern					
70. ist eitel, sehr (1) oder sehr wenig (4)					
71. ist zeitbewußt, nutzt Zeit, verschwendet sie nicht					
72. denkt und handelt verantwortungsbewußt, denkt mit, steht zu seiner Verantwortung, Mut zur Kontrolle, setzt Disziplin bei Mitarbeitern durch					
73. läßt in seinem Verhalten eine moralisch einwandfreie Gesinnung erkennen, verteidigt positive Werte					
74. Kollegen/Mitarbeiter folgen freiwillig seinen Vorstellungen (Zielen), stellen ggfs. freiwillig eigene Interessen zurück					
75. leistet bewußt Qualitätsarbeit					
76. ist kreativ, innovativ, bringt Verbesserungsvorschläge					
77. ist Opportunist, hängt sein Fähnlein in den Wind (1)					
78. ist innerlich unabhängig, biedert sich nicht an, sucht und pflegt nicht die Kumpanei, lehnt sich nicht an andere an, ist eigenständig					
79. kann Kollegen geduldig und gut erklärend anlernen					
C. im Verhältnis zum Unternehmen als Gemeinschaft					
1. Pflegt Tratsch, schimpft über alle Dinge, die schieflaufen, über die Fehler anderer					
2. trägt die Ziele des Unternehmens mit (4) oder nicht (1)					
3. unterstützt die Belange des Unternehmens, wenn betriebliche Störungen eintreten, wenn etwas unplanmäßig abläuft, stellt eigene Interessen zurück und fordert dies auch von Kollegen/Mitarbeitern ein.					
4. sucht ständig nach Schuldigen, wenn etwas falsch gemacht wird					
5. strebt erkennbar danach, sich auf Kosten des Unternehmens persönliche Vorteile zu verschaffen, denkt zuerst an sich					
Summe der Punkte dieser Seite					
Gesamtsumme aller Punkte					

176

6.10   Zusammenfassung

Mit den vorstehend aufgeführten Checklisten und Anleitungen können Unternehmen die ersten Stufen eines eigenen Konzepts zur Fehlzeitenreduzierung entwickeln. Das entscheidende Herz solch eines Konzepts, nämlich wie die Bewußtseinsveränderung der Führungskräfte zu erreichen ist, damit sie ihre Mitarbeiter sinnorientiert führen und damit deren Energieniveau deutlich anheben, kann in Buchform nicht vermittelt werden. Es muß von einem Trainer in Seminaren und Gruppencoachings über einen längeren Zeitraum vorgelebt werden. Durch einen Erfahrungsaustauschprozeß müssen die beteiligten Führungskräfte durch eigene positive Erfahrungen erkennen können, daß ihnen eine sinnorientierte Führung die Arbeit leichter macht, daß sie am Ende ebenso große Vorteile davon haben, wie die Mitarbeiter und das Unternehmen.

Insgesamt ergeben sich für alle am Fehlzeitenreduzierungs-Prozeß Beteiligten folgende Vorteile

Vorteile für die Unternehmen / die Unternehmensleitung
$\sum$ = Erhöhte Wettbewerbsfähigkeit durch
- Reduzierung der hohen Kosten für Fehlzeiten
  = Erhöhung der Produktivität
- Reduzierung der Qualitätskosten
- Reduzierung der Kosten für Maschinenstillstände
  = erhöhte Maschinennutzungszeiten
- Bessere Einhaltung von Lieferterminen
- Weniger Kundenreklamationen
- Erhöhung der Umsatzrendite (Gewinn)
- Erhöhte Identifikation der Mitarbeiter mit dem Unternehmen
- Rentabilität: Die Einsparungen sind insgesamt 10-20 fach höher als die Kosten des Programms

Vorteile für die Führungskräfte - Abt.-Leiter, Meister, Vorarbeiter
- Bessere Planbarkeit der Produktion - weniger Umdispositionen, weil täglich weniger Mitarbeiter fehlen
- Bessere Zusammenarbeit mit den Mitarbeitern
  = erhöhte eigene Zufriedenheit und Motivation
- Weniger Hektik und Stress bei der täglichen Arbeit
- Reibungsfreiere Zusammenarbeit mit Kollegen und Vorgesetzten, weniger Schnittstellenprobleme

= bessere Kooperation und mehr Verständnis füreinander
• Harmonischeres Zusammenleben mit dem Ehepartner (Lebenspartner) und insbesondere mit älteren Kindern

Vorteile für Werker/Werkerinnen
• Bessere Gesundheit, mehr Energie
• Mehr Sinn und Freude in der Arbeit, höhere Motivation
•   Höhere Zufriedenheit durch bessere Zusammenarbeit mit den Vorgesetzten und Kollegen, d.h. mit mehr Miteinander und Füreinander

7. Resümee - Warum werden hohe Fehlzeiten so selten reduziert?

Die Reduzierung hoher Fehlzeiten in Betrieben und Verwaltungen ist an sich überhaupt kein großes Problem. Insofern kann man sich fragen, warum es dann überhaupt in so vielen Unternehmen und Verwaltungen noch hohe Fehlzeiten gibt. Hierfür gibt es verschiedene Gründe, die nachstehend beschrieben werden, ohne daß hier ein Anspruch auf Vollständigkeit erhoben wird.

Der häufigste Grund für hohe Fehlzeiten ist, daß sich keiner im Unternehmen dafür verantwortlich fühlt. Das Management ist meistens der Meinung, daß hohe Fehlzeiten auf die Arbeitsunlust der Mitarbeiter zurückzuführen sei. Es wird nicht bedacht, daß der weitaus größte Teil fehlender Mitarbeiter tatsächlich krank ist. Das Management bedenkt auch nicht, daß die von ihnen geschaffene Zweck-Gemeinschaft, die in der Regel eine Mißtrauenskultur ist, weil sie z.B. die Mitarbeiter als Produktionsmittel (wie eine Sache) betrachtet, die psychische Verfassung und die Motivation der Mitarbeiter sehr negativ beeinflusst. Des weiteren ist sich das Management vielfach der Tatsache nicht bewußt, daß eine zu hohe Führungsspanne oft ein wesentlicher, zum Teil sogar der entscheidende Grund für hohe Fehlzeiten ist. Wie kann denn ein Meister eine Mannschaft von 40 oder gar 80 Mitarbeitern im echten Sinne des Wortes „führen"? Er kann doch letztlich nur Aufträge verteilen und Verwalter sein. Er hat keine Zeit für individuelle Kommunikation mit Zuhören und keine Zeit, ein mitmenschlicher Partner seiner Mitarbeiter zu sein. Hierdurch und durch die Mißtrauenskultur wird auch das Betriebsklima negativ beeinflußt. Es fehlt der positive, vertrauensvolle Umgang miteinander.

In der Regel geht das Management davon aus, daß es Sache der direkten Vorgesetzten ist, sich um die Fehlzeiten ihrer Mitarbeiter zu kümmern. Die direkten Vorgesetzten fühlen sich jedoch nicht verantwortlich. Sie sind der Meinung, daß es Sache der Personalabteilung sei, sich um die Fehlzeiten der Mitarbeiter zu kümmern. Spricht die Personalabteilung die direkten Vorgesetzten an, hier Verantwortung zu übernehmen, so fragen diese Vorgesetzten, was sie denn dafür können, daß ihre Mitarbeiter krank sind. So wird der schwarze Peter von einem zum anderen geschoben, ohne daß das Problem mit dem Ziel angegangen wird, anstelle der Bekämpfung von Symptomen, die Ursachen für hohe Fehlzeiten zu beheben.

Läßt sich ein Berater mit Erfahrungen auf dem Gebiet der Fehlzeitenreduzierung darauf ein, für seinen Kunden auf reiner Erfolgsbasis zu arbeiten, dann muß er nach kurzer Zeit feststellen, daß der Kunde das Fehlzeitenreduzierungsprogramm in keiner Weise unterstützt, sodaß die Erfolge ausbleiben und der Berater am Ende umsonst gearbeitet hat. Auch wenn er nur für Teile seines Honorars auf Erfolgsbasis arbeitet und vom Kunden im Vertrag eine Reihe von Bedingungen seiner Mitwirkung einfordert, muß er immer wieder erleben, daß der Kunde seinen vertragsgemäßen Anteil an Mitwirkung nicht oder nicht fristgemäß erfüllt, sodaß es zu hier zu Problemen kommt, weil die möglichen Fehlzeitenreduzierungen nicht im vertraglichen Umfange erreicht werden. Der Berater kann zwar rechtmäßig seinen Honoraranteil einfordern, was dann aber beim Kunden zu Verstimmungen führen kann. Schlimmer ist, daß das gemeinsam fixierte Ziel so nicht erreicht wird, weil der Kunde seinen Anteil nicht einbringt.

Wenn der Berater erstmals die Fehlzeitenentwicklung grafisch darstellt und diese Grafik an die direkten Vorgesetzten, z.B. Meister und Vorarbeiter, verteilt wird, fallen in einigen Kostenstellen die Fehlzeiten sehr rasch auf ein sehr niedriges Niveau und bleiben in diesen Kostenstellen auch in den folgenden Monaten - mit kleinen Schwankungen - sehr niedrig. In anderen Kostenstellen sinken die Fehlzeiten in den ersten Monaten auch geringfügig, wobei größere Reduzierungen erst nach längerer Zeit erreicht werden. Übrig bleibt eine Gruppe von Kostenstellen, oft solche mit hoher Führungsspanne (40 und mehr Mitarbeiter auf einen Vorgesetzten), bei denen die Fehlzeiten zunächst weiterhin hoch bleiben, ja sogar noch ansteigen können. Jetzt sollte man meinen, daß das Management, nachdem bei den meisten Kostenstellen die Fehlzeiten sinken, die Vorgesetzten der Kostenstellen zu einem Gespräch einlädt, bei denen die Fehlzeiten weiterhin hoch bleiben. Dies geschieht erstaunlicherweise in vielen Fällen nicht. Es zeigt sich auch hier wieder, daß das Management in diesen Fällen die Verantwortung für die Fehlzeitenreduzierung an den engagierten Berater delegiert hat, dem jedoch nicht die Zeit gegeben wird, diese Fälle im einzelnen mit den betroffenen Vorgesetzten zu besprechen.

Das Management fühlt sich nicht verantwortlich, an die Führungskräfte mit hohen Fehlzeiten klare Anforderungen zu stellen, ihren Beitrag zu Senkung der Fehlzeiten zu leisten und über die dabei erreichten Erfolge und Mißerfolge zu berichten und sich für die ergriffenen oder nicht ergriffenen Maßnahmen zu verantworten. Die direkten Vorgesetzten mit hohen Fehlzeiten machen meistens die Erfahrung, daß ihre Chefs gelegentlich von notwendiger Fehlzeitenreduzierung sprechen, aber letzlich nicht handeln, d.h. sie verfolgen das Ziel nicht konsequent, indem sie die erreichten Ergebnisse kontrollieren und hinterfragen und gegebenenfalls rügen. Weil dies so ist, konzentrieren sich die Vorgesetzten mit hohen Fehlzeiten vorrangig auf die Ziele, die ihren Chefs offenbar wichtiger sind.

Hohe Fehlzeiten in vielen Unternehmen und Verwaltungen sind letztlich das Resultat der Führungsschwäche des Managements, das sich seiner Verantwortung entzieht, indem es keine klaren Ziele setzt, indem es an Führungskräfte keine Anforderungen stellt, Aufgaben nicht eindeutig delegiert. Eine Führungsschwäche liegt auch vor, wenn das Management nicht konsequent handelt, wenn an Führungskräfte gestellte Anforderungen von diesen nicht erfüllt, Aufgaben nicht fristgerecht bearbeitet oder Ziele nicht erreicht werden. Ein Berater, sei er noch so erfahren und tüchtig, kann zwar das Management auf Defizite der Führung hinweisen und kann auch in Teilbereichen durch Vorbild und Überzeugungsarbeit Teilerfolge erzielen. Er kann aber letztlich eine Führungsschwäche des Managements nicht vollständig ausgleichen.

Literaturverzeichnis

Atteslander, Peter: Macht Arbeit krank?, in: io Management Zeitschrift 60 (1991) Nr. 6, S. 86 ff

Böckmann, Walter: Sinn-orientierte Leistungsmotivation und Mitarbeiterführung, Ferdinand Enke Verlag, Stuttgart 1980

Eckardstein, Dudo von, et aliena: Psychische Befindensbeeinträchtigungen und Gesundheit im Betrieb - Herausforderung für Personalmanager und Gesundheitsexperten, Rainer Hampp Verlag München1995

Enkelmann, Martin: Mobbing, der kostspielige Kleinkrieg am Arbeitsplatz, in: io Management Zeitschrift 63 (1994) Nr. 9, S. 51

Etzel, Gerhard: Schwanken, Schnaufen oder Pusten, Alkohol am Arbeitsplatz / Grundsatzentscheidungen im Arbeitsrecht (II), in: Blick durch die Wirtschaft vom 19.2.1996

Fischer, Gabriele; Risch, Susanne; Selzer, Peter: Fehlzeiten, in: manager magazin 10/1995, S. 188-211

Frankl, Viktor E.: Der leidende Mensch, Anthropologische Grundlagen der Psychotherapie, zitiert aus dem Korreferat: Sport als menschliches Phänomen (Moderne Katharsis -oder säkulare Askese?), Verlag Hans Huber, Bern

Grauwiler, Doris/Gmünder, Susanne: Ergonomie - ein wenig genutztes Potential im Personalmanagement, in: io Management Zeitschrift 64 (1995) Nr. 9

Handelsblatt Special: Gesundheit im Betrieb, 29.4.1996

Hromadka, Wolfgang: Kranksein oder Krankfeiern? Blick durch die Wirtschaft, 21.4.1993

Justice, Blair: Wer wird krank? Der Einfluß von Stimmungen, Gedanken und Gefühlen auf unsere Gesundheit, Ernst Kabel Verlag GmbH, Hamburg 1988

Lietz, Jürgen H.: Das Verhalten der Führung entscheidet. Wie man Fehlzeiten gewerblicher Mitarbeiter reduziert. Erfahrungen aus der Praxis, Blick durch die Wirtschaft, 2.11.1994

Lietz, Jürgen H.: Der Weg zur Meisterschaft im Wettbewerb. Wie Führungskräfte in Sport und Wirtschaft ihre Mitarbeiter zu siegreichen Mitspielern machen, Renate E. Lietz Verlag, Würzburg 1995, S. 4 -14

Lietz, Jürgen H.: Fehlzeitenreduzierung, in: Handbuch Revision, Controlling, Consulting, verlag moderne industrie, Landsberg, 47. Nachlieferung 5/1995, S. 1-30

Lietz, Jürgen H.: Hohe Fehlzeiten und Fluktuation auf ca. drei Prozent reduzieren!, in: DIE BAUWOCHE, 28.3.1991, S. 3

Lietz, Jürgen H.: in: Gerd Kamiske (Hrsg.), Die Hohe Schule des Total Quality Management, Springer Verlag 1994, Berlin u.a., S. 111-130

Lietz, Jürgen H.: Wenn Mitarbeiter vom Arbeitsplatz fernbleiben. Hohe Fehlzeiten und Fluktuation müssen nicht sein, in: Blick durch die Wirtschaft, 6.11.1990

Lietz, Jürgen H.: Wie der Herr, so's Gescherr!, in: Personalwirtschaft 7/91, S. 13

Lietz, Jürgen H.: Wo das Betriebsklima stimmt, gibt es weniger Fehlzeiten, in: Blick durch die Wirtschaft, 16.4.1993

Lietz, Jürgen H.; Was kränkt, macht krank. Hohe Fehlzeiten und Fluktuation lassen sich reduzieren, in: K-Plastic & Kautschuk-Zeitung (KPZ) 23, 5.12.1991, S. 25

Lietz, Jürgen H.: Dialog - Wie rational handeln Manager?, in: Personalführung 1/97

Nieder, Peter/Bitzer, Bernd/Susen, Britta: Wie Fehlzeiten im Unternehmen vermindert werden können, in: Blick durch die Wirtschaft, 29.1.1992

Nieder, Peter: Fehlzeiten fallen nicht vom Himmel, in: Personalwirtschaft 7/91, S. 14-117

Pillat, Rüdiger; Wilke, Karl H.: Probleme bei krankheitsbedingten Fehlzeiten. Deutscher Instituts-Verlag, Köln 1986

Salowsky, Heinz: Fehlzeiten. Eine Bilanz nach 20 Jahren Lohnfortzahlungsgesetz, Deutscher Instituts-Verlag GmbH, Köln 1991

Spies, Steffen/Beigel, Holger: Einer fehlt, und jeder braucht ihn. Wie Opel die Abwesenheit senkt, Wirtschaftsverlag C. Ueberreuter, Wien, 1996

Weber, Ulrich: Risiko Krankheit, in manager magazin, Oktober 1995, S. 215

Wöhler, Christiane/Kuhnert, Jan: Zufriedenheit am Arbeitsplatz - Reduzierung von Fehlzeiten, Projekt bei der Hoechst AG, in: Personalführung 5/95